मीरां की भक्ति एवं राजनीति

मीरां की भक्ति एवं राजनीति

अरविन्द सिंह तेजावत

वाणी प्रकाशन

प्रकाशन के उत्कृष्टतम 60 वर्ष

सजिल्द पहला संस्करण : 2015
सजिल्द दूसरा संस्करण : 2023

vaniprakashan.com

वाणी प्रकाशन

4695, 21-ए, दरियागंज, नयी दिल्ली-110 002

फ़ोन : +91 11 23273167, 23275710

शाखाएँ

अशोक राजपथ, पटना-800 004, बिहार
कॉफ़ी हाउस कैम्पस, महात्मा गांधी मार्ग, इलाहाबाद-211 001, उत्तर प्रदेश
महात्मा गांधी अन्तरराष्ट्रीय हिन्दी विश्वविद्यालय, वर्धा-442 001, महाराष्ट्र
36/ए, शेक्सपियर सरणी, रानी बिरला गर्ल्स कॉलेज के पास, कोलकाता-700 017, प. बंगाल

sales@vaniprakashan.in
vaniprakashan@gmail.com

Meeran Ki Bhakti Evam Rajneeti
by Arvind Singh Tejawat

ISBN : 978-93-5229-324-7
Criticism

मूल्य : ₹ 425

आर. टेक ऑफ़सेट प्रिंटर्स, दिल्ली-110 032 में मुद्रित

वाणी प्रकाशन का लोगो मक़बूल फ़िदा हुसेन की कूची से

मम्मी-पापा, नेहा एवं शुभ के लिए...

भूमिका

लगभग एक दशक पूर्व जब मीरां सम्बन्धी शोध आरम्भ किया था तब यह उम्मीद नहीं थी कि मीरां की जो छवि मेरे मानस पटल पर अंकित थी, वह टूट कर बिखर ज़ाएगी। अब एक दशक बाद मैं जिस मीरां को जानता हूँ वह असहाय कृष्ण-दिवानी भक्त कवयित्री नहीं है। कृष्ण भक्ति मीरां की आवश्यकता थी न कि उद्देश्य। यह तथ्य है कि मीरां ने यदि स्वयं को कृष्ण की पत्नी घोषित नहीं किया होता तो वह पति भोजराज की मृत्यु पर सती कर दी गयी होती किन्तु मीरां के विद्रोही तेवरों के कारण ऐसा नहीं हो सका। मीरां के यही विद्रोही तेवर राजकुल को पसन्द नहीं थे, राज-परिवार मीरां को मार डालना चाहता था किन्तु महाराणा विक्रमादित्य के लिए यह सम्भव नहीं था क्योंकि यदि मीरां की हत्या कर दी गयी होती तो मेवाड़ में मेड़तिया-राठौड़ों का प्रतिरोध सम्भव था। मीरां, मेड़तिया राठौड़ों के लिए मेवाड़ की राजनीति में हस्तक्षेप का मंच थी जब कि मीरां राठौड़ों समेत अन्य सामन्तों तथा जनसामान्य में उसकी लोकप्रियता से अर्जित शक्ति का उपयोग सती प्रथा के विरुद्ध पक्ष निर्मित करने में कर रही थी।

मीरां पर अब तक जो आलोचना ग्रन्थ प्रकाश में आये हैं वे भक्तमालों, वार्ता-साहित्य व भक्तों द्वारा रचित ग्रन्थों एवं लोक प्रचलित किंवदन्तियों की एक पक्षीय व्याख्याओं पर आधारित हैं ऐसी तमाम व्याख्याएँ प्रायः इतिहास बुद्धि से रहित एवं एकांगी हैं, अतः भक्तों द्वारा प्रदत्त विवरण व किंवदन्तियों को इतिहास एवं तर्क की कसौटी पर कसा जाना चाहिए। इसी क्रम में यह कहना अनुचित होगा कि मीरां बचपन से ही कृष्णासक्त थीं, वास्तविकता यह है कि कृष्ण भक्ति मीरां की परवर्ती आवश्यकता थी। मीरां को जब सती करने के प्रयास हुए तब कृष्ण को अपना पति घोषित कर वह विद्रोहिणी हो गयी थी। महाराणा विक्रमादित्य एवं राजमाता करमेती का मीरां से वैमनस्य केवल देवर-भावज अथवा सास बहू का व्यक्तिगत संघर्ष नहीं था वरन यह उस वृहत् संघर्ष का व्यापक हिस्सा था जो तत्कालीन चित्तौड़ दुर्ग में मेड़तिया राठौड़ों व हाड़ा चौहानों के मध्य व्याप्त प्रतिद्वन्द्विता के परिणामस्वरूप उत्पन्न हुआ था।

मीरांयुगीन समाज में सती प्रथा अपना वीभत्स रूप ग्रहण कर चुकी थी। जौहर प्रथा, सामूहिक सती प्रथा का ही वृहद् रूप है। स्त्रियों की दशा प्रायः अच्छी नहीं थी यद्यपि जीवित स्त्रियों के परम्परा सम्मत सम्पत्ति सम्बन्धी अधिकार थे। मीरां की सम्पत्ति एवं उसे प्रदत्त परगनों, पुर एवं मंडल की चर्चा की गयी है, साथ ही मीरां के समय में सम्पूर्ण राजपूताने की स्त्रियों की दशा का व्यापक वर्णन इस पुस्तक में किया गया है। उल्लेखनीय है कि मीरां से सम्बन्धित काव्य में वैष्णव भक्ति से प्रभ. ावित पदों के अलावा नाथ, शैव एवं शाक्त परम्परा से प्रभावित पद भी पाये जाते हैं। मीरां काव्य में कृष्ण ही नहीं वरन राम को सम्बोधित पद भी मिलते हैं अतः कृष्ण भक्ति की अनन्यता एवं सगुण भक्ति मीरां काव्य का विशिष्ट लक्षण नहीं है। मीरां युग के मेवाड़ का अध्ययन करें तो ज्ञात होगा कि तत्कालीन मेवाड़ नाथ, शैव, शाक्त जोगियों तथा जैन मुनियों से व्यापक रूप से प्रभावित था। मीरां से सम्बन्धि ात काव्य पर उनका असर देखा जा सकता है, इस प्रकार मीरां सगुण थी अथवा निर्गुण इस विषय पर चर्चा ही निरर्थक है।

प्रस्तुत पुस्तक से यदि मीरां, युगीन समाज एवं राजनीति को बेहतर ढंग से समझने में कुछ भी सहायता मिलती है अथवा मीरां सम्बन्धी आलोचना में कुछ अतिरिक्त जुड़ता है तो इसे मैं अपना सौभाग्य समझूँगा। गुरुजनों एवं मित्रों को धन्यवाद जिन्होंने इस पुस्तक को पूरा करने में प्रेरणादायी एवं सहयोगी भूमिका निभायी। गुरुदेव मैनेजर पाण्डेय, मैडम चन्द्रा सदायत, चन्द्रा दीदी एवं मीनू दीदी का आभार जिन्होंने अच्छे एवं बुरे समय में मेरा साथ दिया, साथ ही अरुण माहेश्वरी सा. का हृदय से धन्यवाद जिनके प्रयासों से यह पुस्तक प्रकाशित हो रही है।

अरविन्द सिंह तेजावत

15 अगस्त, 2015

हरियाणा केन्द्रीय विश्वविद्यालय

अनुक्रम

मीरां का जीवन-संघर्ष

मीरां का जन्म मारवाड़ के मेड़ता प्रदेश में हुआ था, परन्तु मेड़ता प्रदेश में जन्म का ठीक-ठीक स्थान कौन-सा है, इसे लेकर विद्वानों में पर्याप्त मतभेद पाया जाता है। नाभादासजी का प्रसिद्ध ग्रन्थ 'भक्तमाल' संवत् 1642 के पीछे बना और संवत् 1769 में प्रियादासजी ने उसकी टीका लिखी।[1] प्रियादास की टीका में 'मेरता' को मीरां की जन्मभूमि बताया गया है।[2] राघौदास सुन्दरदास के शिष्य थे। राघौदास की भक्तमाल पर नाभादास की भक्तमाल का प्रभाव देखा जा सकता है। नाभादास के समान राघौदास ने भक्तमाल में मीरां का उल्लेख किया है परन्तु नाभादास के समान राघौदास भी मीरां के जन्मस्थान व जन्मतिथि को लेकर मौन है। राघौदास की भक्तमाल पर चतुरदास अथवा छत्रदास ने टीका लिखी। इस टीका में उन्होंने मीरां पर दस सवैये लिखे हैं। प्रथम सवैये में उन्होंने मेड़ता नगर को मीरां की जन्मभूमि बताया है।[3] दादूपन्थ से सम्बन्ध रखने वाले चारण ब्रह्मदास ने अपने भगतमाल में मीरां का सम्बन्ध मेड़त्याँ कुल से स्थापित किया है।[4]

सुखसारण कृत 'मीरांबाई री परची' में मीरां के जन्म स्थान से सम्बन्धित एक दोहा तथा एक चौपाई मिलती है। दोहा में मेड़ता को मीरां की जन्मभूमि बताया गया है जबकि चौपाई में राव रतन सिंह को मीरां का पिता एवं राव दूदा को मीरां का दादा बताने के साथ-साथ अनौपा का उल्लेख मीरां की बहिन के रूप में हुआ है।[5] यह भी उल्लेख किया गया है कि कुड़की नगर 'राव रतन' द्वारा बसाया गया है। राव रतन सिंह को कुड़की नगर जागीर में मिला था, परन्तु यह मीरां के जन्म के बाद की घटना है।

परवर्ती ग्रन्थकारों में श्यामलदास ने मीरां का सम्बन्ध मेड़ता से निर्धारित करते हुए लिखा है कि "मेड़ता-जोधपुर के राज्य में एक कसबा है जिसके नाम से एक परगना 'मेड़ता की पट्टी' कहाता है।"[6] उर्दू मिश्रित हिन्दी में लिखित श्यामलदास का ग्रन्थ सन् 1886 में मुद्रित हुआ था। ग्रन्थकार को मीरां की जन्मतिथि एवं जन्मस्थान का ठीक-ठीक अनुमान नहीं था।[7]

मुंशीकृत 'मीरांबाई का जीवन चरित्र' बंगीय हिन्दी परिषद् ने प्रकाशित किया था। 'मीरांबाई का जन्म, ब्याह और वैधव्य' शीर्षक के अन्तर्गत मुंशीजी ने मेड़ता

के समीप कुड़की गाँव को मीरां की जन्मभूमि बताया एवं लिखा कि मीरां की परवरिश मेड़ता में राव दूदा के संरक्षण में हुई। मुंशी ने मीरां को अपने पिता की इकलौती सन्तान बताया।[8] मुंशी देवीप्रसाद ने राठौर-सिसोदिया वैवाहिक सम्बन्धों का जो वंशवृक्ष पुस्तक में दिया है उसमें मीरां का जन्म 1504 ई. बताया गया है।[9]

हरविलास सारडा 'महाराणा सांगा' नामक पुस्तक में लिखते हैं कि मीरां का जन्म 1498 में हुआ था।[10] सारडा द्वारा समर्थित इस तिथि का उल्लेख मुंशी देवीप्रसाद एवं गौरीशंकर हीराचन्द ओझा दोनों ही करते हैं। मुंशी मीरां के जन्म के प्रसंग में एक पाद टिप्पणी में लिखते हैं—"हरविलास सारडा के अनुसार इनका जन्म 1498 ई. के आसपास माना जाता है।" इसी प्रकार गौरीशंकर हीराचन्द ओझा ने 'उदयपुर राज्य का इतिहास' में लिखा है—"मीरांबाई मेड़ते के राठौड़ राव दूदा के चतुर्थ पुत्र रत्नसिंह की, जिसको दूदा ने निर्वाह के लिए 12 गाँव दे रक्खे थे, इकलौती पुत्री थी। उसका जन्म कुड़की गाँव में वि. सं. 1555 (ई. स. 1498) के आसपास होना माना जाता है। बाल्यावस्था में ही उसकी माता का देहान्त हो गया, जिससे राव दूदा ने उसे अपने पास बुलवा लिया और वहीं उसका पालन-पोषण हुआ।"[11] ओझा उपयुक्त कथन के समर्थन में सारडा की पुस्तक 'महाराणा सांगा' से सन्दर्भ ग्रहण करते हैं।

हरिनारायण पुरोहित मीरां के जन्मस्थान के सम्बन्ध में मुंशी देवीप्रसाद का सन्दर्भ देते हुए लिखते हैं—"मुंशी देवीप्रसाद (स्वर्गवासी) ने 'महिला मृदुवाणी' ग्रन्थ में मीरांजी का जन्म गाँव 'चोकड़ी' लिखा है। परन्तु इनकी जन्मभूमि का स्थान 'कुड़की' ही सर्वसम्मति से माना जाता है और सुप्रसिद्ध है।"[12] कुड़की के सन्दर्भ में वे बताते हैं कि—"कुड़की गाँव जोधपुर की पूर्व सीमा पर मेड़ते से कोई 18 मील पर है। गाँव कुछ तो पहाड़ पर है और कुछ तलैटी पर है। छोटा-सा किला पहाड़ पर है। उसी में जागीरदार रहते थे। परन्तु अब कुड़की गाँव में रतनसिंहजी का वंशज कोई भी नहीं रहता है। वहाँ पर चांदावत खांप के राजपूत रहते हैं।"[13] हरिनारायण पुरोहित के अनुसार—"मीरांजी का जन्म हुआ, सं.वि. 1555 में भक्त-जन नदी से प्रगट होना कहते हैं। अन्यमत में जन्म वि.सं. 1561 सावण सुदि 1 को हुआ।"[14]

मीरां के जन्मस्थान से सम्बन्धित पूरे विवाद में तब एक नया रुचिकर तथ्य जुड़ गया जब सर्वेक्षण के दौरान मेवाड़ के झाला राजपूतों[15] ने यह दावा किया कि मीरां का जन्म मेवाड़ के झाला सामन्त के यहाँ पर हुआ था। उनका तर्क था कि राजपूती प्रथाओं के अनुसार विवाह के पश्चात् बेटी की प्रथम सन्तान का प्रसूति कार्य पीहर में किया जाता है। यदि मीरां रत्नसिंह की एकमात्र एवं प्रथम सन्तान थी तो यह सम्भव है कि मीरां का जन्म उसके ननिहाल में हुआ हो। सुखसारण ने 'मीरांबाई की परची' में "बैन अनौपां और न भाई" लिखकर मीरां की अनोपा नामक बहिन का उल्लेख करते हुए बताया है कि मीरां का कोई भाई नहीं था, परन्तु पुरोहित हरिनारायण के अनुसार—"मीरांजी के पूर्व रत्नसिंहजी उनके पिता के एक पुत्र हुआ

था, उसका नाम गोपालजी था। वह कुछ समय पीछे मर गया।"[16] सम्भव है मीरां पिता की इकलौती सन्तान न हो तब भी मीरां का जन्म उसके ननिहाल में होना सम्भव है क्योंकि पीहर में बेटी की प्रथम सन्तान का प्रसूति कार्य अनिवार्य शर्त नहीं थी वरन् अन्य सन्तानों की प्रसूति हेतु भी पीहर को सर्वापयुक्त माना जाता रहा है।

मीरां का ठीक-ठीक जन्म कहाँ हुआ था यह प्रश्न पहले से ही इतना उलझा हुआ है कि चाहते हुए भी एक और विवाद खड़ा करने का मन नहीं करता। मीरां का जन्म मेड़ता में हुआ हो चाहे नहीं हुआ हो! मीरां के जन्म के ठीक-ठीक स्थान का प्रश्न इतना महत्त्वपूर्ण नहीं है जितना कि मीरां के अवदान की चर्चा करना और यह जाँच करना कि आखिर वह क्या वजह थी कि पूरे भारतवर्ष में मीरां को बेशुमार प्यार एवं प्रसिद्धि मिली।

मीरां के जन्मस्थान एवं जन्मतिथि का प्रश्न जितना उलझा हुआ है उतना ही उलझन भरा प्रश्न है मीरां नाम की व्युत्पत्ति। विवाद यह भी है कि मीरां शब्द में रां सानुनासिक (रां) है अथवा निरनुनासिक (रा)।

डॉ. पीताम्बरदत्त बड़थ्वाल ने 'सरस्वती पत्रिका' में एक बहस प्रारम्भ की थी, जिसे उनके गुरुभाई नरोत्तम स्वामी, शिष्य चन्द्रबली पांडेय, राजस्थान के हरिनारायण पुरोहित, गुजरात के के. का. शास्त्री और बंगीय परिषद् के ललिताप्रसाद सुकुल आदि विद्वानों ने बागे बढ़ाया। डॉ. बड़थ्वाल ने इस विषय पर चर्चा करते हुए लिखा है कि—"फारसी में मीरां, मीर का बहुवचन है, पर साधुओं के लिए यह प्रयोग उचित ही है।"[18] बड़थ्वाल के मत का सार है कि मीरां शब्द में रां सानुनासिक (मीराँ) है, मीरां शब्द फारसी भाषा के शब्द से व्युत्पन्न है एवं यह किसी मुसलमान फकीर द्वारा दिया गया उपनाम था। मीराँ शब्द का अर्थ है परमात्मा एवं बाई शब्द का अर्थ है पत्नी। अतः मीरांबाई का अर्थ हुआ 'परमात्मा की पत्नी'।

हरिनारायण पुरोहित ने 'मीरां बृहत्पदावली' (प्रथम भाग) की भूमिका में लिखा है कि '' 'मीरां' नाम सम्भवतः 'मीराँ साहिब' (अजमेरी) के कारण ही रखा गया था। निश्चित रूप से यही व्युत्पत्ति होती है। मीरां नाम पर हमने एक विस्तृत लेख भी लिखा है।'' पुरोहित जी ने जिस लेख की चर्चा की है वह 'सन्तवाणी' नामक पत्रिका में छपा था जिसके अनुसार मीरां मूलतः अरबी-भाषा का शब्द है, अमीर का संकुचित रूप मीर है एवं मीर का बहुवचन मीरां। इस प्रकार मीरां मारवाड़ी, अथवा मेवाड़ी का शब्द नहीं है, अतः संस्कृत, पाली या प्राकृत से उनकी व्युत्पत्ति ढूँढ़ना निरर्थक प्रयास है।[19] पुरोहित जी ने मीरा शब्द में रां को सानुनासिक माना।

डॉ. बड़थ्वाल ने मीरां शब्द को फारसी भाषा से तो पुरोहित जी ने इसे अरबी से व्युत्पन्न बताया तो कुछ विद्वान मीरां शब्द की व्युत्पति संस्कृत रो गानते हैं। ललिताप्रसाद सुकुल ने मीरां को मीरता से सम्बद्ध करते हुए निष्कर्ष दिया कि राव दूदा द्वारा बसाया गया मेड़ता नगर मूलतः मीरता कहलाता था। मीरता नगर के

मीर शब्द के आधार पर राव दूदा ने अपनी पौत्री का नाम मीरा रखा। सुकुलजी मीरा शब्द को मीर शब्द से व्युत्पन्न मानते थे परन्तु उनका यह मीर अरबी-फारसी का मीर शब्द न होकर संस्कृत का मीर शब्द था जो जलराशि का अर्थ देता है।[20] सुकुलजी ने मीरां शब्द में रां को निरनुनासिक माना।

स्वामी आनन्द स्वरूप मीरां सुधा-सिन्धु में लिखते हैं–"इस प्रकार समय बीतने पर (वि. सं. 1559 के लगभग) एक दिन मंगल मुहूर्त में बालिका ने जन्म लिया। क्षण भर में ये शुभ समाचार सर्वत्र फैल गये। राजपुत्र के समान इस राजकुमारी का जन्मोत्सव मनाया जाने लगा। चारों ओर वाद्यध्वनि होने लगी। नगर भर में मंगलाचार होने लगे। जन्म के समय बालिका के अपूर्व तेजोमय मुखमंडल को देखकर उसका नाम 'मिहिराँ बाई' (मिहिर–सूर्य) रक्खा गया। राज-ज्योतिषी द्वारा पुत्री की जन्म कुंडली में पड़े अपूर्व ग्रहों और लक्षणों को सुनकर माता-पिता के आनन्द का पार नहीं रहा।[21]

स्वामी जी का अनुसरण करते हुए पंडित केशवराम काशीराम शास्त्री ने भी मीरां शब्द को संस्कृत से व्युत्पन्न माना। शास्त्री जी ने अतिरिक्त सम्भावना के रूप में मीरां शब्द की व्युत्पत्ति का आधार मारवाड़ी अथवा गुजराती भाषा को भी बताया।[22] शास्त्री जी की नजर में मीरां शब्द में रां सानुनासिक है।

मीरां शब्द की व्युत्पत्ति के सन्दर्भ में एक अन्य उल्लेखनीय मत डॉ. गोपीनाथ शर्मा का है। डॉ. शर्मा के अनुसार–"विद्वानों ने भाषा के आधार पर मीरां शब्द की व्युत्पत्ति 'मीर', 'पीर', 'मिहिर', 'बीरा' आदि शब्दों से की है, यह संकेत करते हुए कि इन सन्तों की मनौती से उनका नामकरण किया गया हो। ये बहुत बड़ा भ्रामक तर्क है, क्योंकि राजपूत समाज में मीरां शब्द प्रचलित नाम था। मालदेव की लड़की मीरांबाई का विवाह वागड़ के एक राजकुमार से हुआ था। उस युग में नामकरण खेती से सम्बन्धित शब्दों से पश्चिमी राजस्थान में राजपरिवार में किये जाते थे। राव आस्थान के पुत्र का नाम हेड़क था। हेड़क खेत जोतने वाले बैलों के लिए काम आता था। जयमल के लड़के का नाम बीजड़ था, जो बीजों का द्योतक है। राव चुण्डा की स्त्री का नाम इन्डी था जो काँटेदार छोटे खेत में जाने के मार्ग के लिए प्रयुक्त होता है। सातल की पत्नी का नाम फूला था, जो मक्की को भूनकर बनाये जाते हैं। राव गांगा की पत्नी का नाम जेवड़ा था। इस शब्द का प्रयोग गाय-बैल की रस्सी के लिए किया जाता है। इसी परम्परा में मीरां का नाम मेर से लिया गया था। मेर का अर्थ फसल से है। पश्चिमी राजस्थान में अच्छी फसल होना खुशहाल जमाने का सूचक होने से मेर को लेकर नामकरण किया जाना स्वाभाविक था। 'मीर' और 'पीर' शब्द से मीरां शब्द का कोई सम्बन्ध नहीं था। राठौड़ों की सन्तान के उस युग के नाम कृषि से सम्बन्धित भी होते थे, क्योंकि कृषि से जुड़े नाम शुभ सूचक होते थे। 'मीरां' नाम भी ऐसे कृषि जीवन से चुनकर लिया गया हो, जिसमें

चित्तौड़ दुर्ग स्थित मीरां मन्दिर

पुत्री-स्नेह व मांगलिक भावना की कामनाएँ निहित थीं।[23] डॉ. शर्मा मीरां शब्द में रां को सानुनासिक मानते थे परन्तु मीरां के शोधार्थी डॉ. सी.एल. प्रभात ने मीरां शब्द में रां को निरनुनासिक माना। डॉ. प्रभात ने लिखा कि–"भारत के विभिन्न क्षेत्रों में लिपिबद्ध प्राचीन और कतिपय मध्यकालीन प्रतियों में सुरक्षित 'मीरा' शब्द के विभिन्न रूपों का, वर्ण-विन्यास की दृष्टि से तुलनात्मक विवेचन किया और विभिन्न प्रदेशों के लिपिकर्ताओं और उनके समकालीन आलेखन की लिपिगत प्रवृत्तियों को ध्यान में रखकर इस शब्द के मूल और सही उच्चारण को खोजने की कोशिश की। इन प्रतियों में 'श्री गुरु ग्रन्थ साहिब' की वह प्रति भी सम्मिलित है, जो 'भाई बानो' द्वारा तैयार की गयी थी।....'विद्या सभा' (अहमदाबाद) की प्रतियों और महाराष्ट्र के सन्तों के कुछ पुराने गुटके भी इस प्रश्न पर प्रकाश डालते हैं। उन पर भी विचार किया गया है। इस सन्दर्भ में सबसे महत्त्वपूर्ण और विचारणीय तथ्य यह है कि इन समस्त प्राचीन प्रतियों में 'मेड़तणी मीरा' के पदों में उनका नाम 'मीरां' नहीं, 'मीरा' है। 'रा' पर बिन्दी वहाँ नहीं है। जिन प्रतियों में 'मीरां' शब्द है भी, यानी 'रा' पर बिन्दी है, उनमें 'राम' को 'रांग' और नाम' को नांम' लिखा मिलता है।"[24] डॉ. प्रभात को मीरां शब्द के अरबी फारसी-मूल की अवधारणा पर आपत्ति नहीं थी।[25] परन्तु वे मीरां शब्द में निरनुनासिक 'रा' को उपयुक्त मानते थे।

मीरां का सम्बन्ध वैष्णव परिवार से था। मीरां के दादा राव दूदा ने मेड़ता नगर

बसाने के साथ ही वहाँ विष्णु के एक लोकरूप चारभुजानाथ के मन्दिर की नींव रखी थी। अतः अनेक विद्वान इस मत से सहमत नहीं हो पाते कि मीरां शब्द का मूल स्रोत अरबी-फारसी है! प्रसंगवश उल्लेखनीय है कि अरबी-फारसी से प्रेरित मीरां नाम का होना एकमात्र उदाहरण नहीं है। मीरां की ददिया सास महाराणा रायमल की पत्नी का नाम मेहताब कँवर था।[26] तो महाराणा सांगा की एक पुत्री रंबा कँवर थी।[27] मीरां के देवर महाराणा उदयसिंह के एक पुत्र का नाम कुँवर खानसिंह था जो पंवार राजकुमारी लालकँवर का पुत्र था।[28] अतः मीरां शब्द की व्युत्पत्ति के स्रोत अरबी-फारसी में ढूँढ़ना उचित ही है।

मीरां के अनेक आलोचकों की आलोचना मीरां के जन्मस्थान, जन्मतिथि एवं मीरां शब्द की व्युत्पत्ति जैसे अनेक प्रश्नों में इतनी अधिक उलझी रही कि मीरां सम्बन्धी आलोचना के अनेक विचार योग्य विषय उपेक्षित रह गये। मीरां के जन्मस्थान, जन्मतिथि एवं मीरां शब्द की व्युत्पत्ति का ठीक-ठीक पता लगाने से कहीं अधिक आवश्यक है मीरां के वास्तविक जीवन का साक्षात्कार करना एवं मीरां के जीवन में कथित रूप से घटित उन घटनाओं की छानबीन करना जिन्हें मीरां से सम्बन्धित किया जाता है।

नाभादास की भक्तमाल पर प्रियादास द्वारा लिखी गयी टीका में कहा गया है कि मीरां को पिता के घर में ही गिरिधारीलाल से प्रेम हो गया था। राघवदास की भक्तमाल पर छत्रदास ने टीका लिखते हुए यही बात दोहराई और कहा कि मीरां को हरि से प्रीति पीहर में ही हो गयी थी। सुखसारण कृत 'मीरांबाई री परची' में मीरां को पूर्व जन्म में राधा के गाँव बरसाना की ब्राह्मण कन्या बताया गया है।[29] ब्रजमंडल में प्रचलित एक किंवदन्ती के अनुसार मीरां बरसाने की किसी गोपी का अवतार थी।[30]

'मीरांबाई री परची' में सुखसारण ने अपने समय में प्रचलित किंवदन्तियों के आधार पर मीरां की कृष्ण भक्ति को पूर्व जन्म का संस्कार बताया।[31] इसी प्रकार मेवाड़ एवं मारवाड़ अंचल में प्रचलित किंवदन्तियों के अनुसार मीरां में कृष्ण भक्ति का बीजांकुरण बचपन में ही हो गया था।[32]

ब्राह्मण भक्त-कवियों एवं कथावाचकों द्वारा मीरां में कृष्ण भक्ति के बीजांकुरण को दो रूपों में प्रचारित किया गया। प्रथम यह कि मीरां की कृष्ण भक्ति को पूर्वजन्म का संस्कार बताया गया एवं दूसरे यह कहा गया कि मीरां में कृष्ण के प्रति प्रेम और भक्ति का बीजांकुरण बाल्यावस्था से ही हो गया था। ब्राह्मण भक्त कवियों एवं कथाकारों द्वारा प्रचारित-प्रसारित दोनों ही बातें झूठी हैं। मीरां का कृष्ण भक्त बनने का कारण न तो पूर्वजन्म का संस्कार था एवं न ही बचपन का प्रेम। मीरां के लिए कृष्ण भक्ति एक परवर्ती आवश्यकता थी। मीरां के पति भोजराज की मृत्यु पर मीरां को सती होने के लिए प्रेरित किया गया परन्तु मीरां ने सती होने से साफ

इनकार कर दिया।

मीरां ने कृष्ण को अपना पति घोषित करते हुए कहा कि वह किंसी ऐसे कुँवर को अपना पति नहीं मान सकती जो जन्म लेता है और मर जाता है। मीरां ने साँवरे स्वरूप कृष्ण को अपना पति स्वीकार किया जिसकी पत्नी बनने पर मीरां का चुड़ला (सुहाग) हमेशा-हमेशा के लिए अमर हो गया क्योंकि कृष्ण अजर-अमर है।[33] मीरां यदि कृष्ण को अपना वर (पति) घोषित नहीं करती तो उसे सती होने के लिए बाध्य होना पड़ता।

राव दूदा, राव बीरमदेव, राव जयमल समेत मेडितिया कुल के लगभग सभी सदस्य विष्णु (चारभुजानाथ) के भक्त थे। ऐसे में मीरां को बचपन से ही कृष्ण भक्त मानना अनुचित है। मीरां को पारिवारिक परम्परानुसार चारभुजानाथ का भक्त होना चाहिए था न कि कृष्ण का परन्तु मीरां चार भुजाओं वाले विष्णु को अपना आराध्य न मानकर मोर मुकुट वाले कृष्ण को अपना आराध्य मानती थी।[34]

मीरां के लिए कृष्ण की स्वघोषित पत्नी बनना विष्णु की पत्नी बनने की अपेक्षा अधिक सुविधाजनक था। पुराणों के अनुसार विष्णु के एकमात्र पत्नी लक्ष्मी थी। अतः मीरां के लिए विष्णु की दूसरी पत्नी बनना सम्भव न था, परन्तु कृष्ण का व्यक्तित्व एवं चरित्र मीरां के लिए सम्भावना से युक्त था। वह कृष्ण को आसानी से अपना पति घोषित कर सकती थी।

जहाँ तक किंवदन्तियों का प्रश्न है, जो मीरां को बचपन से ही कृष्ण का भक्त घोषित करती है उनके सम्बन्ध में यह जान लेना ठीक रहेगा कि किंवदन्तियों का अपना विशिष्ठ समाजशास्त्र होता है। किंवदन्तियों को ऐतिहासिक साक्ष्य के रूप में उद्धृत करने से पूर्व उनके उत्पत्ति स्रोत एवं उनके उद्देश्य को भली प्रकार जाँच लेना आवश्यक है। बाल्यावस्था में मीरां में कृष्ण भक्ति के प्रेमांकुरण की कथाएँ ज्यादातर ब्राह्मण भक्त कवियों द्वारा लिखित भक्तमालों तथा उन भक्तमालों पर लिखी गयी टीकाओं में मिलती हैं। बचपन में मीरां में कृष्ण भक्ति के प्रेमांकुरण की किंवदन्तियाँ भी प्रायः उन क्षेत्रों में अधिक लोकप्रिय हैं जहाँ ब्राह्मण धर्म का व्यापक प्रसार है। मेवाड़ के आदिवासी अंचलों में प्रायः ऐसी किंवदन्तियाँ नहीं मिलती हैं। ऐसा जान पड़ता है कि मीरां से सम्बन्धित प्रचलित तमाम किंवदन्तियों का प्रचार-प्रसार बाद में सोद्देश्य किया गया है। मीरां को ब्राह्मणवादी संस्कारों से युक्त समाज में आत्मसातीकृत करने के लिए ऐसा करना आवश्यक था। इन किंवदन्तियों का सच इतना ही है कि लोक ने मीरां को कृष्ण का अनन्य भक्त माना। परन्तु मीरां को बाल्यावस्था से ही कृष्ण भक्त मानना सर्वथा अनुचित है।

मीरां एवं कुँवर भोजराज का विवाह मेवाड़ के सिसोदियों एवं मारवाड़ के राठौड़ों द्वारा लिया गया राजनीतिक निर्णय था। साथ ही यह धारणा भ्रान्त है कि मीरां स्वयं को कृष्णभक्त मानती थी। अतः कुँवर भोजराज से विवाह करना नहीं चाहती

थी। नाभादास की भक्तमाल पर प्रियादास द्वारा प्रणीत 'भक्तिरस बोधिनी टीका' में 'राना के सगाई भई, करी ब्याह सामा नई' लिखा गया है एवं बताया गया है कि भाँवरों (शादी के फेरों) के समय मीरां का मन 'सावरे सरूप' (कृष्ण) में ही रमा रहा अर्थात् मीरां का मेवाड़ कुँवर से विवाह, उसकी इच्छा के विरुद्ध किया गया।[35]

राघौदास की भक्तमाल पर छत्रदास द्वारा प्रणीत टीका में भी ऐसी ही अभिव्यक्ति है। लिखा गया है कि ''राँनहि जाइ सगाइ करावत ब्याहन आवत भावत नांहीं।।/फेर फिरावत बा न सुहावत, यौं मन में पति साथि न जांहीं।/ देन लगे पितमान आभूषन, नैन भरे जल मोहि न चाहीं।" सुखसारण कृत 'मीरांबाई री परची' में इसका विस्तार से वर्णन किया गया है।[36]

सुखसारण के अनुसार मीरां स्वयं को कृष्णार्पित मानती थी। मीरां कृष्ण के अलावा किसी अन्य से विवाह के विरुद्ध थी किन्तु माता के दबाव डालने एवं समझाने पर उसने मेवाड़ कुँवर से विवाह करना मंजूर किया। मीरां की माता यह जानती थी कि महाराणा से बैर (शत्रुता) का अर्थ है महाविनाश को आमंत्रण देना। सुखसारण के अनुसार पतिव्रता नारी का एक ही पति होता है एवं दूसरे पति की कल्पना भी व्यभिचार के समान है चूँकि मीरां पतिव्रता थी अतः उसके लिए मेवाड़ कुँवर से विवाह व्यभिचार के समान था।[37] उसने अपनी कृति 'मीरांबाई री परची' में मीरां का विवाह मेवाड़ कुँवर के साथ विवाह से पूर्व ही स्वप्निल मूर्च्छावस्था में कृष्ण के साथ कराकर यह प्रमाणित करने का प्रयास किया है कि मेवाड़ कुँवर से मीरां का विवाह मात्र औपचारिकता थी।[38] मूर्च्छित स्वप्नावस्था में कृष्ण से मीरां के विवाह के सन्दर्भ में मीरां के नाम पर अनेक पद भी प्रचलित हैं।[39]

मीरां से सम्बन्धित मेवाड़ व मारवाड़ में ऐसी अनेक कथाएँ प्रचलित हैं जिससे ध्वनि निकलती है कि मीरां का मेवाड़ कुँवर भोजराज से विवाह नाटक मात्र था।[40] प्रचलित किंवदन्तियों के अनुसार भाँवर (विवाह के फेरें) के समय मीरां ने विवाह मंडप में अपने साथ कृष्ण को विराजमान कर दिया था एवं भाँवर भी वस्तुतः कृष्ण की मूर्ति के साथ ही लिए गये न कि मेवाड़ कुँवर के साथ।[41] स्वप्निल मूर्च्छावस्था में कृष्ण के साथ मीरां के विवाह एवं भाँवर लेते समय मंडप में मीरां व कुँवर भोजराज के मध्य कृष्ण मूर्ति को विराजमान करने का प्रपंच ब्राह्मण भक्त कवियों एवं परवर्ती कथाकारों द्वारा मीरां की शुचिता बनाये रखने के लिए रचा गया है। यह भी ध्यान देने योग्य बात है कि इस प्रकार की किंवदन्तियाँ एवं कथाएँ जिसमें मीरां की शुचिता को बनाये रखा गया है मेवाड़, गोड़वाड़, मारवाड़, गुजरात एवं शेष भारत के उन क्षेत्रों में अधिक स्वीकार्य है जहाँ ब्राह्मण धर्म का व्यापक प्रसार-प्रचार है। मेवाड़ के आदिवासी अंचलों में ढूँढ़ने पर भी मीरां से सम्बन्धित ऐसी किंवदन्तियाँ नहीं मिलती हैं जिनमें मीरां की शुचिता की प्रयत्नपूर्वक रक्षा की गयी हो। ब्राह्मण भक्त कवियों एवं परवर्ती कथाकारों द्वारा यह भी प्रचारित किया गया कि मीरां का कुँवर भोजराज

से विवाह मात्र औपचारिकता थी एवं विवाह के पश्चात् मीरां का कुँवर भोजराज से किसी प्रकार का कोई दैहिक सम्बन्ध न रहा।[42] यह प्रचारित किया जाता है कि कुँवर भोजराज की मृत्यु का कारण उसके द्वारा मीरां को दिये हुए वचन को भंग करके मीरां की देह को छू लेना था परिणामस्वरूप ईश्वरीय कोप ने कुँवर भोज को तेज ज्वर का दण्ड दिया एवं उसकी मृत्यु हुई।[43]

कुँवर भोज एवं मीरां के परस्पर सम्बन्धों की प्रकृति पर राजपूताने में ही नहीं वरन् गुजरात, मध्यदेश, ब्रजमंडल एवं देश के अन्य प्रदेशों में ढेर सारी किंवदन्तियाँ एवं कथाएँ मिलती हैं। इन किंवदन्तियों एवं कथाओं में साम्यता के साथ-साथ विरोधाभास भी दृष्टिगत होते हैं। प्रायः प्रदेश एवं पात्र के अनुसार कथा का स्वरूप एवं कथ्य बदल जाता है। किंवदन्तियों एवं कथाओं पर सम्बन्धित प्रदेश की लोक चेतना का प्रभाव स्पष्ट दिखाई देता है।

भक्त कवियों के विवरण, किंवदन्तियों एवं कथाओं की प्रकृति, उद्देश्य एवं उनके उत्पत्ति-स्रोत के अध्ययन के पश्चात् यह विश्वासपूर्वक कहा जा सकता है कि इनका आधार शुचितावादियों द्वारा रचा गया प्रपंच है। इस प्रपंच का शिकार मीरां की वे स्त्री अध्येता भी हुई हैं जो मीरां से वैचारिक प्रेरणा ग्रहण करती हैं। इन स्त्री अध्येताओं में शहरी जीवन व्यतीत करने वाली स्त्रियों से लेकर ग्रामीण परिवेश में पली-बढ़ी वे समस्त स्त्रियाँ शामिल हैं जो सांस्कृतिक आत्मसातीकरण का शिकार हुई हैं। वस्तुतः 500 वर्षों के इस लम्बे अन्तराल में मीरां का ही आत्मसातीकरण किया जा चुका है, ऐसे में मीरां की स्त्री अध्येताओं का भ्रमित होना आश्चर्य जनक नहीं है।[44] कुमकुम संगारी का मीरां के सामन्त पति कुँवर भोजराज के प्रति आक्रोश तो समझ में आता है किन्तु उनका यह कहना अनुपयुक्त है कि–"She breaks the code of marriage by remaining sexually unavailable to her husband, and by her obsessive religiosity from the moment she is wed. She claims to have already married Krishna in a dream (Mai mahane supne me paran gaye Gopal, BM: 70) In those versions of the legend in which she is persecuted by her husband, there is an indication of the magnitude of her decision. Her indifference to her husband and passion for Krishna is read' as adulterous by both husband and father-in-law;....[45] पति के प्रति मीरां का प्रेम उसकी शक्ति थी। स्वाधिकारों की चेतना स्त्री को स्वतन्त्रता के लिए संघर्ष हेतु प्रेरित तो करती है किन्तु पुरुष के प्रति घृणा नहीं सिखाती। मीरां ने स्वाधिकार रक्षा एवं स्त्री स्वतन्त्रता के लिए संघर्ष तो किया किन्तु पति से घृणा नहीं की। वास्तव में चित्तौड़गढ़ में मीरां की हैसियत एवं स्थिति मीरां के उसके पति के साथ सम्बन्धों पर निर्भर थी। पति के साथ कटु अथवा असहज सम्बन्धों की स्थिति में कुँवरानी मीरां को निश्चय ही चित्तौड़गढ़ से निष्कासित कर दिया जाता। मीरां के

देवर, महाराणा उदय सिंह ने पत्नी जेवंता बाई से असहज सम्बन्धों के कारण उसे कुंभलगढ़ निर्वासित कर दिया था। महारानी करमेती भी महाराणा सांगा की मृत्यु के पश्चात् रणथंभौर दुर्ग चली गयी थी। महाराणा मेवाड़ एवं मेवाड़ कुँवर से वैर लेकर मीरां का चित्तौड़ दुर्ग बने रहना सम्भव न था। मीरां चतुर एवं शिष्ट थी अतः उसने ऐसा कोई कार्य नहीं किया जिससे उसे चित्तौड़ दुर्ग छोड़ने पर विवश होना पड़ता।

कुँवर भोजराज एवं मीरां के सम्बन्ध सामान्य थे। ख्यातों, भक्तमालों एवं इतिहास ग्रन्थों में मीरां का कुँवर भोजराज के साथ विवाह का उल्लेख तो मिलता है किन्तु कुँवर भोजराज के किसी दूसरे विवाह का जिक्र नहीं है। मेवाड़ एवं मारवाड़ में प्रचलित किंवदन्तियों में प्रायः कुँवर भोजराज के मीरां के साथ एकमात्र विवाह की ही चर्चा मिलती है। अपवादस्वरूप ही किसी किवदन्ती में कुँवर भोजराज के दूसरे विवाह की चर्चा हो। उल्लेखनीय है कि कुँवर भोजराज के दादा महाराणा रायमल ने ग्यारह शादियाँ की थीं[46] एवं उसके पिता महाराणा सांगा ने अट्ठाइस।[47] पारिवारिक जीवन के समानान्तर महाराणाओं और कुँवरों के अनेक प्रेम प्रसंग चला करते थे। भोजराज के भाइयों ने अपने जीवनकाल में अनेक शादियाँ[48] कीं उसके भाई रत्नसिंह, विक्रमादित्य एवं उदयसिंह ने क्रमशः चार, चार एवं बीस शादियाँ कीं कुँवर भोजराज जैसे शक्तिशाली सामन्त के लिए दूसरा विवाह करना अथवा किसी प्रकार के प्रेम प्रसंग में लिप्त होना विशेष कठिन नहीं था परन्तु कुँवर द्वारा ऐसा किये जाने का कोई प्रमाण प्राप्त नहीं होता है।

मीरां के अतिरिक्त महाराणा परिवार की अनेक रानियाँ, युवरानियाँ एवं राजकुमारियाँ भक्त के रूप में प्रसिद्ध थीं। मीरां की एक सास झाली रानी की ख्याति भक्त के रूप में थी जिसके बारे में माना जाता है कि इसने मीरां मन्दिर के सामने स्थित रैदास की छतरी का निर्माण करवाया था। भक्तमाल में नाभादास ने झाली रानी का उल्लेख भक्त के रूप में किया है। ऐसा नहीं लगता कि कुँवर भोजराज की जीवितावस्था में मीरां को कृष्णोपासना से रोका गया हो अथवा कुँवर भोजराज के लिए यह ईर्ष्या का विषय रहा हो। यह स्पष्ट किया जा चुका है कि मीरां में कृष्णभक्ति का बीजांकुरण बचपन में नहीं वरन कुँवर भोजराज की मृत्यु के पश्चात् हुआ था अतः ऐसा कोई कारण नजर नहीं आता जिसके आधार पर यह घोषित किया जाये कि कृष्णभक्ति के कारण कुँवर भोजराज एवं मीरां के आपसी सम्बन्ध सामान्य नहीं थे।

नाभादास की भक्तमाल पर प्रियादास की भक्तिरस बोधिनी टीका में मीरां व कुँवर भोज के आपसी सम्बन्धों का वर्णन है।[49] वैष्णव कवियों का कृष्णप्रेम सर्वविदित है अतः प्रियादास द्वारा मीरां को कृष्ण की अनन्य भक्त साबित करने एवं कुँवर भोज को खलनायक घोषित करने का कारण समझा जा सकता है। वैष्णवदासकृत 'भक्तमाल का दृष्टान्त' में 'राना' का उल्लेख तो है किन्तु यह 'राना' मीरां का पति

कुँवर भोजराज ही है यह स्पष्ट नहीं है। 'राना' मीरां का देवर महाराणा विक्रमादित्य भी हो सकता है। मीरां का पति भोजराज कुँवर था 'राणा' अथवा महाराना नहीं।[50]

राघौदासकृत भक्तमाल एवं उसकी टीका में 'मीरांबाई को बरनन' शीर्षक के अन्तर्गत 'राना' का उल्लेख तो है किन्तु वैष्णवदास कृत भक्तमाल के समान राघौदास कृत भक्तमाल में भी यह स्पष्ट नहीं है कि जिस राणा का वर्णन किया गया है वह मीरां का पति कुँवर भोजराज है अथवा मीरां का देवर महाराणा विक्रमादित्य। जबकि राघौदास की भक्तमाल पर छत्रदास द्वारा लिखित टीका में मीरां के उसके पति के साथ असहज सम्बन्धों की चर्चा है।[51]

वैष्णव भक्त कवियों ने मीरां को कृष्ण का अनन्य भक्त माना एवं उसका वर्णन उसी रूप में किया! ऐसा प्रतीत होता है कि भक्त कवि मीरां के व्यक्तित्व एवं महाराण ाा परिवार के सम्बन्ध में सीमित जानकारी ही रखते थे। चित्तौड़ दुर्ग के वातावरण एवं दुर्ग की आन्तरिक राजनीति से इन भक्त कवियों का विशेष परिचय नहीं था एवं न ही वे मीरां एवं उसके पति के परस्पर सम्बन्धों की प्रकृति को जानते थे।

मीरां का वैवाहिक जीवन चल ही रहा था कि एक दुर्घटना ने मीरां के जीवन को ही बदल दिया। यह दुर्घटना थी उसके पति कुँवर भोजराज की मृत्यु। आधारभूत सामग्री के अभाव में यह कहना तो कठिन है कि कुँवर भोजराज युद्ध में लड़ते हुए मारा गया अथवा उसकी सहज मृत्यु ज्वर के कारण हुई परन्तु इतिहासकार इस बात से सहमत हैं कि कुँवर भोजराज महाराणा सांगा की जीवितावस्था में ही परलोक सिधार गया था।[52] पति भोजराज की मृत्यु पर राजपरिवार की ओर से यह इच्छा प्रकट की गयी कि मीरां को अपने पति की चिता के साथ जलकर सती हो जाना चाहिए। मीरां को यह स्वीकार नहीं था। मीरां ने सती होने से स्पष्ट इनकार करते हुए कहा कि वह केवल कृष्ण को अपना पति मानती है। वह किसी मेवाड़ कुँवर की मृत्यु पर सती नहीं होगी एवं कृष्ण की आराधना के लिए जिन्दा रहेगी।[53]

जोधपुर स्थित राजस्थान प्राच्यविद्या प्रतिष्ठान, के संग्रह में सुखसारण द्वारा रचित 'मीरांबाई री परची' की उपलब्ध अप्रकाशित प्रति में उक्त घटना का उल्लेख है।[54] परन्तु जोधपुर के निकट चौपासनी गाँव में स्थित राजस्थानी शोध संस्थान के संग्रह में सुखसारण द्वारा रचित 'मीरांबाई री परची' की उपलब्ध दो हस्तलिखित प्रतियों में से किसी एक प्रति में भी उक्त घटना का उल्लेख नहीं मिलता है। राजस्थानी शोध संस्थान, चौपासनी, जोधपुर की त्रैमासिक शोध पत्रिका 'परम्परा' का एक विशेषांक 'मीरांबाई री परची व परची काव्य' नाम से प्रकाशित किया गया था। इस विशेषांक में उक्त प्रतियों के आधार पर सुखसारण द्वारा रचित 'मीरांबाई री परची' का प्रथम बार प्रकाशन किया गया। दुर्भाग्यवश उक्त पत्रिका के सम्पादन के दौरान 'मीरांबाई री परची' के उन अंशों को हटा दिया गया जो मीरां को राजपरिवार द्वारा सती किये जाने के प्रयासों से सम्बन्धित थे एवं जिन अंशों में मीरां ने कृष्ण को अपना पति

घोषित करते हुए सती होने से इनकार किया था। राजपूत सामन्तों द्वारा संचालित किसी शोध संस्थान की त्रैमासिक पत्रिका में ऐसा होना आश्चर्यजनक नहीं है। यह अवश्य आश्चर्यजनक है कि प्रगतिशील माने जाने वाले भक्तमाल के रचयिताओं नाभादास, प्रियादास, वैष्णवदास, राघौदास, छत्रदास जिन्होंने अपने ग्रन्थों में मीरां का उल्लेख किया है में से किसी एक ने भी राजपरिवार द्वारा मीरां को सती किये जाने के प्रयासों का वर्णन नहीं किया है। ऐसा लगता है मीरां की मृत्यु से लेकर अब तक मीरां से सम्बन्धित जितने भी वर्णन उपलब्ध हैं उनमें मीरां को सती किये जाने के प्रयासों से सम्बन्धित एवं जिन अंशों में मीरां ने कृष्ण को पति घोषित करते हुए सती होने से इनकार किया था का सायास उल्लेख नहीं किया गया है। दूसरी ओर जहाँ कहीं इस घटना का उल्लेख है वहाँ उसे तोड़-मरोड़ कर प्रस्तुत किया गया है।

मीरां के काव्य के सन्दर्भ में अन्तःसाक्ष्य का प्रश्न जटिल है तथापि मीरां के काव्य से प्राप्त अन्तःसाक्ष्य के अलावा मीरां को महाराणा परिवार द्वारा सती होने के लिए प्रेरित करने के प्रयासों का प्रथम उल्लेख मीरां की मृत्यु के लगभग दो सौ वर्षों पश्चात नागरीदास कृत सिंगार-सागर के अन्तर्गत पद-प्रसंगमाला में मिलता है।[55] नागरीदास वल्लभ सम्प्रदाय में दीक्षित था। वल्लभ सम्प्रदाय के लोग मीरां की भक्ति के स्वरूप को नापसन्द करते थे। परन्तु नागरीदास ने पद-प्रसंगमाला में मीरां के सम्बन्ध में जो छः प्रसंग एवं ततसम्बन्धी पद लिखे हैं उनमें मीरां की मुक्त कंठ से प्रशंसा की गयी है। अपने छोटे भाई बहादुर सिंह द्वारा पैतृक जागीर-किशनगढ़ छीन लिए जाने के कारण नागरीदास को मुगलों की शाही सेवा में प्रविष्ट होना पड़ा था। शाही सेवा में रहने के कारण नागरीदास पर मुगल-विचारों का प्रभाव था। अतः अनुमान किया जाता है कि नागरीदास मुगल बादशाहों के समान सती प्रथा का विरोधी रहा होगा।[56]

मेड़तणी मीरां मारवाड़ के मेड़तिया राठौड़ों को मेवाड़ के सिसोदिया महाराण ा से जोड़ने वाली कड़ी थी, अतः इस बात की सम्भावना कम ही है कि मेड़तिया राठौड़ मीरां को सती करने के पक्षधर रहे होंगे परन्तु इस सम्भावना से इनकार नहीं किया जा सकता कि मेवाड़ राठौड़ों के विरोधी सामन्त मीरां को सती कर देना चाहते थे। ऐसा करने से मेड़तिया में राठौड़ों को महाराणा सांगा से जोड़ने वाली कड़ी समाप्त हो जाती एवं साथ ही साथ मेड़तिया राठौड़ों का मेवाड़ की राजनीति में प्रभावी हस्तक्षेप भी समाप्त हो जाता। मीरां यदि सती होने से बची रही तो इसका कारण मीरां द्वारा किये गये प्रभावी प्रतिरोध के अलावा मेड़तिया राठौड़ों का मेवाड़ की राजनीति में उपस्थित प्रभाव भी था। साथ ही मेवाड़ व मारवाड़ के इतिहास ग्रन्थों में ऐसे अनेक उदाहरण मिलते हैं जब राजनीतिक उद्देश्यों की पूर्ति हेतु रानियों अथवा कुँवरानियों को सती होने से रोका गया। उल्लेखनीय है कि मीरां को सती न किया जाना राजनीतिक दृष्टि से मेड़तियों के लिए लाभदायक था। मीरां के काव्य

रैदास की छतरी एवं मीरां मन्दिर

एवं उपलब्ध स्रोत सामग्री से ऐसा कोई प्रमाण नहीं मिलता जिससे अनुमान लगाया जा सके कि विधवा मीरां का महाराणा सांगा से किसी प्रकार का कोई विरोध था। महाराणा रत्नसिंह के साथ भी मीरां के सहज सम्बन्धों की कल्पना की जा सकती है। खानवा के युद्ध में महाराणा सांगा की मृत्यु होने पर उसके जीवित पुत्रों में सबसे ज्येष्ठ रत्नसिंह मेवाड़ का महाराणा बना था। वह मारवाड़ के राव वाघा की बेटी धन कँवर का पुत्र था।[57] धनकँवर राठौड़ थी एवं मीरां भी। मारवाड़ का राव सुजा धनकँवर का दादा था जो मीरां के दादा राव दूदा का ज्येष्ठ भ्राता था। इस प्रकार मेड़तणी मीरां एवं नये महाराणा रत्नसिंह की माँ धनकँवर आपस में चचेरी बहनें थीं। राठौड़ों का भांजा होने के कारण रत्नसिंह मेड़तिया राठौड़ों से समर्थन की उम्मीद रखता था। अतः विधवा मीरां के साथ महाराणा रत्नसिंह के सहज सम्बन्धों का अनुमान है। मीरां के काव्य एवं विभिन्न भक्तमालों, वार्ता-साहित्य एवं परवर्ती स्रोत सामग्री के विश्लेषणात्मक अध्ययन से ऐसा कोई संकेत नहीं मिलता जिससे अनुमान लगाया जा सके कि विधवा मीरां का महाराणा विक्रमादित्य से पूर्ववर्ती महाराणाओं महाराणा सांगा तथा महाराणा रत्नसिंह के साथ किसी प्रकार का विवाद था। सच कहें तो इस समय तक मीरां का मेवाड़ की राजनीति पर कोई विशेष प्रभाव नहीं था।

महाराणा सांगा की मृत्यु के समय विक्रमादित्य एवं उदयसिंह जो हाड़ी रानी करमेती का पुत्र था रणथंभौर की जागीर का मालिक था। बूँदी के राव भांडा के दूसरे पुत्र नरबद की पुत्री करमेती के पुत्रों को महाराणा सांगा ने अपने जीवनकाल में ही रणथंभौर की जागीर दे दी थी।[58] साम्राज्य के दो टुकड़े कर देना महाराणा सांगा की महान भूल थी। इस भूल की कीमत उसके पुत्र रत्नसिंह को अपनी जान गँवा कर चुकानी पड़ी। वीर विनोद में लिखा है "रणथंभोर के साथ पचास-साठ लाखका मुल्क था। इतने बड़े देश और मज़बूत व नामी क़िले का छोटे भाइयों के हाथ में रहना रत्नसिंह को नहीं भाया; इसी भीतरी आशयसे माजी हाड़ीको किसी तरह चित्तौड़ बुलालेना ठीक समझ, कोठारिया पुर्णमल चहुवाण पूर्णमल्लको उन्हें लेने के लिए रणथंभोर भेजा और कहलाया कि–"आप हमारे सिरपर तीर्थहैं, और विक्रमा. दित्य व उदयसिंह मेरे भाई हैं; इसलिए उन्हें लेकर आपको यहाँ पधारना चाहिए;" ...मा साहब (करमेती हाड़ी) ने इस बातको रत्नसिंहका कपट समझ, उत्तरदिया कि "विक्रमादित्य और उदयसिंह अभी बच्चे हैं, और उनकी सम्हाल रखनेके लिए श्रीहुजूर वैकुंठवासीने मेरे भाई सूर्यमल्लको हुक्मदिया है, ...गरमी के दिनों में महाराणा रत्नसिंह शिकारको बूँदीकी तरफ़ रवाना हुए. उधर से सूर्यमल्ल अपनी माकी आज्ञानुसार आते थे सो रास्तेमें ही मिलाप हो गया, ...तब झुंझलाकर घोड़े को झपटाया और तलवारका एक वार सूर्यमल्ल पर किया; फिर तो पूर्णमल्लने भी एक तीर मारा जो छाती फोड़ निकल गया; सूर्यमल्लने दौड़कर पूर्णमल्लको कटार से मारा; महाराणाने पूर्णमल्ल की मदद करके दूसरा वार सूर्यमल्ल पर करना चाहा, परन्तु इसने कटारका एक हाथउनकी छातीमें ऐसा मारा कि महाराणा भी इस संसार को छोड़ गये।"[59]

महाराणा सांगा जैसे शक्तिशाली एवं प्रभावशाली महाराणा की मृत्यु एवं इसके थोड़े ही दिनों बाद उसके योग्य एवं बहादुर पुत्र मेवाड़ के नये महाराणा रत्नसिंह की मृत्यु ने मेवाड़ में शक्ति शून्यता की स्थिति पैदा कर दी थी। रत्नसिंह की मौत के पश्चात् विक्रमादित्य मेवाड़ का महाराणा बना। विक्रंमादित्य किशोर वय का अबोध बालक था जो अक्सर नादानियाँ किया करता था।[60] इस समय के मेवाड़ की परिस्थिति एवं वातावरण का सजगता के साथ अध्ययन किया जाये तो मीरां एवं महाराणा विक्रमादित्य के आपसी सम्बन्धों एवं चित्तौड़ दुर्ग में मीरां की हैसियत का उचित अनुमान हो जायेगा।

महाराणा सांगा के समय चित्तौड़ दुर्ग में जो रौनक रहा करती थी वह रौनक उसकी मृत्यु के साथ ही समाप्त हो गयी थी। महाराणा विक्रमादित्य अभी बालक था एवं चित्तौड़ की राजगद्दी मिलने के साथ ही वह उद्दण्ड हो गया था। सामन्त अवज्ञाकारी हो चले थे एवं वे चित्तौड़ दुर्ग महाराणा की चाकरी बजाने के स्थान पर अपनी जागीरों में लौटने लगे थे। पर्याप्त सैनिकों के अभाव में चित्तौड़ दुर्ग असुरक्षित हो गया था। राजपरिवार का कोई भी वरिष्ठ व्यक्ति जीवित नहीं बचा था। पुरुषजनों

में सबसे वरिष्ठ स्वयं महाराणा विक्रमादित्य था जो अभी किशोर था। जीवित स्त्रियों में पदक्रम के अनुसार सबसे वरिष्ठ महाराणा विक्रमादित्य की माँ राजमाता करमेती थी एवं उसके पश्चात् मेवाड़ कुँवर की विधवा युवरानी मीरां। रत्नसिंह की चार पत्नियों में से तीन को सती किया जा चुका था। इस प्रकार मेवाड़ राजघराने के सबसे प्रभावशाली लोगों में तीन नाम थे—हाड़ी रानी करमेती, मेड़तणी मीरां, एवं हाड़ी रानी का पुत्र महाराणा विक्रमादित्य। चित्तौड़ दुर्ग में हाड़ी रानी अपने पुत्रों महाराणा विक्रमादित्य एवं उदय सिंह के साथ सूरजगोखड़ा के महलों में रहती थी। मीरां का निवास स्थल कुँवरपदा के महल थे। महाराणा विक्रमादित्य की अल्पवयस्कता के कारण शासन की समस्त शक्तियाँ हाड़ी रानी करमेती एवं मेड़तणी मीरां के आसपास ध्रुवीकृत हो रही थी। राठौड़ों की शक्ति एवं समर्थन से युवरानी मीरां का राजनीतिक तौर पर प्रभावशाली बनना राजमाता करमेती के लिए असह्य था। स्वाभाविक तौर पर मेड़तणी मीरां हाड़ी रानी करमेती के मध्य संघर्ष आरम्भ हो गया। मीरां काव्य में यही संघर्ष का मिलता है।[61]

मीरां को सती करके जलाकर मार दिया गया होता तो मेवाड़ की राजनीति में मेड़तियाँ राठौड़ों के हस्तक्षेप की सम्भावना समाप्त हो गयी होती। मीरां ने सती होने से इनकार कर दिया था अतः जीवित मीरां मेड़तियाँ राठौड़ों को मेवाड़ की राजनीति में हस्तक्षेप का मंच उपलब्ध कर रही थी। मेड़तियाँ राठौड़ों की चित्तौड़ दुर्ग में उपस्थिति एवं मेवाड़ की राजनीति में उनके हस्तक्षेप के कारण राजमाता करमेती के लिए अपने पुत्र महाराणा विक्रमादित्य के नाम पर शासन का संचालन कठिन हो रहा था। राजमाता करमेती एवं महाराणा विक्रमादित्य यह चाहते थे कि मीरां की हत्या कर दी जाये अथवा चित्तौड़ दुर्ग में मीरां के लिए ऐसी परिस्थिति पैदा कर दी जाये कि मीरां का चित्तौड़ दुर्ग में रुके रहना असम्भव हो जाये। वे चाहते थे कि परिस्थिति से बाध्य होकर मीरां अन्यत्र चली जाये। मीरां द्वारा ऐसा करने पर मेड़तिया राठौड़ों के लिए चित्तौड़ दुर्ग एवं राजमहलों की परिधि में घुसने की वजह समाप्त हो जाती एवं राजमाता करमेती व महाराणा विक्रमादित्य स्वयं को अधिक सुरक्षित महसूस करते। मीरां को ज़हर दिया जाना, मीरां को डसने के लिए साँपों एवं बिच्छुओं को उसके शयन कक्ष में छोड़ना, मीरां को काल कोठरी में कैद किया जाना एवं इसके अतिरिक्त राजमाता व महाराणा द्वारा मीरां पर किये गये अन्य सभी अत्याचारों की मूल वजह उनके द्वारा मीरां एवं मेड़तियाँ राठौड़ों से महसूस किया जाने वाला असुरक्षा का भाव था।

भक्तमालों के मीरां सम्बन्धी उल्लेखों एवं परवर्ती ग्रन्थों में महाराणा एवं राजमाता द्वारा किये गये अत्याचारों का वर्णन है। मेवाड़, गोड़वाड, मारवाड़, गुजरात, मालवा एवं देश के अन्य प्रदेशों में ऐसी तमाम किंवदन्तियाँ मिल जायेंगी जो मीरां पर किये गये अत्याचारों से सम्बन्धित हैं। 'मीरां काव्य' में भी इन अत्याचारों से सम्बन्धित

अनेक पद प्राप्त होते हैं।

नाभादास ने लिखा है—

लोक-लाज, कुल-शृंखला तजि, मीरां गिरधर भजी।
सृदश गोपिका प्रेम प्रगट, कलियुगहिं दिखायौ।।
निरअंकुश अति निडर, रसिक-जस रसना गायौ।।
दुष्टनि दोष विचारि, मृत्यु को उद्दिम कीयौ।।
बार न बांको भयो, गरल अमृत ज्यों पीयौ।।
भक्ति-निशान बजाय कै, काहू ते नाहिन लजी।।
लोक-लाज-कुल-शृंखला तजि, मीरां गिरधर भजी।। [62]

नाभादास की भक्तमाल पर प्रियादास कृत 'भक्ति रस बोधिनी' टीका में प्रियादास ने लिखा है—

देबी के पुजायबे कौ, कियौ लै उपाय सासु,
बर पै पुजाइ, "सुनि बधू पूजि" भाखियै।
बोली "जू बिकायौ माथौ लाल गिरिधारी हाथ",
और कौ न नवै एक वही अभिलाखियै।।
"बढ़त सुहाग याके पूजे ताते पूजा करौ,
करौजिनि हठ सीस पायनि पै राखियै"।
कही बार बार "तुम यही निरधार जानौ,
वही सुकुमार जापै वारी नाखियै"।।3।।
तब तौ खिसानी भई, अति जरि बरि गयी,
गयी पति पास "यह बधू नहीं काम की।
अब ही जवाब दियौ, कियौ अपमान मेरौ,
आगे क्यों प्रमान करै? भरै स्वास चाम की।।
राना सुनि कोपकरयौ, धरयौ हिये मारिबोई
दई ठौर न्यारी, देखि रीझी मति बाम की।
लालनि लड़ावै गुन गाय के मल्हावै साधु,
संग ही सुहावै, जिन्हें लागी चाह श्याम की ।।4।।
आय कै ननद कहै "गहै किन चेत भाभी ?
साधुनि सों हेतु में कलंक लागै भारियै।
राना देसपती लाजै बापकुल रती जात,
मानि लीजै बात बेगि संग निरवारियै"।
"लागे प्रान साधू सन्त, पावत अनन्त सुख,
जाको दुख होय, ताको नीके करि टारियै"।
सुनिकै, कटोरा भरि गरल पठाय दियौ,

लियौ करि पान रंग चढ्यौ यों निहारियै ।।5।।
गरल पठायौ, सो तौ सीस लै चढ़ायो, संग,
त्याग विष भारी, ताकी झार न सँभारी है।
राना नै लगायौ चर, बैठे साधु ढिंग ढर,
तब ही खबर कर, मारौ यहै धारी है।।
राजै गिरिधारीलाल, तिनहीं सों रंग जाल,
बोलत, हँसत ख्याल, कान परी प्यारी है।
जाय कै सुनाई, भई अति चपलाई, आयौ,
लिये तरवार, दै किवार, खोलि न्यारी है ।।6।।
"जाके संग रंगभीजि, करत प्रसंग नाना,
कहाँ वह नर गयौ बेगि दै बताइयै"।
"आगे ही बिराजै, कछू तोसों नहीं लाजै, अभूँ,
देखि सुख साजै, आँखें खोलि दरसाइयै"।।
भयोई खिसानौ राना, लिख्यौ चित्र भीत मानो,
उलटि पयानौ कियौ, नेकु मन आइयै।
देख्यौ हूँ प्रभाव ऐ पै भाव में न भिद्यौ जाइ,
बिना हरिकृपा कहौ कैसे करि पाइयै।।7।।[63]

प्रियादास के वर्णन के अनुसार मीरां की सास ने नाराज होकर मीरां की शिकायत राणा से की। राणा ने क्रोधित होकर मीरां को एकान्तवास का दण्ड दिया और उसे मारने की सोची। प्रियादास के वर्णन में राणा मीरां का पति भोजराज है अथवा उसका श्वसुर महाराणा सांगा यह स्पष्ट नहीं है।

प्रियादास के पौत्र वैष्णवदास कृत 'भक्तमाल के दृष्टान्त' से मीरां को राजपरिवार द्वारा विष दिये जाने का पता चलता है।

गरल पठाय दियो :

राना तो बड़ो भक्त है और तो भक्त छुछि सो।।
चरनामृत देहै यह कटोरा भर देहै।

आखै षोलि दरसाईयै :

राना ने रसाईनी को बाँधा। रसाइन सीषा चाहै सो वह बतावै नहीं। नित्य मारने का उद्योग करै। रात्री को सखा का रूप करिकै सेवा करै। जीस रोज मारन की ठीक पड़ी आजू नै बताबै तो कल्हि मारौ। जिस रोजे सखा को बताया सो सेवा सो पाया। बिन सेबा चाहै तो नहीं।

राघौदास का सम्बन्ध निर्गुणवादी दादू पन्थ से है परन्तु उनकी भक्तमाल पर

नाभादास की भक्तमाल का अत्यधिक प्रभाव है। 'मीरांबाई को बरनन' शीर्षक के अन्तर्गत उन्होंने मीरां का वर्णन अपनी भक्तमाल में किया है।

राघौदास ने मीरां को राजपरिवार द्वारा विष दिये जाने का उलेख किया है।

मीरांबाई को बरनन–

(मूल)

लोक बेद कुल जगत सुख मुचि मीरां श्री हरि भजे।
गोपिन की सी प्रीति रीति कालिकाल दिषाई।
रसिकराय जस गाइ, निडर रही सन्त-सभाई।
रानै रोस उपाइ जहर कौ प्यालौ दीन्हों।
रोम पुस्यौं नहीं एक मंनि चरनामृत लीन्हों
नौबति भक्ति घुराई कैं पति सो गिरिधर ही सजे।
लोक बेद कुल जगत सुष मुचि मीरां श्री हरि भजे।

मनहर

रामजी की भक्ति न भावै काहू दुष्टन कौं,
मीरां भई वैष्णव जहर दीन्हो जानि कैं।
रानौ कहै मारै लाज, मारि डारौ याहि आज,
आप करै कौरतन, सन्त बैठे आनि कैं।।
प्रेम मधि पीयो विस, पद गाये अहर्निस,
भै न ब्याप्यौ नैकहूँ, न लीन्हों दुष मानि हैं।

राघौदास की भक्तमाल पर छत्रदास द्वारा लिखित टीका में राजपरिवार द्वारा मीरां पर किये गये अत्याचारों एवं राज परिवार द्वारा मीरां को विष दिये जाने का उल्लेख इस प्रकार है।

आइ नणँद कहै सुनि भाभिहि साधुन संग निवारि भजीजे।
लाजत है नृप तासु बड़ौ कुल लाजत द्वै वंश बेगि तजीजे।।
सन्त हमाराहि जीवन मानस तारत द्वै कुल सत्य मनीजे।
जाई कही तब झैर पठावत लै चरनांमृत पांन करीजै।।5।।
सीस नवाई कै पीत भई विष सन्तन छोड़न है दुष भारी।
भूप कहै भृति चौकस राषहु आइ कनै जन बोलत मारी।।
स्याँमहि सौं बतलात सुनी तब जाइ कही अब है सत यारी।
सो सुनिकैं तरबारि लई कर दौरि गयो पट गोलि निहारी।।6।।
बोलत हौस गयो कत मानंस देहु लषाइ न मारत तोही।
येह षरे कछू नांहि डरे चित लेत हरे किन बाहत मोही।।

भूप लजाइ रह्यौ जड़ होइर ऊठि गयो तजिकैं उर छोही।
देषि प्रताप न मानत आप रहै उर ताप करै हरि बोही।।7।।

सुखसारण ने मीरां को विष दिये जाने एवं उस पर महाराणा परिवार द्वारा किये गये अत्याचारों का वर्णन इस प्रकार किया है।

अब इनकूँ विष दीजे पाई,
बिन मारी आपे मर जाई।
रांणौ विष प्यालो भर भेज्यौ,
मेडतणी रांणी कूँ देजयौ।।
दयाराम पिंडो एक नांमा,
राज मिंदर सेवौ अठ जांमां
सीसोद्यौ बौहौ भाँत सिखायौ,
यूँ कैहैज्यौ चरणामति लायौ।
गुप्त दांन वाकूँ ले घाल्यौ,
सो मारण मीरां कूं चाल्यौ।
पिंडो कहै भाग घिन रांणी,
जिण प्रभू की भक्त पिछांणी।
जांण्यौ जैहैर मरणा के काजै,
बिन पियाँ मेरौ विड़द लाजै।
चरणामृत सुण मीरां लीयो,
राम भरोसै प्यालौ पीयो।
ज्यूँ मरतक ईमरत पीजियौ,
ईधक रूप नाराइण दीयौ।
प्रोयत जाई कचैड़ी कैई
रांणी विष प्यालो पी गई।
सीसोद्यौ कहै मरी क जीवी,
अजू न देखी विष की पीवो।
जेन न वयाप्यौ गैल न आई,
विष होतो कन ईमरत राई।
वावै लुणौ करै सो पावै,
सेंस गुणौ साहब भुगतवै।
रांणौ विस मीरां कूँ पायौ
घर सीसोद्यां वध्यौ सवायौ।
गदी बैस मरै मर जावे,
विष की घात अजु होई आवै।

ब रांणा दूजी घात उपाई,
अबकै मेड़तणी मर जाई।
सरब सोवनी पेई मंगाई,
देज्यौ मेड़तणी कुं जाई।
माँही कालौ नाग भरायौ,
चन्द्रहार दूर तैं आयौ।।।।
कैज्यो रांणी कूँ गल पहैरै,
वडै जेठ कृपा करी तेरै।
खोलै देख विसंबर कालो,
पैरत गले में कीयो उजालो।
हीरा पना लाल कण मोती,
कण कण में दीपग की जोती।
देख हार रांण्याँ सब रूती,
अंजल तज रांणी सूती।
इनकै हार हर मारै नांही,
महं सूं आ ईधकी है कांही।
हार चन्द्र बोता घर होता,
वै तो दीपग उण मै जुता।
रांणा वात हुती जयुं कही,
रांण्याँ सुण परसण होइ गई।
अब एक दल उपजायो भरी,
सुणतां ही डरपै नर नारी।
गिर किंद्र निपजै विष कीरा,
लागत ही फट जाय सरीरा।
बअवा मै बीदु जड़ दीना,
अै रांणी के वीछड़ा लीना।
केज्यौ मेड़तणी पग पेरै,
खोलीज्यौ ईकांत अँधेरै।
खोलै तो विदहर विछुडयाँ,
हाथ लीयाँ हीरा की कण्याँ।
हार पेर हर मिंदर जाई,
बिछवां का बिछड़ा पग माँही।
ईम्रत पीयो बदन भरलावै,
बिन दीपग अंधियारो जावै।

चित्तौड़ दुर्ग में महाराणा का महल

जेठ कहै मैहैलां रै बैठी,
जे तू बड़ा बाप की बेटी,
धोह धगा कीना बोहो घातां,
अजूं जीवती मारूँ हातां।
दूहा—रांणों मारण नीसरयौ, हाथां लियो कटार।
आगो होय उ झांकीयौ, मैहैलां में मीरांच्यार।
सीसोद्यो पच पच मुवो, कीनी बोहोत उपाई।
जिण जनकूंडर काहको, जांके राम सिहाई।

नागरीदास द्वारा रचित 'शृंगार सागर' के अन्तर्गत 'पद-प्रसंग माला' में मीरां को विष देने की घटना का वर्णन इस प्रकार है—

मीरांबाई सों राना बहौत दुष पायै रहै। राना के घर की रीति तें इनके भिन्न रीत। यह भगवत राग्बन्ध सतयसंग विषेष करै। देह सम्बन्ध को नातौ व्यौहार कछु न मानें, राना बहुत समुझाय रह्यो, निदान एक विष को प्यालो उनको पठयो, कह्यो चरनामृत को नाम लैकें दीजियो, उनकैं प्रण है चरणामृत के नाम तें पी ही जांयगे,

सो ऐसें ही भयो, जांनि बूझ पीयो, राना तो इनके मरिबे की राह देखत रह्यो, अरु यह झांझ-मृदंग संग लैके परमरंग सो एक नयो पद बनाय ठाकुर आगे गावत भये, पद बहुत प्रसिद्ध भयो, सो वह यह पद–

रानैजू विष दीनो हम जानी।
जान बूझि चरनामृत सुनि पियो नहिं बौरी भोरानी।।
कंचन कसत कसौटी जैसे तर रह्ययो बारह बानी।
आपुन गिरधर न्याव कियो यह दांनयौ दूधरू पानी।।
राना कोटिक बारौ जिहिं पर हौं तिंहि हाथ बिकानी।।
मीरां प्रभु गिरधर नागर के चरन कमल लपटानी।[64]

मीरां काव्य से ऐसा प्रतीत होता है कि मीरां महाराणा विक्रमादित्य एवं राजमाता करमेती द्वारा उस पर किये गये अत्याचारों की जानकारी समस्त प्रजा जनों को देना चाहती थी ताकि वह मेवाड़, मारवाड़ एवं शेष राजपुताने की जनता व जागीरदारों को अपने पक्ष में कर सकें। यही वजह है कि मीरां बार-बार अपनी कविता में कृष्णोपासना के साथ-साथ महाराणा व राजमाता द्वारा उस पर किये गये अत्याचारों की भी वर्णन करती है।

महाराणा विक्रमादित्य के कुशासन, मेवाड़ की खराब आर्थिक हालत एवं महाराणा के आदेश पर लगान वसूलने के लिए प्रजाजनों पर किये गये अत्याचारों से मेवाड़ की जनता त्रस्त हो चुकी थी अतः पूरे मेवाड़ में मीरां के पक्ष में व्यापक जन समर्थन का सैलाब उमड़ पड़ा। इस प्रकार महाराणा एवं राजकुल के प्रतिकार में मीरां द्वारा गाये गये पद लोकप्रिय होने लगे। एवं प्रजाजन महाराणा विक्रमादित्य के विरुद्ध प्रतिकार के स्वर बुलन्द करने लगे। प्रसंगवश यह बताना उचित होगा कि मीरां की ख्याति मीरां के रूप में थी अतः एक कृष्ण भक्त को दूसरे भक्त कवियों का समर्थन मिलना स्वाभाविक था। यही वजह है कि मेवाड़ राजकुल द्वारा मीरां पर किये गये अत्याचारों का व्यापक वर्णन भक्त कवियों ने अपने द्वारा रचित भक्त मालों एवं रचित ग्रन्थों में किया है।

चित्तौड़ दुर्ग में मेड़तियाँ राठौड़ों एवं हाडा चौहानों के मध्य उपस्थित प्रतिद्वन्द्विता महाराणा एवं राजमाता का मीरां के प्रति वैमनस्य एवं मीरां को मारने के लिए उनके द्वारा किये गये प्रयासों से यह तय हो गया था कि मीरां का अधिक समय तक चित्तौड़ दुर्ग रुके रहना असुरक्षित था। इस समय राजमाता द्वारा संरक्षित महाराणा विक्रमादित्य एवं कुँवरानी मीरां के मध्य वैमनस्य चरम पर था अतः चित्तौड़ दुर्ग को असुरक्षित पाकर मीरां ने अपने सहयोगियों के साथ दुर्ग छोड़ने का निर्णय लिया। चित्तौड़ दुर्ग से प्रस्थान कर मीरां मेड़तियाँ राठौड़ों से सहायता की उम्मीद में मेड़ता पहुँची जहाँ उसका ताऊ राव वीरमदेव शासन कर रहा था। जब वह मेड़ता पहुँची उस समय उसके ताऊ राव वीरमदेव का मारवाड़ के शासक राव मालदेव से

संघर्ष चल रहा था। वहाँ पहुँचकर उसे ज्ञात हुआ कि मेड़ता राव वीरमदेव के हाथ से निकल चुका है। एवं वह शरणार्थी जीवन जीने के लिए बाध्य है। मीरां जिन मेड़तिया राठौड़ों से समर्थन की उम्मीद कर रही थी वे शक्तिहीन हो चुके थे।[65]

राव मालदेव के आक्रमण ने राव वीरमदेव को दर-दर की ठोकरें खाने के लिए मजबूर कर दिया था अतः ऐसी स्थिति में मीरां का अपने ताऊ राव वीरमदेव के साथ अधिक समय तक रुकना सम्भव नहीं था। मारवाड़ की परिस्थितियों को देखते हुए मीरां के लिए मारवाड़ को छोड़ना अनिवार्य हो गया था! जबकि चित्तौड़गढ़ में मीरां के लिए परिस्थितियाँ पहले से ही प्रतिकूल थीं मीरां ने परिस्थितियों का आंकलन करते हुए वृन्दावन यात्रा का निर्णय लिया। मीरां की वृन्दावन यात्रा के अनेक पुष्ट प्रमाण मिलते हैं जहाँ मीरां की भेंट जीव गोस्वामी से हुई। नाभादास की भक्तमाल पर प्रियादास कृत 'भक्तिरस—बोधिनी टीका' में लिखा गया है।

वृन्दावन आई, जीवगुसाँई जू सों मिली झिलीं,
तिया मुख देखिबे को पन लै छुटायो है।
देखी कुंज कुंज लाल प्यारी सुखपंज भरी,
घरी र माँझ, आय देस, बन षायो है।।

वैष्णवदास कृत 'भक्तमाल का दृष्टान्त' में निम्नलिखित वर्णन पाया जाता है।

वृन्दावन आय गोसांई—
इही बूझत फीरे वृन्दावन में कोउ मसाल है।।
कोई ने कहा आजू तौ जीवगुसांई है।
तिया मुष देषवे को पन ले छुडायो है—माता स्वस्त्रा दुहिताज नो. विवक्तासनं भवेत।। बलवान् इन्द्रिय श्रामंविद्वांममतिवकषति।।

रघौदास की भक्तमाल पर छत्रदास की टीका में लिखा गया है कि- जा बृज जीव मिली पन हौ तिय देषतनैं मुष ताहि छुड़ायौ/ कुंजन कुंज निहारि बिहारिहि अई रु देस बनैं बन गायौ। नागरीदास ने 'सिंगार-सागर' के अन्तर्गत 'पद-प्रसंग माला' में मीरां के गंगादिक तीर्थों के साथ वृन्दावन यात्रा का भी वर्णन किया है जहाँ मीरां जीव गोस्वामी से मिली थी।

राना को छोटो भाई मीरां को देह सम्बन्ध को भर्ता हो, सो ताको परलोक भयों, ता पीछै मीरांबाई गंगादिक तीरथ करिकै अरु री वृन्दावन हू आये, तहाँ जीऊ गुसांईजी को प्रण स्त्री के न देषिबे को दुटाय सब सों गुरु गोविंदवत सनमान सत्यसंग करि द्वारिका को चले, ऊहाँ बास करिबै कैं लियैं, तहीं एक मारग में एक नयो पद बनायो, बहुत प्रसिद्ध भयो, सो वह यह पद—

राय श्रीरनछोड़ वीज्यो द्वारिका को वास।।
संख चक्र गदा पद्म दरसें मिटै जम की त्रास।।
सकल तीरथ गोमती के राहत नित निवास।।

संष झालर झांझ बाजै सदा सुष की रास।।
तज्यो देसरु बेसहू तजि तज्यो राना राज।।
दास मीरा सरन आवत तुम्हैं अब सब लाज।।

मीरां के काव्य से भी मीरां की वृन्दावन यात्रा के पुष्ट प्रमाण मिलते हैं—

आली म्हाँणे लागां बूनदाबण णीकां।
घर-घर तुड़सी ठाकर पूजां दरसण गोविंद जी का।
निरमड़ नीर बह्य जमणा का भोजण दूध दह्यां कां।
रतण सिंघासण आप बिराज्याँ मुगत धरयाँ तुड़षी कां।
कुंजण कुंजण फिरयाँ सांवरा सबद सुरणया मुरड़ी कां।
मीरां रे प्रभु गिरधर नागर भजण बिणा नर फीकां।[66]

भक्ति से सम्बन्धित मीरां के उद्देश्य वृन्दावन के वैष्णव भक्तों से भिन्न थे अतः उसके लिए वृन्दावन का वातावरण अरुचिपूर्ण था। सुरक्षा की दृष्टि से भी अधिक समय तक मीरां के लिए वृन्दावन रुके रहना अनुपयुक्त था क्योंकि रणथंभौर दुर्ग वृन्दावन से कुछ ही दूरी पर था जहाँ हाड़ा चौहानों का प्रभाव अब भी शेष था। नाभादास की भक्तमाल पर प्रियादास कृत भक्तिरस बोधिनी टीका में स्पष्ट रूप से कहा गया है कि राना की मलीन मति देखकर ही मीरां ने वृन्दावन छोड़कर द्वारिका बस जाने का निर्णय लिया था।

राना की मलीन मति, देखि, बसी द्वारावति,
रति गिरिधारीला, नित ही लड़ाइयै।

अतः परिस्थितियों को समझते हुए मीरां ने वृन्दावन से द्वारिका जाने का निश्चय किया।

द्वारिका मीरां के लिए अधिक सुरक्षित था, जो मेवाड़ से दूर होने के साथ-साथ मुस्लिम शासकों के साम्राज्य की सीमाओं से घिरा हुआ था। ये मुस्लिम शासक मेवाड़ से शत्रुता का भाव रखते थे अतः मेवाड़ के सैनिकों के लिए गुजरात की सीमाओं का अतिक्रमण सरल न था। मीरां यहाँ सुरक्षित थी अतः उसने द्वारिका को अपनी गतिविधियों का केन्द्र बनाने का निश्चय किया। मीरां के द्वारिका वास से सम्बन्धित हमें अनेक पुष्ट प्रमाण मिलते हैं।[67] साथ ही ऐसी ढेरों किंवदन्तियाँ भी मिलती हैं जो मीरां के द्वारिकावास से सम्बन्धित हैं। नाभादास की भक्तमाल पर प्रियादासकृत 'भक्तिरस-बोधिनी टीका'[68] वैष्णवदास कृत 'भक्तमाल का दृष्टान्त',[69] राघौदास की भक्तमाल पर छत्रदास की टीका[70] तथा नागरीदासकृत सिंगार-सागर के अन्तर्गत 'पद-प्रसंग माला'[71] में मीरां के द्वारिकावास से सम्बन्धित विवरण मिलते हैं।

कहा जाता है कि मीरां जब द्वारिका में थी तब मेवाड़ के तत्कालीन महाराणा तथा मीरां के देवर उदयसिंह ने मीरां को पुनः मेवाड़ लौट आने का आग्रह करने के लिए अपने जागीरदारों एवं पुरोहितों को द्वारिका भेजा था। मीरां पुनः मेवाड़ लौटना

नहीं चाहती थी अतः प्रचलित किंवदन्तियों के अनुसार वह द्वारिकाधीश कृष्ण की मूर्ति में लीन हो गयी।[72]

प्रियादास ने 'भक्तिरस बोधिनी टीका' में मीरां को पुनः मेवाड़ लौट आने का आग्रह करने के लिए महाराणा द्वारा भेजे गये ब्राह्मणों तथा मीरां के द्वारिकाधीश कृष्ण की मूर्ति में लीन होने का कथन लिखा है। जब कि वैष्णवदास ने भक्तमाल का दृष्टान्त में मीरां के कृष्ण की मूर्ति में लीन होने की बात कही है। प्रियादास के समान नागरीदास ने भी पद-प्रसंग माला के अन्तर्गत महाराणा द्वारा मीरां को पुनः मेवाड़ लौट आने का आग्रह करने के लिए भेजे गये पुरोहितों एवं मीरां के द्वारिकाधीश कृष्ण की मूर्ति में विलीनीकरण की बात लिखी है। मीरां के चित्तौड़गढ़ छोड़ने के साथ ही मेवाड़ की परिस्थितियाँ बहुत कुछ बदल चुकी थीं। किशोरवय के महाराणा विक्रमादित्य को मारकर महाराणा सांगा के बड़े भाई पृथ्वीराज की पासवान का पुत्र बनवीर चित्तौड़ का नया महाराणा बन गया था। कुछ वर्षों पश्चात् ही मेवाड़ के सामन्तों द्वारा महाराणा बनवीर को मार दिया गया[73] एवं वयस्क हो चुके उदयसिंह को मेवाड़ का नया महाराणा बनाया। इसी समय चित्तौड़ से उदयपुर में राजधानी परिवर्तन के साथ ही मेवाड़ में भयंकर अकाल पड़ा एवं मेवाड़ की जनता त्राहिमाम करने लगी। अकबर के नेतृत्व में मेवाड़ पर मुगलों के लगातार आक्रमण हो रहे थे तथा मेवाड़ की जनता में कमजोर शासकों के विरुद्ध असन्तोष फैल रहा था। इस समय मेवाड़ को मेडतियाँ राठौड़ों से समर्थन की अत्यन्त आवश्यकता थी। हाड़ा चौहानों तथा मेड़तियाँ राठौड़ों के मध्य व्याप्त पुरानी प्रतिद्वन्द्विता को समाप्त करने तथा मीरां की लोकप्रियता को शासन के पक्ष में भुनाने के लिए यदि मेवाड़ के महाराणा उदय सिंह ने मीरां को पुनः मेवाड़ लौट आने का आग्रह करने के लिए पुरोहितों एवं जागीरदारों को भेजा हो तो विशेष आश्चर्य नहीं होना चाहिए।

द्वारिका नगर में प्रचलित एक किंवदन्ती के अनुसार द्वारिका के बघेर जाति के लोगों ने मीरां की महाराणा के लोगों द्वारा हत्या–सम्भावित हत्या–उसकी मृत्यु अथवा द्वारिका से मीरां के पलायन की आशंका से व्यथित होकर मेवाड़ की लौटती सेना पर भयंकर आक्रमण किये थे।

द्वारिका में महाराणा उदय सिंह द्वारा भेजे गये लोगों ने यदि मीरां की हत्या नहीं की तो द्वारिका के पश्चात् आखिर मीरां गयी कहाँ? कुछ विद्वानों का मानना है कि द्वारिका से मीरां दक्षिण भारत चली गयी। इस मत के पक्ष में वे दक्षिण भारत के अनेक स्थानीय भाषा में पाये जाने वाले मीरां के पदों का प्रमाण प्रस्तुत करते हैं। द्वारिकावास के पश्चात मीरां के जीवन की गुत्थी सुलझाते हुए परिता मुक्ता लिखती हैं। "Was Mira killed by the Rana's men who finally wrouht vengeance? It is not as fantastical a suggestion as it may appear. The Rajput code of vendetta operates across time and geographical boundaries. Despite an ideology that abjures the use of weapons in cowardly acts of violence against those unarmed, the Rajput chronicles are replete with acts of just such cowardice and treachery against the defenceless (Tod, 1971 : 858, 539). Tales of cynically planned slaughter abound too (M.G., 1908 : 132). Mira refused to return to Udaipur. It is a point of integrity and pride with her, as well as some apprehension perhaps. She refuses to be incorporated in a life within the palace. What does murder mean to Mira? It means death at the hands of a power she had so fiercely rejected and stood up against. It means the ultimate victory of vair against a person who had held on to its opposite.

The murder of Mira would show the inability of bhakti to overcome and transform deeply-embedded values of vengeance. The bhajniks though, have a complete faith in the power of Mira to survive against the Rana's vindictiveness. For them, the question of the possibility of Mira being murdered does not arise. To pose this question is to remove Mira from the sphere of regenerative values, and it is to bring Mira into the arena of power politics which the bhajniks eschew. Within this domain of the Mira bhakti, political authority is nullified by a higher morality and spirituality. The peoples' morality has tremendous strengths to envisage and claim a more equal order, to forge a conscious community welded to better social relationships. But when directly threatened, it often retreats into itself, being equipped solely and remarkably with the weapon of a hardly trust in self and God.

Do we want our historical figures to die before their time so that their integrity is saved from decay by a glorious and (Warner, 1983 : 27) ? Is it necessary that our symbols of liberty become martyrs? I have had to struggle long with this question, and at last I leave Mira alive amidst the bhajniks, unviolated by self or the enemy, travelling, singing, in a community drawn from those on the fringes of society. It is resilient community, which has provided shelter and refuge to all those rejected by dominant society.

There is evidence of an underground passage from within the temple of Dwarka to the outside. It would not have been difficult for Mira to slip away when faced with the Rana's emissaries, and later join

चित्तौड़ दुर्ग स्थित मीरां महल

up with groups of itinerant singers. So Mira travels on, with herektara in her hand, embracing her liberties and inspiring others. Her songs continue to reach those scarred and humiliated and who grasp from these songs a message of emancipation.[74]

द्वारिका नगर एवं गुजरात में प्रचलित एक मान्यता के अनुसार मीरां का द्वारिका वास चार दशकों से भी अधिक समय का था। उक्त मान्यता पर विश्वास करें तो हमें मीरां का जीवन काल 80 वर्षों से भी अधिक मानना पड़ेगा। ऐसा होना सम्भव है, यह अविश्वसनीय नहीं हैं। ऐसी स्थिति में मीरां एवं बादशाह अकबर को समकालीन मानना पड़ेगा। प्रियादास की भक्तिरसबोधिनी टीका में तानसेन, अकबर एवं मीरां के भेंट का प्रसंग दिया गया है।[75] वैष्णव दास प्रणीत भक्तमाल के दृष्टान्त में तानसेन अकबर एवं मीरां की भेंट की बात स्वीकार की गयी है।[76] रघौदास की भक्तमाल पर छत्रदास द्वारा लिखी टीका में भी ऐसी ही अभिव्यक्ति है।[77]

अकबर द्वारा मीरां के चचेरे भाई जयमल एवं उसके सहयोगी कल्ला की मूर्तियों को फतहपुर सीकरी स्थित दुर्ग के द्वार पर स्थापित करवाना मात्र संयोग नहीं माना जा सकता। मीरां एवं अकबर में निश्चय ही कोई सम्बन्ध एवं समानता रही होगी अन्यथा वे दोनों ही सती प्रथा के विरोधी न होते।

गुजराती साहित्य के समीक्षक विद्वान निरंजन भगत ने हरमान ग्योत्स के निष्कर्ष एवं प्रचलित किंवदन्तियों के आधार पर मीरां व अकबर के मध्य व्याप्त कालगत शून्य को भरने का प्रयास किया है एवं लिखा है। "मीरां हृदयमां द्वारिकात्यागनां निर्णय साथे मन्दिरना गर्भद्वारमां ऐकान्तमां संन्यासिनीनां वस्त्रो द्वारिकामां पोतानुं पवनकार्य पूर्ण भयु. प्रतीक रूपे कृष्णनी मूर्तिनी समक्ष अर्पण करीने अज्ञातवासमां वस्रो धारण करीने द्वारिकात्याग कर्यो...अज्ञातवास, दक्षिण भारत यात्रा–1546 थी 1556 लगी, दसे वर्ष लगी, मीरां चैतन्य अने वल्लभाचार्यानी जेम, दक्षिण भारतनी, दक्षिणमारतया तीर्थस्थानोनी, रामानन्द, रामानुज, मध्व अने निम्बार्क तथा अनेक सन्तों नी जन्मभूमिनी यात्राए होय...अज्ञातवास, उत्तर भारतयात्रा–1556 नी आसपास मीरांए पूर्व भातनां तीर्थस्थानोनी, जयदेव, विद्यापति, चंडीदास अने चैतन्यनी जन्मभूमिनी यात्रानो आरम्भ कार्यो होय....अने ऐ प्रथम बंधोगढ़मां आबी ने वसी होय, बंधोगढ़नो राज रामचन्द्र वघेला कविता-कला-रसिक हतो ऐने तानसेन ने राज्यागायकनु पद अर्पण कर्यु हतुं अहीं तानसेन अने मीरांनु मिलन प्यु होय. वाणा विचकूट बंधोगढ़नी निकट हतुं चित्रकूरमां तुलसीघासनी साधनावो आ समय हतो। अही युनान तुलसीदास अने मध्य वयती मीरांनु मिलन क्युं होय।... अन्ते मीरां अम्बरमां आवी ने बसी हो...पछी तरत ज अकबर अनी मीसेनु मिलनथयु होय. जनश्रुति में ऐम छे के तानसेन, तुलसीदास, मानसिंह, बीरबलअने अकबर साथेमीरांनुं मिलय थयुं हतुं.... जनश्रुतियाँ ऐम छे के मीरां दीर्घायुषी हती अने 65-67 वर्षनी वये ऐनु अवसान थयुं हतुं. ऐथी ज 1546 मां नहीं पाण 1563-64 यां मीरांनु अवसान थयु होय।[78]

निरंजन भगत के अनुसार द्वारिकात्याग के पश्चात् मीरां दक्षिण भारत गयी। उनके अनुसार यह मीरां के अज्ञातवास का समय था जहाँ वह रामानुजन, निम्बार्क, मध्व आदि के जम्न स्थलों पर गयी। दक्षिण से लौटकर मीरां अम्बेर आयी एवं इसी समय वह तुलसीदास, अकबर एवं बीरबल से मिली। उनका यह भी मानना है कि मीरां की प्रेरणा से ही अम्बेर नरेश ने अपनी बहन का विवाह अकबर से किया था। निरंजन भगत मीरां को चैतन्य की जन्मभूमि बंगदेश की यात्रा करने की बात भी लिखते हैं। निरंजन भगत की सारी बातें सही नहीं हों परन्तु जिन किंवदन्तियों के आधार पर उन्होंने अपने निष्कर्ष प्रस्तुत किये हैं उनमें सच्चाई का थोड़ा-सा अंश तो अवश्य विद्यमान रहा होगा।

द्वारिका के पश्चात् मीरां कहाँ गयी यह प्रश्न आज भी अनुतरित है किन्तु इतना तय है कि द्वारिका में महाराणा उदयसिंह द्वारा भेजे गये लोगों ने मीरां की हत्या कर दी थी अथवा मीरां द्वारिका से भी आगे इतनी दूर चली गयी थी जहाँ चाहकर भी महाराणा के सैनिकों के लिए वहाँ पहुँचना आसान नहीं था। द्वारिका में प्रचलित किंवदन्तियों के अनुसार मीरां बघेर जाति के लोगों की सहायता से भगवान कृष्ण की

मूर्ति लेकर अरब सागर के गहरे समुद्र में विलीन हो गयी थी। प्रसंगवश उल्लेखनीय है कि बघेर जाति के लोग अरब सागर में समुद्री लुटेरों के रूप में लूटपाट का काम करते थे। बघेर जाति के लोग मीरां का नाम बहुत सम्मान के साथ याद करते हैं।

सन्दर्भ

1. आचार्य रामचन्द्र शुक्ल, हिन्दी साहित्य का इतिहास, पृ.80
2. 'मेरतो' जन्मभूमि, भूमि हित मैन लगे पगे गिरिधारीलाल पिता ही के धाम में। राना कै सगाई भई, करी ब्याह सामा नई, गई मति बूड़ि, वा रँगीले घनश्याम मैं। (प्रियादास, श्री भक्तमाल, पृ. 714)
3. मात पिता जनमीं पुर मेड़त, प्रीति लगी हरि पीहर माँही।
रांनहि जाइ सगाइ करावत, ब्याहन आवत भावत नाहीं
फेर फिरावत वा न सुहावत, यौं मन मैं पति साथि न जांहीं।
देन लगे पित मात अभूषन, नैंन भरे जल, मोहि नचांही।। (चतुरदास, भक्तमाल, पृ. 99)
4. मेड़त्याँ कुल मुरधरा मझ, अधपत्याँ आधार। मगन मूरत माँहि निरतन, लई मीरां लार। तौ रिझावर जी रिझवार, भगवत गावतां रिझवार। (ब्रह्मदास, भगतमाल, पृ. 45)
5. मीरां जनमी मेड़तै, भक्ति कारण कलू काल। विनां बजायाँ वाजिया, म्हैलां सोवन थाल। रतन राव दूदा को जायो, जिण एक कुड़की नगर बसायो। जिण घर जनमी मीरां बाई, बैन अनौपां ओर न भाई। (सुखसारण, मीरांबाई री परची, पृ. 16)
6. श्यामलदास, वीर विनोद (भाग-2), पृ.01
7. मेवाड़ के महकमे तवारीख में भी जो महामहोपाध्याय कविराजा सावलदासजी के अधिकार में था मीरांबाई का पूरा हाल मौजूद नहीं है 1 दफै कविराजा सहिबसे भी बहुत सी पूछताछकी थी। जिसका जवाब उन्होंने सिर्फ इतना दिया कि "मीरांबाई का कोई सही हाल सिवाय इसके हमको मालूम न हुआ कि वे रावदूदाजीके पोते मेड़तिया राठोड़ रतनसिंघकी बेटी थीं।"
(मुंशी देवी प्रसाद, मीरांबाई का जीवन-चरित्र, पृ.02)
8. "रतनसिंह जी की 1 इकलोती लड़की यही मीरांबाई थीं जो गाँव कुड़की में पैदा हुआ थीं मगर यह अभी बच्ची ही थीं किमाँ मर गयी दूदाजीने यह हाल सुनकर मीरांबाई को अपने पास बुला लिया और परवरिशकी।"
9. वही, पृ. 05
10. हरविलास सारडा, महाराणा सांगा, पृ.66
11. गौरीशंकर हीराचन्द ओझा, उदयपुर राज्य का इतिहास, पृ.359
12. पुरोहित हरिनारायण, मीरां वृहत्पदावली, पृ.03
13. चान्दावत, मेड़तिया राठौड़ों की एक शाखा है।
14. पुरोहित हरिनारायण, मीरां वृहत्पदावली, पृ.02
15. (अ) मीराँबाई की माता का नाम 'वीरकुँवरि' था। नाना का नाम 'सुलतान-सिंहजी' था। ये जाति-गोत के झाला राजपूत 'गोगूंदा' गाँव में ब्याहे थे। (पुरोहित हरिनारायण,

मीरां वृहत्पदावली, पृ.03)

(ब) रत्नसिंह विशेषकर कुड़की में रहा करते थे। लोगों की इन पर बड़ी श्रद्धा थी। इनका विवाह झाला राजपूत सुरतानसिंह की कन्या वुरकुँवरी में हुआ था। रत्नसिंह की यह धर्मपत्नी बड़ी सुशीला, साध्वी तथा भक्ति परायण थी।
(स्वामी आनन्द स्वरूप, मीराँ सुधा-सिन्धु, पृ.08)

16. मीरां महोत्सव-96, मीरा स्मृति संस्थान, चित्तौड़गढ़ पृ. 12
17. मीरा महोत्सव-96, मीरा स्मृति संस्थान, चित्तौड़गढ़, पृ.12
18. डॉ. पीताम्बरदत्त बड़थ्वाल (भाग-4, अंक-3, वर्ष 1939) पृ. 211-13
19. पुरोहित हरिनारायण, 'सन्तवाणी' (वर्ष-1, अंक-11) पृ.24-42
20. मीरा स्मृति ग्रन्थ, बंगीय हिन्दी परिषद्, पृ.39-45
21. स्वामी आनन्द स्वरूप, मीराँ सुधा-सिन्धु, पृ.08
22. केशवराम काशीराम शास्त्री, मीरांनां पदों (गुजराती), पृ. 07
23. डॉ. गोपीनाथ शर्मा, भक्त मीरांबाई, पृ.10
24. मीरा महोत्सव-96, मीरा स्मृति संस्थान, चित्तौड़गढ़, पृ.11
25. असल में हुआ यह कि बाबर की विजय और महाराणा सांगा के निधन के साथ एक ओर नये मुसलमान शासकों की तलवार का आतंक फैला तो दूसरी ओर सूफी सन्तों के इश्क हकीकी और प्रेम की पीर का आकर्षण बढ़ा। इन दोनों के साथ अनेक अरबी-फारसी शब्द राजस्थानी जीवन में प्रयोग में प्रवेश कर गये। 'मीरां' इन्हीं में से एक है। सूफियों में 'मीरां' शब्द काफी लोकप्रिय था। अनेक सूफी सन्त 'मीरां शाह' या 'मीरां शम्शुलहक' जैसे नामों से जाने जाते थे। मीरां का मूल अर्थ तो 'मीर, अमीर या सरदार' है, पर मीरां 'खुदा' का पर्याय भी है, इसलिए यह सूफियों और सन्तों का प्रिय शब्द बना रहा। सन्तों ने भी इसी अर्थ में इसे प्रचारित किया।
26. बड़वा देवीदान कृत ख्यात डॉ. देवीलाल पालीवाल (सं.), पृ.06
27. बड़वा देवीदान कृत ख्यात डॉ. देवीलाल पालीवाल (सं.), पृ.08
28. बड़वा देवीदान कृत ख्यात डॉ. देवीलाल पालीवाल (सं.), पृ.10
29. वरसांणा की ब्राह्मणी, तज्यो प्रीत सुं प्रांन। सो मीरां भई दूसरी, अग्या किसन की माँन। (सुखसारण, मीरांबाई री परची, पृ. 23)
30. मीरांबाई के लिए कहते हैं कि वह या तो राधा, ललिता, चंपकलता अथवा किसी गोपी का अवतार थी।.... किसी बरसाने की गोपी का विवाह नन्दगाँव से कृष्ण सखा किसी गोप से हुआ था। वह गोप जब गौना लेने बरसाने गया तब उस गोपी की माता ने उपदेश दिया कि सावधान रहना बेटी, नन्दगाँव में कृष्ण कन्हैया बड़ा ही नटखट चंचल है।.... इसलिए उससे बचे रहना।.... कृष्ण ने उसे प्रथमबार मुखावलोकन की प्रथानुसार कुछ भेंट देने के लिए कहकर मुख देखने की इच्छा प्रकट की; परन्तु वह टस से मस न हुई। इस पर यह कहते हुए कि "तू कहा बताबेगी तू ही मेरो मूंडो देखेगी" रथ से कूद पड़े। कुछ दिनों बाद इन्द्र ने कोप कर ब्रज को बहाने के हेतु प्रलय ढहायात ब श्रीकृष्ण चन्द्र ने गिरिराज को अपनी अँगुली पर उठाया और अत्यन्त व्याकुल होकर गोप, गोपी, गौवें आदि सबों ने दौड़-दौड़ कर गिरिराज की छाया में आश्रय लिया तब.... अन्यान्य गोप बन्धुओं की भाँति उस बरसाने वाली गोपी की भी लज्जा न रह

सकी और वह माता की शिक्षा भूल गयी और.... उसकी आँखें इधर-उधर देखती हुई कृष्ण पर जा लगीं और सहज ही उसके मन में विचार परम्परा होने लगी ...क्या उसी का मुँह देखने के लिए माँ ने निषेध किया था। आहो! कैसी आत्मघातिनी शिक्षा! ....उसे पश्चात्ताप हुआ। ....गोपी का हृदय उमड़ आया, हाथ जोड़कर रोते-रोते उसने क्षमा माँगते हुए कहा, हे प्रभो! इस अबोधिनी के अपराध को भूल जाओ और इसे अपना कर अपने चरणों में स्थान दो।.... उस गोपी की ओर निहारते हुए श्रीकृष्ण भगवान के नेत्रों में चमक आयी और होठों पर मुसकान छा गयी, तब उसे श्री मुख द्वारा शब्दोच्चारण सुनाई दिया—इस शरीर द्वारा तूने मेरा अपमान किया है इसलिए इस देह से तू मुझको प्राप्त नहीं हो सकती, दूसरे किसी जन्म में अवश्य ही तेरी साधना सफल होगी और तू मुझे प्राप्त होगी।...कहते हैं वही गोपी मेड़ते में जनम लेकर मीराँ बनी. (स्वामी आनन्द स्वरूप, मीरां सुधा सिन्धु, पृ.08)

31. पूरब भगत उदै होय आई, जनमत ही हर सुं लिवलाई। गुडीया गोटा सयाँ रमावै, मीरां संग सेवा पधरावै।।28।।

32. एक बरात आ रही थी। मीरां ने देखा, बाजे बज रहे थे, कई लोगों के बीच में घोड़े पर एक मनुष्य बैठा था जिसने सुन्दर नये-नये वस्त्राभूषण पहन रखे थे। मीरां का कौतूहल बढ़ा। उसने माता से पूछा—माँ यह घोड़े पर बैठा हुआ कौन है? माता ने बड़े लाड़ से बेटी को उत्तर दिया—यह वर है बेटी, यहाँ के नगर सेठ की कन्या से अभी इसका विवाह होगा। मीरां ने कुछ सोच कर फिर पूछा—मेरा वर कौन है माँ! माता ने गिरधर गोपाल की ओर अँगुली निर्देश कर सहज कौतुक से विनोद पूर्ण उत्तर दिया—तेरे वर ये ही गिरधर गोपाल हैं, क्या ये तुझे पसन्द हैं बेटी?.... अब मीरां के चित्त में पूर्ण रूप से जम गया कि गिरधर गोपाल ही उसके पति, प्रियतम और सर्वस्व हैं। उसकी यह भावना दृढ़ होती गयी। श्रीराधा और गोपी की प्रेम-भरी लीला कथाओं को सुनते उसे ऐसा अनुभव होने लगा कि वह भी कोई गोपी अथवा राधा है। वह इसी कल्पना और भावना की सृष्टि में विचरा करती। (सौभाग्य कुँवरी राणावत, मीरा चरित्र, पृ. 47)

33. मीरां ने अपने पति भोजराज के निधन को यों माना ऐसे वर को क्या बरूं जो जनमै और मर जाय। वर बरिये एक सांवरौ जासो चुडलो अमर हो जाए।।

34. मेरे तो गिरधर गोपाल, दूसरो न कोई। जा के सिर मोर-मुकुट, मेरो पति सोई। छांड़ि दई कुल की कानि, कहा करिहै कोई? संतन संग बैठि-बैठि, लोक-लाज खोई। अँसुवन जल सींचि-सींचि, प्रेम-बेलि बोई अब तो बेलि फैलि गयी, आणंद-फल होई दूध की मथनियाँ बड़े प्रेम से विलोई दधि मथि घृत काढ़ि लियो, डारि दई छोयी भगत देखि राजी हुई, जगत देखि रोई दासि मीरां लाल गिरधर! तरो अब मोही

35. भाँवर परत, मन साँवरे सरूप माँझ
तांवरे सी आवै चलिबे कौ पति ग्राम मैं।
पूछैं पिता माता "पट आभरन लीजियै जू,"
लोचन भरत नीर कहा काम दाम मैं।।1।।
"देवौ गिरिधारीलाल, जौ निहाल कियौ चाहौ,
और धन माल सब राखियै उठाय कै"।

बेटी अति प्यारी, प्रीति रंग चढ्यो भारी,
रोय मिली महतारी, कही "लीजियै लढ़ाय कै" (प्रियादास, श्री भक्तमाल, पृ. 715)

36. 'किण रो पीहर' सासरो, किण री माय मुसाह। एक रांमईया बाहिरो, झूठो माया जाळ।

मीरां उवाच– बडा घरां रा ओळबा आया मीरां मोय। राम भक्ति भूलावजयौ, जब समझाउं तोय।

मीरां उवाच– ज्यूं अमली के अमल आधारा,
यूं रामइयो प्राण हमारा।।
काई नन्दै वदै दुख पावै,
मोकूं तो रामईयो भावै।

माता उवाच– माय केहै तूं सुण हे बाई,
बडै घरांणौ जुड़ी सगाई।
आ राम भगत किसके मन भावै,
सीसोद्यो सुण बौहौ दुख पावै।
आ भक्ति तूं केम निभासी,
बेटी घरां पराया जासी।
राजा रांणा धेश चलावै,
जब तेरी केसी बस आवै।

मीरां उवाच– कुण माजी सीसोद्यां सारे,
सबळो धणी सीस है मारै।
कुण है राजा कुण है रांणौ
मारै सिर त्रिभणपत जाणो।
किणी जनम को हूतो दावो,
जब मोकूं सीसोद्यो ब्यावो।

माता उवाच– हि बाई उतर किम दीजे,
सगां सरीसां वैर वसीजै।
माँगै माँग कहाँ ते लावां,
तिण कारण मैं तोकूं ब्यावां।
ब्याव न वयाँ राणो चढ आवै,
मिनख भरै अपजस होय जावै।
साचै मन जो सिमरण कीजै,
तो ग्रैहै मै साध किसा नहीं सीजै।
जे अपणो मन साच न होई,
तो ग्रैहै त्याग भावै सो कोई।

बकता उवाच– जब मीरां करणकर गाई,
गद गद रोम नैण जळ छाई।
हू अनाथ अबळा तुज तांई,
तुम बिन ओर हमारे नांही।
जे मोकूं कोई नांव छुड़ासी,

मेरो मरण तुमारी हासी।
जन्म जन्म की दासी तुमारी
मत कीज्यौ चरणां सूं न्यारी।
सीसोद्यौ वर माज्यूं कार सन भावै
मात पिता जारी कर ब्यावै।
ओ विभचार वणौलो स्वांमी,
तम जांणौ स्रब अंत्रजामी। (सुखसारण, मीरांबाई री परची, पृ.-31)

37. मीरां के प्रभु दरसण दीजौ,
वेग पधारो बिलम न कीज्यौ।
पतव्रता कै एक पति होईं,
विभचारण जुग सुंणी न कोई। (सुखसारण, मीरांबाई री परची, पृ. 40)

38. दूहा– करण कर मीरां रही, मैलां भया उजाल।
सग नारद ले आवीया, परण्या गिरधर लाल।
हाथां कांकन डोरड़ा, सूंधै भीनौ गाथ।
राज लोक ईचरज भयो, केसर राच्या हाथ।

व्याव कियो कछु मनां न भायो,
रांणो परण घरां ले आयो।
कुळदेवी सासू पूजावे,
मीरां तिण कूं सिर नहीं न्यावे। (सुखसारण, मीरांबाई री परची, पृ. 38)

39. माई हूँ सपना में परणी गोपाल। (टेक)
मति करो म्हारी ब्याव-सगाई क्यूं बाँधो जंजाल।
झूठा मात पिता सुत बंधू बंध्यो अबध्या ख्याल।
मीरां के प्रभु गिरधरनागर सांचो पति नन्दलाल। (हरिनारायण पुरोहित, मीरां बृहतपदावली, पृ. 184)

40. "विवाह की बात चलते ही मीरा। ने कहा, ऐसा न कहो माँ, मेरा विवाह तो गिरधर गोपाल के साथ कभी का हो चुका है। वे ही अब मेरे तन, मन और प्राणों में रम रहे हैं, मेरे हृदय मन्दिर में प्रतिष्ठित हो चुके हैं। अब दूसरी बात (विवाह की बात) सुनकर ही कलेजा काँप उठता है–ऐसे वर को के बरूँ, जो जनमें मर जाय।/ वर वरिए गोपालजी, म्हारो चुड़लो अमर हो जाय।" (स्वामी आनन्दस्वरूप, मीरां सुधा सिन्धु, पृ.24)

41. अरुचि के भाव से कुछ झुँझला कर उसने (मीरां ने) कहा–"घूंघट की बाधा क्यों पटकती हो, देख लेने दो न, माँ! जी भर कर मेरे सुन्दर वर को! वे तो मेरे ही हैं फिर परदा कैसा?..." अन्तर्पट हटते ही मीराँ ने श्री गिरधर गोपाल के गले में वरमाला धारण करा दी। सखियों ने पुष्प वृष्टि की। राजकुमार यह देख कर स्तब्ध से ही रह गये। इसी समय पुरोहितानी ने मीरां के खाली हाथों में दूसरी माला देकर उसे वर राजा के गले में डालने को कहा। तब उसने वर राजा के गले में माला पहनाई तत्पश्चात् वर-वधू का हस्त-मिलन हुआ।.....वर-वधू के वस्त्रों के दोर में गाँठ लगने

के बाद भाँवर लेते समय जब राजकुमार आगे बढ़े तो उनका वस्त्र तनिक खिंच-सा गया। उन्होंने उस ओर झाँक कर देखा तो एक सखी सिंहासन से ठाकुरजी लेकर मीराँ को दे रही है। इस प्रकार यह सप्तपदी का संस्कार पूरा हुआ।

42. "(कुँवर भोजराज ने मीरां से कहा) इस उलझन का मुझे तो एक ही हल समझ में आया है। माता-पिता और परिवार के लोग जो करें, सो करने दीजिए और आप अपना विवाह ठाकुर जी के साथ कर लीजिए। यदि ईश्वर ने मुझे निमित्त बनाया तो.... तो मैं वचन देता हूँ कि केवल दुनिया की दृष्टि में बींद बनूँगा, आपके लिए नहीं। जीवन में कभी भी आपकी इच्छा के विपरीत आपकी देह को हाथ नहीं लगाऊँगा। आराध्य मूर्ति की भाँति भोजराज का गला भर आया। एक क्षण रुककर वे बोले—'आराध्य मूर्ति की भाँति आपकी सेवा ही मेरा कर्तव्य रहेगा। आपके पति गिरधर गोपाल मेरे स्वामी और आप...आप मेरी स्वामिनी।" (सौभाग्य कुँवरी राणावत, मीरां चरित्र, पृ. 106)

43. पलक झपकते ही उछलकर भोजराज झरोखे में चढ़े और सबल भुजाओं में भरकर उन्हें भीतर खींच लिया। एक क्षण, केवल एक क्षण का विलम्ब हो जाता तो मीरां की देह नीचे चट्टानों पर गिरकर बिखर जाती। ..... वचन अटने के पछावे से उनका मन तड़फ उठा। प्रातः सबने सुना कि महाराज कुमार को पुनः ज्वर चढ़ आया है। बाँह का सिया हुआ घाव भी उघड़ गया। फिर से दवा दारू होने लगी, किन्तु रोग दिन-दिन बढ़ता ही गया।... मीरा की बात सुनकर भोजराज हँस पड़े—अब तो स्वास्थ्य लाभ करेंगे गम्भीरी के तट श्मशान-भूमि पर। आपने मुझे क्षमा कर दिया, बहुत बड़ी बात की। (सौभाग्य सौभाग्य कुँवरी राणावत, मीरां चरित्र, पृ. 192)

44. Legend has it that at the time of her marriage ceremony she circles the idol of Girdharji (Krishna), to whom she is devoted from childhood, instead of her husband, declares herself married to him, and refuses to consummate her earthly marriage. She refuses to worship the family goddess, Durga. In some variations of the legend, Mira's husband resents her celibacy, suspects' adultery, persecutes her, and takes another wife. In one version, he is reconciled to her behavior when he comes to believe that she is mad...... In another version she becomes a Krishna bhakta only upon the death of her husband, and is persecuted after his death when she is a widow. (कुमकुम संगारी, उदधृत जेंडर एण्ड नेशन, पृ. 25)

45. कुमकुम संगारी, उद्धृत जेंडर एण्ड नेशन, पृ. 33

46. बड़वा देवीदान कृत ख्यात, डॉ. देवीलाल पालीवाल (सं.), पृ.-06

47. वही, पृ. 07

48. वही, पृ. 10

49. तब तौ खिसानी भई, अति जरि बरि गयी,
गयी पति पास यह बधू नहीं काम की।
अब ही जवाब दियौ, कियौ अपमान मेरौ,
आगे क्यों प्रमान करै? भरै स्वास चाम की।।
राना सुनि कोप करयौ, धरयौ हिये मारिबोई,

दई छौर न्यारी, देखि रीझी मति बाम की।
लालनि लड़ावै गुन गाय कै मल्हावै साधु,
संग ही सुहावै, जिन्हें लागी चाह श्याम की। प्रियादास, श्री भक्तमाल, पृ. 715

50. गरल पठाय दियो :
राना तौ बड़ो भक्त है और तो भक्त छुछि सो।।
चरनामृत देहै यह कटोरा भर देहै।।
आखै दरसाईयै :
श्राना ने रसाईनी को बाँधा। रसाइन सीषा चाहै सो वह बतावै नहीं नित्य मारने को उद्योग करै। रात्री को सखा का रूप करिकै सेवा करै। जीस रोज मारन की ठीक पड़ी आजू नै बताबै तो कल्हि मारौ। जिस रोजै सखा को बताया सो सेवा सो पाया। बिन सेबा चाहै तो नहीं।।

51. होइ उदास भरै उर सास गयी पति पास बहू नहिं आछी।
मानत नें अब फेरि गिनै कब केति कहौ फिरि आत न पाछी।।
रोस करयौ नृप ठौर जुदी दइ रीझि लई वर नाचन काछी।
नृत्य करै उर लाल धरै सतसंग बरै सब है जन साछी।

52. श्यामलदास, वीर विनोद (भाग-2), पृ. 02

53. से मीराँ रँग लाग्यौ राम हरी। (टेक)
कंठी तिलक दोवड़ो माला, सीलबरत सिणगारो।
और सिंगार सोहै नहिं राणाँणी, यो गुर ग्यान हमारो।
भलि कोइ निदो भलि कोइ बिनदो गुण गोबिंदजी का गास्याँ।
जिण मारग मेरा सन्त पधर्‌या, जीं (उण) मारग म्हे जास्याँ।
भजन करस्याँ सती न होस्या, मन मोह्यो घण नामी।
जेठ बहू को नांतो नहीं हो, थे सेवक म्हे स्वामी।
राज न करस्याँ जीव न सतास्याँ, काँई करैलो म्हारो कोई।
हस्ती चढ़ म्हे खर नहिं चढ़स्याँ, ऐ तो बात न होई।
ना कोई मेरै मात पिता है, नाँ कोई बन्धू भाई।
थे थाँकै म्हे म्हाँकै राणाँजी, यूं गावै छै मीराँ बाई। (हरिनारायण पुरोहित, मीरां बृहत्पदावली, पृ. 316)

54. राजस्थान प्राच्य विद्या प्रतिष्ठान, जोधपुर , ग्रन्थांक-12585, पृ. 342

55. **पद-प्रसंगमाला के उल्लेख–**
अथ अन्य पद-प्रसंग।। बचनिका।। मेड़तें मीरांबाई तिनकों राना के छोटे भाई सों ब्याही, यह प्रसिद्ध है ही। सो कितनेक दिन उपरान्त काहू समै राना के वा भाई को देहान्त भयो, अरु राना हुते सो मीरांबाई सों दुष पाय रहे ही हैं। ये वैष्णवनि को सतसंग कराति। यातैं, वा समै राना ने कहाई, जो यह औसर है तुम भरता के संग राती होहु। तब मीरांबाई भगवत रंग आगै लगे हें, त्योंही लगे रहे। या समै कछू षेद मानी नाही, अरु या बात के उत्तर कों एक विष्णुपद नयो बनाय राना कों लिषि पठयो। पद बहुत प्रसिद्ध भयो।। सो वह यह पद।।
मीरां के रंग लग्यो हरी को और रंग सब अटक परी।।

गिरधर गास्यां सती न होस्यां मन मोह्यो धननामी।।
जेठ-बहू को नातो नहीं राणाजी म्हे सेवग थे स्वामी।।
चूड़ो देवड़ो तिलक जु माला सीलवर्त सिंगार।।
और सिंगार भावै नहिं राणाजी यों गुरु ग्यान हमार।।
कोई निन्दो कोई बिंदोगुण गोविंद रा गास्यां।।
जिण मारग वै सन्त पहूंता तिण मारग म्हे जास्यां।।
चोरी करां न जीव सन्तावां कांई करसी म्हांरो कोई।।
हसती चढ़ि गधै नहीं चढ़ां यातो बात न होई।।
राज करंता नरक पड़ेसी भोगीड़ा जम कै लीया।
गिरधर धणी कडूंबो गिरधर मात पिता सुत भाई।।
थे थहारें म्हे ह्या हारें हो राणा जी यौं कहै मीरांबाई। (नागरीदास नागर समुच्चय, पृ.193)

56. इरफान हबीब, मध्यकालीन भारत (भाग-6), पृ. 33

57. मुंहता नैणसी री ख्यात, बदरीप्रसाद साकरिया (सं.) पृ. 20

58. "एकदिन महाराणी हाड़ीने महाराणासे प्रार्थनाकी कि मेरे दोनोंबेटोंके लिये आप केहाथसे जागीर न मिलेगी तो पीछे रत्नसिंह इनको दुखदेंगे। तब महाराणा सांगा ने कहाकि जो जागीर तुम माँगो वही तुम्हारे बेटोंकेलिये दीजावे। इस पर राणीने रणथंभोरके वास्ते अर्ज़ की और वह महाराणाको मंजूर हुई। फिर दुबारा महाराणी हाड़ीने कहा कि यदि आपने मेरी विनती स्वीकार की, तो विक्रमादित्य, मेरेभाई सूर्यमल्ल को सौंपा जाय कि वह इनकी सम्हाल रक्खे, महाराणाने राणीकी प्रार्थनाके अनुसार आज्ञादी; परन्तु सूर्यमल्लने कहा कि मुझे इस आज्ञाके पूरा करनेमें कदाचित् आपके अनन्तर रत्नसिंहसे सामना करना न पड़े, इसलिए रत्नसिंहकी भी इसमें सलाह लेनी ज़रूर है। तब महाराणा सांगाने महाराजकुमार रत्नसिंहको बुलाकर इस विषय में पूछा; रत्नसिंहने ऊपरी दिलसे सूर्यमल्लको अनुमति दी। इस तरह पक्का बंदोबस्त होनेपर सूर्यमल्लने भी महाराणाकी आज्ञा का पालन करना स्वीकार किया। (श्यामलदास वीर विनोद पृ. 02)

59. श्यामलदास, वीर विनोद, पृ. 4-7

60. महाराणा रत्नसिंहके पीछे राज्यके हक़दार विक्रमादित्य थे, इसलिये सब सर्दार व उम. रावोंने माजी हाड़ी कर्मवतीको दोनों (1) बेटों समेत रणथंभोर से बुलवार विक्रमादित्यकों वि. 1588 (हि. 938 त्र ई. 1531) में गादीपर बिठाया (2) यह महाराणा बिलकुल नादान होनेके सिवाय राज काजमें किसीका भरोसा भी नहीं करते थे। ....महाराण ाकी आदतें बहुत बुरी थीं—कभी तो सभामें चुपकेसे किसीके जामेकी कोर जाजममें सिलवा देना और वह उठे तब खूब हँसना इसी तरह कभी कभी सर्दार उमरावोंकी हँसी कराकर कहते कि बेचारे राजपूत क्या करेंगे? कोई बाहरका दुश्मन आवेगा तो हमारे पहलवान ही बहुत हैं. ....माजी हाड़ीने भी जो बुद्धिमान थीं, बहुत समझाया, परन्तु चिकने घड़ेपर बूंदके समान कुछ असर न हुआ; ऐसी हालतमें रियासतकी बरबादी हो तो क्या आश्चर्य है। (श्यामलदास, वीर विनोद, पृ. 25)

61. पग बाँध घूँघरयाँ णाच्याँ री टेक।।
लोग कहाँ मीरा बावरी, सासु कहाँ कुलनासी री।

विख रो प्यालो राणा भेज्याँ, पीवाँ मीराँ हाँसा री।
तण मण वारयाँ परि चरिणामाँ दरसण अमरित प्यासाँ री।
मीराँ रे प्रभु गिरधर नागर, थारी सरणाँ आस्याँ री।
जाके मथुरा कहानाने गागरियाँ फोरी।
गागरियाँ फोरी दुलरि मोरी तोरी।। (टेर)
ऐसी रीत मुझे कौन सिखावै, किसन करत बाराजोरी।।
सास हटेली ननद चुगेली, दिवर देवत मुझे गारी।।
मीराँ के प्रभु गिरधर नागर, चरण कमल चित्त हारी।।

62. नाभादास, भक्तमाल, पृ. 227

63. प्रियादास, श्री भक्तमाल, पृ. 714

64. नगरीदास, नागर समुच्चय, पृ. 195

65. वि. सं. 1591 (ई. सं. 1535) में वीरमदेव ने गुजरात के बादषाह बहादुरशाह की तरफ के हाकिम शमशेरुलमुल्क को हराकर अजमेर पर अधिकार कर लिया। जब इस बात की सूचना मालदेवजी को मिली, तब इन्होंने वीरमदेव से कहलाया कि तुम इस नगर को हमें सौंप दो। वरना यदि गुजरात के बादशाह की सेना ने इस पर दुबारा चढ़ाई की, तो तुम्हारे लिए इसकी रक्षा करना कठिन हो जायगा। परन्तु उसने इस बात को न माना। इससे रावजी अप्रसन्न हो गये और इन्होंने अपने सेनापति जैसा और कूँपा की अध्यक्षता में मेड़ते पर सेना भेज दी। यह देख वीरमदेव भी युद्ध के लिए तैयार हो गया। परन्तु अन्त में लोगों के समझाने से वह मेड़ता छोड़कर अजमेर चला गया और मेड़ते पर मालदेवजी का अधिकार हो गया।... उपर्युक्त घटना के अवसर पर रावजी ने राठोड़ वरसिंह के पौत्र सहसा को रीयाँ की जागीर दी थी। इससे वीरम उससे असन्तुष्ट था एक रोज जिस समय वीरम बीटली (अजमेर) के किले पर खड़ा था, उस समय उसकी दृष्टि दूर से रीयाँ की पहाड़ी पर जा पड़ी और साथ ही पहले की घटना के याद आ जाने से उसके हृदय में प्रतिकार की आग धधक उठी। इसीसे उसने लोगों के समझाने पर कुछ भी ध्यान न देकर रीयाँ पर चढ़ाई कर दी परन्तु जैसे ही यह समाचार नागोर में मालदेवजी को मिला, वैसे ही इन्होंने अपनी सेना को सहसा की सहायता के लिये भेज दिया। यद्यपि वीरम ने रीयाँ के पास पहुँच बड़ी वीरता से युद्ध किया, तथापि मालदेवजी की विशाल सेना के आ जाने से वह सफल न हो सका। सहसा सम्मुख राणा मारा गया और वीरम लौट कर अजमेर चला गया। इस घटना के बाद मालदेवजी ने अपने सेनापति जैता और कूँपा को सेना लेकर अजमेर पर चढ़ जाने और वीरम को हटा कर वहाँ पर अधिकार कर लेने की आज्ञा दी। यद्यपि इन दोनों के वहाँ पहुँचने पर वीरम ने भी बड़ी वीरता से इनका सामना किया, तथापि अन्त में उसे अजमेर छोड़ना पड़ा और वहाँ पर राव मालदेवजी का अधिकार हो गयाँ ये सारी घटनाएँ भी वि. सं. 1591 (ई. सं. 1535) में ही हुई थीं।

66. पदावली, मीरां स्मृति ग्रन्थ पृ. 07

67. द्वारिका कौ बास हो मोहि द्वारिका को बास।
शंख चक्रहुँ गदा पद्मुह तें मिटै जमत्रास।।
सकल तीरथ गोमती में आय करत निवास।

संख, झालरि, झाँझ बाजे सदा सुख की रास।।
तज्यो देसौ बास पति-गृह तज्यो सम्पति राज।
दासि 'मीराँ' सरन आयी तुम्है अब सब लाज।।।। (बृज रत्नदास, मीरां माधुरी, पृ.30)

68. लागि चटपटी भूप भक्ति कौ सरूप जानि,
अति दुख मानि, बिप्र श्रेणी लै पठाइयै।।
बेगि लैकै आवौ मोकों प्रान दै जिवावौ अहो,
गये द्वार धरनौ दै बिनती तौ सुनाइयै।
सुनि बिदा होन गयी राय रणछोर जू पै,
छाँडौं राखौ ही न लीन भई नहीं पाइयै। (प्रियादास : भक्तिरसबोधिनी टीका)

69. राय श्री रनछोर दीजै द्वारिका को वास।।
संष चक्र गदा पद्रुम दरसे मिटै जम की त्रास।।
सकल तीरथि गोमती के रहत नित्य निवास।।
संष माल रिमाँमी बाजै सदा सुख की रास।।
तजयो देस रू बेस हु तजि तज्यो राना राज।।
दास मीरा सरन गिरिधर तुम्है अब सभ लाज। (वैष्णवदास : भक्तमाल का दृष्टान्त)

70. भूपति बुद्धि असुद्ध लषी अति द्वारवती बसि लाल लड़ाये।
पेटि जलंध्र होत भयौ नृप जानि महादुष बिप्र षिनाये।।
लैकरि आबहु मोहि जिवावहु बेगि गये समचार सुनाये।
होन बिदा चलि ठाकुर पैं मुष माँहि लई तुछ चीर रहाये। (छत्रदास की टीका)

71. राना को छोटो भाई मीरां को देह सम्बन्ध को भरता हो, सो ताको परलोक भयो, ता पीछै मीरांबाई गंगादिक तीरथ करिकै अरू श्री वृंदावन हू आये, तहां जीऊ गुसांईजी को प्रण स्त्री के न देषिबे को दुटाय सब सों गुरु गोविंदवत सनमान सतयसंग करि द्वारिका को चले, ऊहां बास करिबै कैं लियें, तहीं एक मारग में एक नयो पद बनायो, बहुत प्रसिद्ध भयो, वो वह यह पद–
श्राय श्रीरनछोड़ दीज्यो द्वारिक को बास।।
संष चक्र गदा पद्म दरसें मिटै जम की त्रास।।
सकल तीरथि गोमती के रहत नित निवास।।
संष झालर झांझ बाजै सदा सुष की रास।।
तज्यो देसरू बेसहू तजि तज्यो राना राज।।
दास मीरा सरन आवत तुम्हैं अब सब लाज। (नागरीदास : पद प्रसंग माला)

72. मीरां के जाने से मानो भगवान ही रूठ गये हों त्यों मेवाड़ में अशान्ति बढ़ती ही चली, लोगों को चैन नहीं था।..........
तब राणा उदयसिंह और प्रजाजनों ने मिलकर मीरांबाई को वापिस लौटा लाने का संकल्प किया।....... उन्होंने कुछ जागरीदार तथा पुरोहितादि ब्राह्मणों को मीरांबाई को वापस लौटा लाने के लिये भेज दिये। (वि. सं. 1600) में राव वीरमदेव का देहान्त हो गया तब राव जयमल मेड़ते की गद्दी पर आसीन हुए। गद्दी पर आते ही उन्होंने अपनी बहन मीरांबाई को द्वारिका से लिवा लाने के लिए अपने विश्वासपात्र

राजकर्मचारी और प्रजाजनों को भेज दिया। .....इस प्रकार पीहर और ससुराल दोनों राज्यों की ओर से मीरांबाई को पुनः सत्कारपूर्वक वापस बुलाने का प्रबन्ध किया गया। .... मीरांबाई के लिए यह धर्म संकट हो गया।... मीरांबाई ने जब उन लोगों का प्रस्ताव अस्वीकार कर दिया तब जागीरदार, राजकर्मचारी, ब्राह्मणादि प्रजाजनों ने सत्याग्रह आरम्भ किया। और वहीं धरना देकर बैठ गये। मीरांबाई ने सबको बहुत समझाया परन्तु सब व्यर्थ हुआ। अन्त में मीरांबाई ने सब को कहा कि इस परिस्थिति में मेरे कर्तव्य के लिए मैं निज मन्दिर में जाकर श्री द्वारिकाधीश की आज्ञा ले आती हूँ, तब तक आप लोग यहीं भजन करते रहें।... यह कहकर मीरांबाई निजद्वार के भीतर चली गयी और द्वार बन्द कर दिया। ....दूसरे क्षण दौड़कर वह प्रभु के निकट पहुँच गयी और श्यामसुन्दर ने उसे अपने हृदय से लगा लिया। अपने दृढ़ बाहुपाश में बाँध लिया।.... ज्यों जल में गिर जाने पर लवण धीरे-धीरे जल के साथ एक रूप हो जाता है त्यों मीरांबाई शनैः शनैः प्रभु में विलीन हो गयी। प्रभु ने उसे अपने सारे अंगों में समा लिया। भगवती मीरांदेवी की अवतार-लीला समाप्त हो चुकी, उसने सारूप्य मुक्ति पा ली अर्थात् अपने आनन्द स्वरूप.... (स्वामी आनन्द स्वरूप, मीरां सुधा सिन्धु, पृ. 66-70)

73. कुछ इतिहासकार कहते हैं कि वह चित्तौड़ दुर्ग की लाखोटा बारी से भाग गया था।

74. परिता मुक्ता, अपहोल्डिंग द कॉमन लाइफ, पृ. 230

75. रूप की निकाई भूप 'अकबर' भाई हिये,
लिये संग तानसेन देखिबे कों आयो है।
निरखि निहाल भयो, छबि गिरिधारीलाल,
पद सुखजाल एक तब ही चढ़ायो है।

76. रूप की निकाई भूप अकबर भाई

    बिलायत के पातसाह ने हिन्द के पातसाह को लिख्यो कि अपने देश का मेवा सुन्दर सरूप होय सो लिखियो। तब लिखा वृजवासी नन्द ग्वाल को फरजंद एक कन्हैया नाम है जाकै रूप के ऊपर अनेक ईस्त्री बावली भई हैं। ओर टेडी एक फल बड़ा मेवा होय है सो पथिकन को बरबस अटकावै है। कहै कि षाय कें जावो। सो उन्ह के मत में भी कन्हैया सुन्दर है। सो देखन अकबर पात्साह तानसेन समेत गीरधारी जी छवि को मगन होय गया।

77. भूप अकबर रूप सुन्यौ अति तानहिसेन लिये चलि आयौ।
देषि कुस्याल भयो दबि लालहि एक सबद्द बनाइ सुनायौ।

78. निरंजन भगत, मीरां, पृ. 27-30

मीरांयुगीन समाज

नागरीदास ने 'शृंगार सागर' के अन्तर्गत 'पदप्रसंग माला' में मीरां को सती किये जाने के प्रयासों एवं मीरां द्वारा सती होने से स्पष्ट इनकार किये जाने की घटना का प्रमुखता से वर्णन किया है।[1] इसी प्रकार मीरां के पदों में भी अन्तःसाक्ष्य के रूप में उक्त घटना की ओर संकेत किया गया है।[2] मीरां के युग की गहराई से जाँच-पड़ताल करें तो पूरा का पूरा युग ही व्यक्तिगत रूप से सती होने, समूह के रूप में कुछ स्त्रियों के सती होने एवं सामूहिक रूप से सैकड़ों स्त्रियों के सती होने जैसी अनेक घटनाओं से भरा पड़ा है। वस्तुतः राजपूत योद्धाओं के युद्ध में जाने से पहले उनकी स्त्रियों द्वारा सामूहिक रूप से आत्मदाह की घटना को जौहर कहा जाता था। यह जौहर सामूहिक सती प्रथा का ही विस्तार था। यह बेहद आश्चर्यजनक है कि मीरां के पदों में रहस्य, राग-विराग, वियोग, भक्ति, शृंगार, प्रेम जैसे गुण रहस्य ढूँढ़ने वाले मीरां के अनेक विद्वान आलोचक मीरां काव्य की उपर्युक्त सच्चाई को आखिर क्यों नहीं देख सके। वास्तविकता यह है कि 20वीं शदी के अन्त तक अनेक आलोचक व इतिहासकार 'जौहर' जैसी घटनाओं को महिमामंडित करते रहे हैं एवं जिन्होंने ऐसा नहीं किया वे तटस्थ व मौन रहे। मीरां की नज़र में जौहर एक फालतू का कष्टप्रद कार्य था जिसकी उपयोगिता सन्दिग्ध थी। सती होने वाली स्त्रियों के प्रति मीरां के मन में पर्याप्त सहानुभूति थी। मीरां ने अपने पदों में कहा भी है कि जौहर करके सती होना कितना कष्टप्रद होता है यह एक जौहर करने वाली स्त्री ही जान सकती है।[3] दुर्भाग्यवश मीरां व मीरां काव्य के आलोचक मीरां काव्य के इन प्रतिरोधी स्वरों की पहचान करने में पूर्णतः असफल रहे। प्रायः यह देखा गया है कि मीरां काव्य के आलोचकों ने आलोचना कर्म के दौरान मीरां के समय के मेवाड़ व मारवाड़ की युगीन परिस्थितियों को पूर्णतः अनदेखा कर दिया। आलोचकगण मीरां के पदों में प्रयुक्त विभिन्न राग-रागिनियों में उलझ कर रह गये। अतः मीरां काव्य के प्रतिरोधी स्वरों पर विचार करने से पूर्व मीरां के समय की युगीन परिस्थितियों एवं सतीप्रथा की भयावहता का सही-सही अध्ययन करना उपयुक्त होगा।

गौरीशंकर हीराचन्द ओझा जब उदयपुर एवं शेष राजपूत राज्यों का इतिहास

लिख रहे थे तब उन्होंने राज्य के अनेक भागों से विभिन्न लिपियों एवं भाषाओं में लिखे गये शिलालेख मँगवाये थे। डॉ. ओझा मध्यकालीन भाषा व लिपियों के अच्छे ज्ञाता थे, इस प्रकार वे विद्वान इतिहासकार होने के साथ-साथ एक अच्छे भाषा वैज्ञानिक भी थे। ओझा द्वारा स्थापित विक्टोरिया हॉल म्यूज़ियम में मीरां के समय का एक सती स्तम्भ मिलता है। इस सती स्तम्भ पर एक तीव्र गति से दौड़ते हुए घोड़े पर युद्धरत योद्धा उत्कीर्ण है जिसके हाथ में भाला है। स्तम्भ के नीचे एक लेख अंकित है जिस पर लिखा है कि आषाढ़ वदि 14 संवत् 1471, को 'नाथीबाई' सती हुई जिसका पति.......राठौड़ था। यह लेख नागरी लिपि में है जिसकी भाषा मध्यकालीन मेवाड़ी है। 'नाथीबाई' का पति लड़ते हुए वीरगति को प्राप्त हुआ था अतः नाथीबाई को 'वीरसती' कहा गया। मीरां के समय का एक और सती स्तम्भ राजकीय संग्रहालय, बीकानेर में मिलता है। यह सती स्तम्भ संवत् 1505 का है एवं सारूण्ड़ा, बीकानेर से प्राप्त हुआ था जिसका सम्बन्ध मंडलाजी एवं सवाई सिंह की मृत्यु से है। मंडला जी बीकानेर के संस्थापक राव बीका के चाचा थे। वैसे तो राजस्थान के राजकीय संग्रहालयों में ढेरों सती स्तम्भ मिल जायेंगे किन्तु उपर्युक्त दोनों ही सती स्तम्भों का सम्बन्ध मीरां के युग से है। मीरां के समय सती प्रथा का रूप कितना बीभत्स था इसका अनुमान राजकीय संग्रहालय, उदयपुर में संग्रहीत 'जहाजपुर अभिलेख' से लगाया जा सकता है। यह अभिलेख मूलतः सती स्तम्भ का ही एक भाग है जिसमें सामूहिक रूप से सती होने वाली स्त्रियों के नाम दिये गये हैं। सतुन देवी, जिलिन देवी, पातल देवी, सिरिल देवी, सिलिश्री, रतन देवी वे स्त्रियाँ थीं जो एक साथ समूह के रूप में सती हुई थीं। अभिलेख का समय संवत् 1226 दिया गया है जिसकी लिपि नागरी एवं भाषा मध्यकालीन मेवाड़ी है। यह सती स्तम्भ महाराणा पृथ्वीराज द्वितीय के समय का है। जिससे अनुमान होता है कि इस समय तक कुछ स्त्रियाँ सामूहिक रूप से सती होती थीं। इसी का वृहत् रूप जौहर उत्सव था जिसमें एक साथ सैकड़ों स्त्रियाँ धधकती हुई आग में कूदकर प्राणोत्सर्ग करती थीं।

मेवाड़ एवं मारवाड़ के संग्रहालयों में ही नहीं वरन् उन समस्त स्थानों पर जहाँ मध्यकाल में राजपूतों का शासन था, सती स्तम्भ मिल जाएँगे। मालवा स्थित चन्देरी दुर्ग में बैजू बावरा की समाधि के निकट एक सती स्तम्भ एवं छतरी मिलती है। आक्रमणकारियों द्वारा चन्देरी दुर्ग पर आक्रमण के साथ ही इस दुर्ग की स्त्रियों ने 'जौहर' अथवा सामूहिक सती उत्सव का आयोजन किया था। कुम्भलगढ़ दुर्ग में जहाँ पर महाराणा रायमल के पुत्र कुँवर पृथ्वीराज की मृत्यु हुई थी वहाँ पर निर्मित छतरी के भीतर एक सती स्तम्भ मिलता है। इस सती स्तम्भ के चारों तरफ सत्रह स्त्रियों की मूर्तियाँ एवं उनके मध्य पृथ्वीराज की मूर्तियाँ उत्कीर्ण हैं। सती होने वाली स्त्रियों के नाम हैं—पना, रणदे, बाजानी..., हीरू, दाना, से उलदे, मलारदे, श्री सूभो, रायलदे, जेवता, ह..., रोहण स..., नास, भगवती एवं बा... ला।[4] सती स्तम्भ के चारों तरफ

पृथ्वीराज का नाम उत्त्कीर्ण है जिसके एक तरफ नीचे की ओर उसके घोड़े 'साहण' का नाम लिखा हुआ है। यह घोड़ा पृथ्वीराज के मरने के पश्चात् पुण्यार्थ दान कर दिया गया था। पृथ्वीराज मीरां का काकिया श्वसुर लगता था। मेड़ता नगर में भी सतियों की छतरियाँ पायी जाती हैं। कहा जाता है कि ये छतरियाँ रत्नसिंह की उन पाँच पत्नियों की हैं जो उसके साथ सती हुई थीं। उक्त छतरियों के पास ही एक कुँवारी सती का स्मारक मिलता है जिसमें एक सती की मूरत बनी हुई है एवं उसकी गोद में एक नन्हा शिशु सोया हुआ है। इसके विषय में कहा जाता है कि अन्य सतियों को सती होने के लिए उद्धृत होता देख एक कुँवारी लड़की को सत चढ़ा एवं उसने सती होने की इच्छा प्रकट की परन्तु कुँवारी लड़की का सती होना निषिद्ध है अतः उसी समय तुरत-फुरत में किसी वणिक के एक नन्हे से शिशु के साथ उसकी शादी कर दी गयी जिसे गोद में लेकर वह कुँवारी लड़की सती हुई। इसी प्रकार मेवाड़, मारवाड़ व समीपवर्ती क्षेत्रों में अनेक स्थलों पर हमें मीरां के युग एवं मीरां के पूर्ववर्ती एवं परवर्ती समय के अनेक सती स्तम्भ एवं सती स्थल मिलते हैं। जिन-जिन स्थानों पर सती स्तम्भ मिले हैं उनमें आसोय, मेलावास, कोसाणा, खेजड़ला, कापरड़ा डीडवाना, वास को वदि, घडाव, बडलू, घटियाला, बस्ती, पाल, ऊँस्त्रा, किणसरिया, ओसिया, बागोडिया, चांदेलाव, सारण, भावी, बाला, सिगोडियों की बारी, खारिया मीठापुर एवं डीगाड़ी के नाम प्रमुख हैं। यह भी ज्ञात होता है कि परवर्ती समय में सती प्रथा मात्र राजपूतों में ही नहीं वरन् बनियों एवं कायस्थों में भी प्रचलित होने लगी थी।[5] सती प्रथा के विषय में यह भी उल्लेखनीय है कि सती केवल पति की मृत्यु पर ही नहीं वरन् पुत्र की मृत्यु पर भी उसकी माँ सती हो जाती थी। इस आशय का एक सती स्मारक अभिलेख सिंगोडियो की बारी, जोधपुर में मिलता है।

यह अत्यन्त आश्चर्यजनक था, जब शोध सर्वेक्षण के दौरान यह पाया गया कि मेवाड़ मारवाड़ एवं आसपास के प्रदेशों में पाये जाने वाले विभिन्न स्तम्भ अभिलेखों में लगभग आधी संख्या सती स्तम्भ अभिलेखों की थी। यही मीरां के युग की वह सच्चाई थी जिसे केवल लिखित स्रोत सामग्री पर निर्भर रहने वाले मीरां के आलोचक देख नहीं पाये।

सती स्तम्भों के रूप में पुरातात्विक स्रोत सामग्री के अलावा विभिन्न ग्रन्थों से लिखित स्रोत सामग्री के रूप में भी मीरां के युग में प्रचलित सती प्रथा के बीभत्स रूप का साक्षात्कार होता है। बड़वा देवीदान री ख्यात से ज्ञात होता है कि मीरां के देवर महाराणा रत्नसिंह की तीन रानियाँ सती हुई थीं जिसमें पुंवारजी जो राव करमसिजी की बेटी थी एवं जिसका नाम रेणकँवर था सती हुई। सांकलिजी जो रामसिंगजी की बेटी थी एवं जिसका नाम रतनकँवर था सती हुई। हाडीजी जो राव नारायणदासजी की बेटी थी एवं जिसका नाम कवराँबाई था गाँव बुन्दी में सती हुई।[6] इसी प्रकार मीरां के छोटे देवर महाराणा विक्रमादित्य की मृत्यु पर उसकी तीन रानियाँ सती हुई थीं

महाराणा के महल का आन्तरिक दृश्य

जिनमें सोलंखणीजी जो राव भवानी दासजी की बेटी थी एवं जिसका नाम लाखकँवर था, खोलंखजी जो राव सुरसेणजी की बेटी थी एवं जिसका नाम राजमतां था तथा राठोडजी-जोधपुरीजी जो राव गांगजी की बेटी थी एवं जिसका नाम हरखमदे था, के नाम दिये गये हैं।[7] मीरां के देवर उदयसिंह जिसने मीरां को वापस मेवाड़ ले आने के लिए मेवाड़ के सामन्तों व पुरोहितों को द्वारिका भेजा था के बेटे महाराणा प्रताप की एक रानी राठोडजी जो प्रथीराजजी की बेटी थी एवं जिसका नाम रणकँवर था के भी सती होने का उल्लेख मिलता है।[8] ख्यात से यह भी ज्ञात होता है कि उदयसिंह के पौत्र अमरसिंह की मृत्यु पर उसकी छह रानियाँ सती हुई थीं।[9]

मेवाड़ के महाराणा जयसिंह के समय मेवाड़ के इतिहास की महत्त्वपूर्ण जानकारी देने वाले एक ग्रन्थ की रचना हुई थी जिसका नाम 'रावल राणाजी री बात' रखा गया।[10] इस ग्रन्थ में दो स्थलों पर चित्तौड़ के दुर्ग में घटित दो 'झमर'/'झमहर' (जौहर) का उल्लेख है। साथ ही मीरां के श्वसुर महाराणा सांगा के बड़े भाई कुँवर पृथ्वीराज की सत्रह रानियों के सती होने का उल्लेख दो अलग-अलग प्रसंगों में किया गया है। उनमें पहला राणां रतनसी के समय घटित होना बताया गया है जब कि दूसरा विक्रमादित्य जी के समय घटित होना उल्लेखित है। उदेसिंघ जी के समय चित्तौड़ दुर्ग में जो 'झमहर' हुआ था उसका उल्लेख ग्रन्थ में नहीं मिलता है यद्यपि उदेसिंघ जी द्वारा उदेपुर नगर बसाने की बात कही गयी है। राणा रतनसी के

समय घटित 'झमहर' के प्रसंग में रानी 'पद्मणी' का भी उल्लेख किया गया है।[11]

महाराणा राजसिंह के समय लिखित सिसोदिया राणाओं की एक वंशावली प्राप्त होती है जिसमें मेवाड़ के महाराणाओं का क्रमवार विवरण प्रस्तुत किया गया है। 'महाराजाधिराज श्री रतनसी रांणो जी' के सम्बन्ध में प्रस्तुत विवरण के अन्तर्गत बाई श्री करमेती हाडी के नेतृत्व में घटित 'जमहर' का उल्लेख किया गया है एवं साथ ही चीत्रकोट दुर्ग के टूटने की तिथि दी गयी है। 'महाराणा श्री उदै सिंघ राणो जी' के सम्बन्ध में प्रस्तुत विवरण में कहा गया है कि उन्होंने गोमती नदी में स्नान किया था एवं 'दूवारके' (द्वारका) की यात्रा की थी। इस महाराणा के समय चित्तौड़ दुर्ग पर हुए 'पातिसाह अकबर दली रो' के आक्रमण की चर्चा भी मिलती है, जिसके अन्तर्गत बताया गया है कि चित्तौड़गढ़ में जमहर (जौहर) हुआ एवं बाई सजनो सोनगरी पता (पत्रा) जी की माता, जीवां बाई सोलंकणी सामन्तसी की बेटी, मदालछा बाई कछवाही सहसमल की बेटी, सादेराबाई राठौड़ मानसींघ जी की बेटी, पद्मावती बाई झाली, रतनबाई राठौड़, ईसरदास की बेटी, भागवती चहुंवाण बालीसी बाई, चहुंवाण वागड़ की, आसां बाई परभार डूंगरसी की बेटी पत्रा जी की माता, बहु 9 बेटा 2 बेटी 5 सतरे जौहर कर काम आये। पीथाजी की बहु प्रताप दे चहुंवाण, सूरजदे छपनी राठौड़ चुडावत मीरां पतोजी, सांई दास रावत, राठौड़ जैमल जी, ईसरदास जी राठौड़ मेडत्यो, डोडयो सांडो जी, युद्ध में काम आये संवत् 1624 चेत्र बदि 11 रवे (रविवार) को चीत्रकोट (चित्तौड़) दुर्ग टूटा।[12]

सिसोदिया राणाओं की इस वंशावली में चित्तौड़ दुर्ग में घटित केवल दो 'जमहर' की चर्चा मिलती है जो महाराणा विक्रमादित्य एवं महाराणा उदयसिंह के समय हुए थे। रानी पद्मनी के नेतृत्व में घटित चित्तौड़ दुर्ग के प्रथम 'जमहर' (जौहर) की चर्चा उक्त वंशावली में नहीं मिलती यद्यपि 'महाराजाधिराज श्री गढ़ मडलीफ लीपमसी राठो, से सम्बन्धित प्रस्तुत विवरण में रतनसी रावल एवं सिंघल दीप की 'पद्मणी' का उल्लेख पाया जाता है। इस वंशावली में जिन दो महाराणाओं के समय चित्तौड़ दुर्ग में 'जमहर' घटित होने का विवरण प्रस्तुत किया गया है, वे दोनों ही मीरां के देवर थे। इनमें से विक्रमादित्य ने मीरां को चित्तौड़ दुर्ग से निष्कासित करना चाहा एवं उदयसिंह ने उसे पुनः मेवाड़ बुलाना चाहा।

बीकानेर नगर के अभिलेखागार में 'आलणियावास री ख्यात' मिलती है जिससे ज्ञात होता है कि मीरां के चचेरे भाई राव जयमल के पुत्र माधवदास की मृत्यु संवत् 1656 में हुई थी। उसकी मृत्यु के पश्चात् उसकी ठकुराइन सिसोदणी जी सती हुई थी।[13] इसका स्मारक आलणियावास गाँव के कल्याण सागर तालाब पर स्थित है। इसी प्रकार संवत् 1641 में एक मेड़तिया सरदार चांदा के मारे जाने पर उसकी ठकुराइनें चौहाण जी, शिशोदणी जी, शक्तावत जी, एवं कछवाही जी के सती होने का विवरण पढ़ने में आया है।

'मुंहता नैणसी री ख्यात' में चित्तौड़ दुर्ग के दो जुहर (जौहर) का उल्लेख हुआ है। प्रथम वह जो रावल रतनसी के समय हुआ था एवं दूसरा वह जो राणा विक्रमादित्य के समय घटित हुआ था। रावल रतनसी के प्रसंग में रानी 'पद्मणी' एवं अलाउद्दीन खिलजी के आक्रमण एवं हाडी रानी करमेती के जुहर का उल्लेख है। राणा उदयसिंघ के समय 'अकबर पातसाह' के 'चीतोड़' आक्रमण का तो उल्लेख किया गया है परन्तु जुहर किये जाने की चर्चा नहीं है।[14] 'बांकीदास री ख्यात' में रतनसेन एवं उसके द्वारा सिंघल दीप से 'पद्मावती' के लाने का वर्णन तो लिखा गया है परन्तु जंवर (जौहर) की चर्चा नहीं है एवं न ही विक्रमाजित के समय हाड़ी रानी करमेती के नेतृत्व में हुए जंवर की चर्चा मिलती है यद्यपि चित्तौड़ दुर्ग पर अकबर के आक्रमण एवं उस दौरान घटित जंवर में 'साढ़ै तीन सै' स्त्रियों के सती होने की जानकारी दी गयी है।[15]

मध्यकाल में रचे गये उपर्युक्त गद्य ग्रन्थों एवं सती स्मारक अभिलेखों से प्राप्त प्रमाणों के अलावा आधुनिक काल में लिखे गये मेवाड़ व मारवाड़ के इतिहास ग्रन्थों से भी मीरां के युग में प्रचलित सती प्रथा एवं सामूहिक सती प्रथा (जौहर) के वास्तविक स्वरूप का ज्ञान होता है।

गौरीशंकर हीराचन्द ओझा के द्वारा लिखित 'उदयपुर राज्य का इतिहास', भाग-1 से ज्ञात होता है कि महाराणा उदयसिंह के पुत्र नगराज के साथ 7 स्त्रियाँ एवं दो उप पत्नियाँ सती हुई थीं। उदयसिंह की पुत्री हरकुँवर बाई जिसका विवाह सिरोही के राव रायसिंह से हुआ था, पति की मृत्यु पर सती हुई थी। उदयसिंह के पौत्र महाराणा अमरसिंह के साथ सर्वाधिक स्त्रियों के सती होने का उल्लेख मिलता है। लिखा गया है कि उसके साथ 10 रानियाँ, 9 खवासें और 9 सहेलियाँ सती हुई थीं।[16] इस अध्याय में मीरां के समय उसके पतिकुल एवं पितृकुल से सम्बन्धित स्त्रियों के सती होने की केवल उन घटनाओं का वर्णन किया गया है जिनके लिखित एवं पुरातात्विक साक्ष्य प्राप्त होते हैं। इस प्रकार मीरां के युग में प्रचलित सती प्रथा एवं उसके भयावह स्वरूप की एक धुँधली तस्वीर प्रस्तुत करने का प्रयास किया गया है। जिस समय मीरां के पतिकुल एवं पितृकुल की सैकड़ों स्त्रियों को सती होने के लिए प्रेरित किया जा रहा था तब मीरां ने स्वयं को कृष्ण की पत्नी घोषित करके सती होने से पूर्णतः इनकार किया तो यह अत्यन्त साहस का कार्य था।

शोध-सर्वेक्षण के दौरान यह भी पाया गया कि मीरां से पूर्ववर्ती समय के सती स्मारक अभिलेख मारवाड़ की तुलना में मेवाड़ प्रदेश में अधिक मिले हैं जब कि मीरां से परवर्ती समय के सती स्मारक अभिलेख मेवाड़ की तुलना में मारवाड़ प्रदेश में अधिक पाये जाते हैं। यह भी देखा गया है कि ख्यातकारों ने चित्तौड़ दुर्ग में घटित जमहर, जमर, जुहर अथवा जँवर का वर्णन तो दिया है परन्तु राजकुल की स्त्रियों के सती होने की घटनाओं का विस्तृत वर्णन नहीं लिखा है। बड़वा देवीदान री ख्यात,

आलणियावास री ख्यात तथा 'रावल राणाजी री बात' जैसे ग्रन्थों में राजकुल की स्त्रियों को सती किये जाने के थोड़े-बहुत उल्लेख तो मिलते हैं परन्तु ऐसा लगता है ख्यातकारों ने ऐसी घटनाओं को अधिक महत्त्व नहीं दिया।

चित्तौड़ दुर्ग में समिद्धेश्वर महादेव मन्दिर के निकट मेवाड़ के महाराणाओं का श्मशान स्थल मौजूद है। वर्तमान में इसे 'महासती स्थल' कहा जाता है जिससे चित्तौड़ दुर्ग में प्रचलित सतीप्रथा की भयावहता का अनुमान होता है। सती-स्थल के उत्तर में महारावल समर सिंह द्वारा निर्मित 'सती द्वार' है। इसी प्रकार एक प्रवेश-द्वार पूर्व की ओर है जिसे 'महासती पूर्वी-द्वार' कहा जाता है। कुछ वर्षों पूर्व हुई खुदाई में समिद्धेश्वर महादेव मन्दिर के उत्तरी द्वार के पास राख की अनेक परतें मिली हैं। ये राख उन्हीं सती हो चुकी स्त्रियों की होनी चाहिए जिन्हें धर्म के नाम पर सती कर दिया गया था। 'महासती स्थल' के निकट गौमुख कुण्ड पाया जाता है, जहाँ भू-गर्भित जल चट्टान में लगे गौमुख से शिवलिंग पर निरन्तर झरने के रूप में गिरता रहता है। कहा जाता है कि सामूहिक रूप से सती होने वाली स्त्रियाँ पहले इसी गौमुख कुण्ड में स्नान करती थीं एवं इसके पश्चात् धधकती हुई आग में कूदकर अपने प्राणों का उत्सर्ग करती थीं। निश्चय ही वह दृश्य काफ़ी भयावह रहा होगा। इतिहास ग्रन्थों में इस कुंड का नाम गौमुख कुंड मिलता है परन्तु चित्तौड़ के लोग इसे सती कुंड कहते हैं। प्रसंगवश यहाँ 'कटार जौहर' का उल्लेख करना आवश्यक प्रतीत होता है। कहा जाता है कि जौहर उत्सव के दौरान जब दुर्ग की सारी जलावन लकड़ियाँ समाप्त हो जाती थीं तब शेष बची हुई दासियों के सती होने के लिए आवश्यक लकड़ियाँ उपलब्ध नहीं हो पाती थीं। ऐसी स्थिति में ये दासियाँ एक खुले मैदान में एकत्र होकर एक-दूसरे पर कटार के वार द्वारा अपने प्राणों का उत्सर्ग करती थीं जिसे 'कटार जौहर' कहा गया।[17] यह आश्चर्यजनक है कि आधुनिक युग में लिखे गये इतिहास ग्रन्थों में जहाँ सतीप्रथा एवं जौहरप्रथा में विभेद किया गया है, वहीं मेवाड़ की आम जनता की नज़र में इन दोनों कृत्यों के उद्देश्य व स्वरूप में कोई विशेष भेद नहीं है। यही वजह है कि चित्तौड़ दुर्ग के 'सती कुण्ड' को कभी-कभी लोग 'जौहर कुण्ड' भी कहते है एवं 'महासती-स्थल' को 'जौहर स्थल' यद्यपि अधिक लोकप्रिय नाम 'सती कुण्ड' एवं 'महासती स्थल' ही है।

ऐसी मान्यता थी कि प्रत्येक स्त्री में सती होने का साहस नहीं होता था। ऐसी स्त्रियों को बलपूर्वक सती करने का विधान था। यह भी माना जाता है कि जिसे 'सत' चढ़ता था वही स्त्री सती होने के लिए सहर्ष तैयार होती थी। यह 'सत' एक प्रकार का उन्माद होता था जिसके विषय में कहा गया है कि यह अदृश्य रूप में प्रत्येक स्त्री में पाया जाता है। सती को वाणी सिद्ध माना जाता था एवं प्रायः उसकी अन्तिम इच्छा पूरी की जाती थी।[18]

'बडवा देवीदान री ख्यात' में मीरां के दो देवर महाराणा रत्नसिंहजी एवं

महाराणा विक्रमादित्यजी की रानियों के सती होने का तो उल्लेख मिलता है परन्तु उसके एक अन्य देवर महाराणा उदयसिंहजी की किसी भी रानी के सती होने का उल्लेख नहीं है।[19] मीरां के श्वसुर महाराणा सांगा की मृत्यु के तुरन्त पश्चात् कोई रानी सती हुई हो, ऐसा कोई उल्लेख नहीं पाया जाता। उक्त ख्यात का विस्तार से अध्ययन करने पर यह ज्ञात होता है कि अधिकतर उन्हीं महाराणाओं अथवा राजकुमारों की स्त्रियाँ सती हुई थीं जिनकी मृत्यु कम उम्र में ही हो गयी थी। वे महाराणा जिनकी मृत्यु वृद्धावस्था में हुई उनकी सती होने वाली रानियों की संख्या एक अथवा दो से अधिक नहीं पायी गयी। महाराणा प्रतापसिंहजी के प्रसंग में उनकी एक रानी के सती होने का उल्लेख मिलता है। 'रावल राणाजी री बात' में महाराणा रायमल के ज्येष्ठ कुँवर पृथ्वीराज की सत्रह रानियों के सती होने का उल्लेख मिलता है।[20] कुँवर पृथ्वीराज की मृत्यु अल्पायु में ही हो गयी थी। मेवाड़ एवं मारवाड़ प्रदेश में पाये जाने वाले सती स्मारक अभिलेखों से भी ज्ञात होता है कि प्रायः उन रानियों को सती होने के लिए अधिक प्रेरित किया जाता था जिनकी उम्र कम होती थी यद्यपि किसी भी उम्र की रानी के सती होने को उपयोगी ही समझा जाता था परन्तु प्रायः वृद्ध रानियों के सती होने का उल्लेख नहीं मिलता है। वस्तुतः मेवाड़ के राजपुरुषों को अपने कुल की स्त्रियों के 'दूषित' होने अथवा उनके कुल को कलंकित करने का सबसे ज्यादा खतरा युवा स्त्रियों से था अतः युवा स्त्रियों का जिन्दा रहना वे खतरनाक मानते थे जब कि वृद्ध स्त्रियों से उन्हें ऐसा खतरा अपेक्षाकृत कम था।

कभी-कभी स्वार्थ के वशीभूत होकर भी स्त्रियों को सती होने से रोका जाता था जैसा कि मीरां के प्रसंग में हुआ था। मीरां को सती किये जाने के प्रसंग में मेवाड़ के सामन्त दो खेमों में बँटे हुए थे। प्रथम, वे जो मीरां को सती करना चाहते थे, इनका नेतृत्व हाड़ा चौहान कर रहे थे एवं दूसरे, वे जो मीरां के सती होने के पक्ष में नहीं थे, इनका नेतृत्व मेड़तिया राठौड़ कर रहे थे। मारवाड़ के इतिहास में भी एक ऐसी घटना का वर्णन मिलता है जब महाराजा जसवन्त सिंह की मृत्यु पर उनकी एक गर्भवती रानी को सती होने से रोका गया था क्योंकि यह रानी मारवाड़ को एक उत्तराधिकारी प्रदान करने वाली थी।[21] महाराणा सांगा की मृत्यु पर उसकी सबसे सुन्दर एवं जवान रानी हाडी करमेती सती नहीं हुई, क्योंकि उस समय वह गर्भवती थी। इस रानी ने बाद में गुजरात के बादशाह बहादुरशाह के चित्तौड़ आक्रमण के समय घटित जौहर में प्राणोत्सर्ग किया था।

मेवाड़ के इतिहास से सम्बन्धित विभिन्न ग्रन्थों में विवरण मिलता है कि जौहर से पूर्व राजपूत योद्धा स्वयं अपने हाथों से जौहर की अग्नि प्रज्वलित करते थे। अकबर के चित्तौड़ आक्रमण के समय जो जौहर हुआ था, उसमें चित्तौड़ दुर्ग के चार स्थानों पर जौहर की ज्वाला प्रज्वलित की गयी थी, जिसमें सामूहिक रूप से दुर्ग की स्त्रियाँ आत्मदहन करके सती हुई थीं। रावत पन्ना चुण्डावत की हवेली में हुए

सामूहिक सती उत्सव को अग्नि स्वयं पन्ना चुण्डावत ने प्रदान की थी। इसी प्रकार ईसरदास राठौड़ की हवेली में जो सामूहिक सती उत्सव घटित हुआ था, उसमें भी अग्नि स्वयं ईसरदास ने ही प्रदान की थी।[22] राजपूत सामन्तों द्वारा अपनी स्त्रियों एवं अन्य परिवारजनों को जलाकर मार डालने के पीछे एक विशेष मानसिकता कार्य करती थी जो सामन्ती संस्कारों की देन थी। राजपूत सामन्त अपनी स्त्रियों एवं अन्य परिवारजनों को अपनी निजी सम्पत्ति समझते थे अतः वे नहीं चाहते थे कि उनकी स्त्रियाँ किसी और व्यक्ति के हाथ लगें। साथ ही साथ वे शुचितावादी भी थे अतः कुल की स्त्रियों के 'दूषित' होने में दोष-दर्शन करते थे। मीरां ने राजपूत सामन्तों की उपर्युक्त समस्त मान्यताओं को न सिर्फ मानने से इनकार किया वरन् पूरे आत्मविश्वास के साथ यह घोषित किया कि उसका शरीर किसी कुँवर की निजी सम्पत्ति नहीं है वरन् वह तो भगवान कृष्ण की सम्पत्ति है जिसे वह जलाकर नष्ट नहीं कर सकती। मीरां न केवल साधु, सन्तों एवं जोगियों के साथ सभा-संगत करती थी वरन् परपुरुषों से भेंट वार्ता में भी उसे कोई विशेष संकोच नहीं था। अनुमान किया जा सकता है कि मीरां की सोच कितनी विशद एवं चित्तौड़ दुर्ग में उसका जीवन कितना संघर्षमय रहा होगा।

चित्तौड़ दुर्ग एवं मीरां के परिवार में व्याप्त सती प्रथा की कुरूपता के साक्षात्कार के पश्चात् इस प्रथा से सम्बन्धित कुछ वास्तविकताओं का ज्ञान होना आवश्यक है। सामूहिक रूप से सती होने के पूर्व स्त्रियाँ कुसूंबा (अफीम) का पान करती थीं ताकि जलने के दौरान उन्हें न्यूनतम कष्ट हो। जब तक ये स्त्रियाँ आग में नहीं कूद पड़ती थीं तब तक वे अनवरत कुसूंबा का सेवन करती रहती थीं। कई बार जौहर कर्म के दौरान स्त्रियाँ अन्त तक अग्नि प्रवेश का साहस नहीं जुटा पाती थीं, ऐसी स्त्रियाँ अधिक मात्रा में अफीम सेवन के कारण मृत अथवा बेहोश हो जाती थीं जिन्हें अन्ततः अग्नि में फेंक दिया जाता था।

सती होने वाली स्त्री अथवा स्त्रियाँ चिता पर जलने से पूर्व जो निषेधात्मक वचन अथवा श्राप देती थी उसे सती-अखण कहा जाता था। सती-अखण प्रायः उन स्त्रियों द्वारा प्रदान किया जाता था जिन्हें सती होने के लिए बाध्य किया जाता था। महाराणा राजसिंह की चहुवान रानी ने सती होते समय एक ऐसी ही अखण दी थी एवं कहा था कि बेदला का कोई भी चहुवान सामन्त भविष्य में अपनी बेटी की शादी महाराणा के साथ न करें। इस रानी को सती होने के लिए बाध्य किया गया था।[23] सती प्रथा के महिमामंडन एवं स्त्रियों द्वारा अग्नि के स्ववरण की कथित स्वेच्छा की पोल तब खुलती है जब कम्पनी सरकार ने सतीप्रथा पर पूर्णतः प्रतिबन्ध लागू कर दिया था एवं इस दिशा में सभी रियासतों को कड़े आदेश जारी किये थे। महाराणा स्वरूप सिंह की मृत्यु के पश्चात् जब राजकुल की स्त्रियों को सती होने के लिए कहा गया तब महल की एक भी स्त्री इसके लिए तैयार नहीं हुई अन्ततः

मीरां महल का बाहरी दृश्य

'ऐजांबाई' को मनाया गया जो स्वरूप सिंह की पासवान थी।[24] यह सतीप्रथा के मध्यकालीन ताबूत में आखिरी कील थी जिसे अंग्रेजों ने ठोंका था। ऐजांबाई के पश्चात् राजकुल की कोई भी स्त्री सती नहीं हुई क्योंकि अब उन्हें 'कानून का संरक्षण' मिल चुका था। इस प्रकार मध्यकाल में मीरां ने सतीप्रथा के विरुद्ध जो मशाल प्रज्वलित की थी वह अनेक कठिन रास्तों से गुज़रते हुए अन्ततः आधुनिक काल में अपनी मंजिल तक पहुँच पाने में सफल होती है।

आश्चर्य होता है कि सामन्ती संस्कारों से पूर्णतया आप्लावित चित्तौड़ दुर्ग के वातावरण में आखिर मीरां स्वयं को सती किये जाने से कैसे बचा सकी! चित्तौड़ दुर्ग के वातावरण एवं सामन्ती समाज में व्याप्त सती प्रथा के बीभत्स रूप का अध्ययन करने के पश्चात् यह प्रश्न दुष्कर प्रतीत होता है परन्तु इसका उत्तर तत्कालीन चित्तौड़ दुर्ग के भीतर व्याप्त वातावरण के विश्लेषण द्वारा खोजा जा सकता है। इतिहासकार रामवल्लभ सोमानी के अनुसार महाराणा सांगा ने मीरांबाई को तीन लाख की जागीर चित्तौड़ में दी थी। 'भक्त मीरांबाई' नामक पुस्तिका के अन्तर्गत उन्होंने लिखा है कि मीरांबाई का विद्यागुरु गजाधर केशवजी या मोहनजी था; जिसे मेड़ता से विवाह (मीरां के विवाह) के समय मेवाड़ भेजा गया था। वह निरन्तर मीरांबाई की सेवा में रहा था। मीरांबाई की मृत्यु के बाद महाराणा उदयसिंह ने उसे एक बड़ी जागीर पुर

ग्राम में दी थी। रामवल्लभ सोमानी का यह दावा था कि उन्होंने मीरांबाई के उक्त गुरु को जागीर प्रदान करने से सम्बन्धित एक मध्यकालीन ताम्रपत्र भी देखा था जिसमें 'मीरांबाई' शब्द था। उनके अनुसार यह एक मीरां के समय का ऐतिहासिक स्रोत था। सोमानी का दावा है कि उक्त ताम्रपत्र उन्हें सन् 1968-69 में मीरां के उक्त गुरु के वंशजों ने दिखाया था। रामवल्लभ सोमानी ने इस सम्बन्ध में आगे लिखा है कि उन्होंने ताम्रपत्र को पढ़कर उसे अत्यन्त महत्त्वपूर्ण होना बताया था। उन्होंने इसे सँभाल कर रखने को कहा था; किन्तु बाद में उन्हें पता लगा कि उक्त ताम्रपत्र मीरांबाई का होने की बात मानकर उसे मुम्बई में एक अच्छे वैष्णव परिवार को बेच दिया गया था।[25]

राजस्थान प्राच्यविद्या प्रतिष्ठान, जोधपुर द्वारा प्रकाशित मीरां-बृहत्पदावली (पहला भाग) में लिखित भूमिका में हरिनारायण पुरोहित ने लिखा है कि—"(मीरां को) दहेज भी बहुत भारी दिया गया। तीन लाख की जागीर मीरांजी को चित्तौड़ में मिली थी। मेड़ता से भी गाँव दिये गये थे। विद्यागुरु गदाधरजी को मीरांजी ने चित्तौड़ में बड़ी जागीर निकाल दी थी। उनके वंश को अब तक लाभ मिल रहा है। कोई 200 आदमी विद्यागुरु के वंश में अब भी होंगे। विद्यागुरु गदाधरजी गूजर गौड़ ब्राह्मण काटिया तिवाड़ी गोत वा खाँप के थे। इनको एक हजार बीघा पीवल भूमि, पाँच हजार रुपये वार्षिक आय की कस्बा पुर और माँडल में मिली थी। दान पत्र भी मिले थे। सब इनके वंशजों के पास हैं। इनके वंशजों को गजाधरें नाम से बोलते हैं। बदनोर रूपाहेली आदिक मेडतिये सरदारों के यहाँ इनका विशेष मान है।"[26]

मीरां के वंशधर बदनोर के ठाकुर गोपालसिंह ने संवत् 2031 में बदनोर राजघरानों का इतिहास 'जयमल वंश प्रकाश' नाम से लिखकर प्रकाशित करवाया था जिसमें उन्होंने लिखा है कि—"महाराणा संग्राम सिंहजी ने अपनी युवराज वधू (मीरां) को माँडल और पुर के परगने हाथ खर्च के लिए प्रदान किये थे। संग्राम सिंहजी की पुत्रवधू होने के नाते धन, रतन, भूषणादि भी उनके पास भारी मात्रा में रहे होंगे।"[27] इसी प्रकार सी. एल. प्रभात ने 'मीरां : जीवन और काव्य' (प्रथम खंड) में लिखा है— "किसी गजाधर नामक पुरोहित को मीरां द्वारा दान पत्र देने की चर्चा की जाती है। गहलोतजी का कथन है कि उन्होंने कहीं दान पत्र का उल्लेख (दानपत्र नहीं) देखा था।"[28]

इतिहासकार रामवल्लभ सोमानी, हरिनारायण पुरोहित, बदनोर ठाकुर गोपाल सिंह एवं सी. एल. प्रभात के विवरणों के अध्ययन एवं अभिलेखागार उदयपुर बख्शीखाना रेकार्ड में उपलब्ध विभिन्न साख बहियों, रेख बहियों तथा विगत के विश्लेषण से यह बात बहुत हद तक सही प्रतीत होती है कि मीरां मेवाड़ के पाटवी कुँवर की बहू होने के नाते निश्चय ही पुर एवं माँडल जैसे किसी परगने की स्वामी रही होगी एवं कोई आश्चर्य नहीं होगा यदि उसने अपनी जागीर में से कुछ भूमि व गाँव

बाह्मणों को दान कर दिये हों। सी. एल. प्रभात मीरां की इस प्रभुता पर सन्देह व्यक्त करते हुए लिखते हैं कि–"दान पत्र सत्ताधीश देते हैं। लौकिक सत्ता से मीरां का मोह नहीं था। इसके अतिरिक्त जिस परिस्थिति में मीरां ने चित्तौड़ छोड़ा और बाद में मेड़ता त्यागा उसमें दानपत्र देने की सम्भावना भी नहीं है।" मीरां ने यदि कोई भूमि दान की होगी तो बहुत सम्भव है उसके द्वारा वह भूमि चित्तौड़ दुर्ग त्यागने से पूर्व दान की गयी हो। मीरां के द्वारिका प्रवास के दौरान यदि उससे उसकी जागीर नहीं छीनी गयी होगी तब द्वारिका से दान प्रदान करना भी उसके लिए सम्भव था अतः मीरां द्वारा दान करने की क्षमता पर सन्देह करना अनुचित प्रतीत होता है। भक्त एवं संन्यासी प्रायः सम्पत्ति एवं सत्ता विहीन होते हैं अतः वे लोग जो मीरां को संन्यासिन मानते हैं सहसा यह विश्वास नहीं कर पाते कि मीरां के पास जागीर की भूमि भी रही होगी अतः निष्कर्षों तक पहुँचने की जल्दबाजी में वे ये भूल जाते हैं कि मीरां के लिए कृष्ण भक्त बनना एक मज़बूरी थी। उसका प्रमुख उद्देश्य तो स्वयं को सती होने से बचाना एवं इस प्रथा के विरुद्ध मोर्चाबन्दी करना था।

मीरां सम्बन्धी उक्त चर्चा का उद्देश्य राजघराने की स्त्रियों के उन सम्पत्ति सम्बन्धी अधिकारों की चर्चा करना है जिनका उपभोग मीरां भी करती थी।[29] इन अधिकारों ने मीरां को महाराणा के विरुद्ध संघर्ष की न केवल अपार क्षमता प्रदान की थी वरन् मीरां के लिए यह सम्भव बनाया था कि वह वृन्दावन एवं द्वारिका की यात्रा कर सके जहाँ सामन्ती आस्थाओं की जकड़न अपेक्षाकृत कम थी[30] एवं जहाँ वह अधिक सुरक्षित थी। मीरां के चित्तौड़ दुर्ग त्यागने के थोड़े समय पश्चात् ही हाडी रानी करमेती के नेतृत्व में चित्तौड़ दुर्ग में जौहर हुआ था। इस समय यदि मीरां वहाँ होती तो कहानी कुछ और ही हो सकती थी। सम्भव था मीरां के न चाहते हुए भी उसे जौहर की ज्वाला में धकेल दिया जाता या फिर मीरां 'सती न होस्या' की अपनी जिद्द पर अड़ी रहने के कारण चित्तौड़ के 'वीर' राजपुरुषों के हाथों मारी जाती।

'वीर विनोद' में विवरण मिलता है कि चित्तौड़ दुर्ग में कुंभश्यामजी के मन्दिर के निकट मन्दिर मिलता है सम्भवतः मीरांबाई का ही बनवाया हुआ है या फिर हो सकता है किसी और ने बनवाया हो।[31] मीरां मन्दिर के ठीक सामने किसी सन्त की छतरी निर्मित है जिसके विषय में कहा जाता है कि उसका निर्माण महाराणा सांगा की किसी रानी ने करवाया था। यदि यह सत्य है कि मीरां पुर व माँडल परगनों के राजस्व का उपभोग करती थी तब उक्त 'मीरां मन्दिर' का निर्माण मीरां द्वारा करवाया जाना असम्भव प्रतीत नहीं होता। मेवाड़ व मारवाड़ में ऐसे अनेक मन्दिर मिल जाएंगे जिनका निर्माण रानियों अथवा कुँवरारियों ने करवाया था। अतः मीरां द्वारा उक्त 'मीरां मन्दिर' का निर्माण करवाना सम्भव प्रतीत होता है। चित्तौड़ में स्थित यह मन्दिर मीरां मन्दिर के नाम से प्रसिद्ध हुआ जिससे यह प्रमाणित होता हैं कि मीरां ने इस मन्दिर को अपनी सार्वजनिक गतिविधियों का केन्द्र बनाया था। प्रश्न

उठता है कि आखिर ऐसी क्या आवश्यकता थी कि मीरां को अपने उद्देश्य की पूर्ति हेतु किसी मन्दिर की आवश्यकता पड़ी!

मीरां युगीन चित्तौड़ दुर्ग के वातावरण, राजमहलों की बनावट एवं तत्कालीन समाज के अध्ययन से यह ज्ञात होता है कि उस युग में परदे का प्रचलन आम बात थी। राजकुल में आठ का परदा अथवा चार का परदा प्रचलित था।[32] ऐसी स्थिति में मीरां के पास केवल दो ही रास्ते थे। प्रथम, यह कि वह अपनी गतिविधियों को परदे की संकुचित सीमा तक सीमित रखती एवं द्वितीय, वह परदे की सीमा का अतिक्रमण कर जनसम्पर्क स्थापित करती एवं अपनी भावनाओं व मान्यताओं का दुर्ग की जनता में प्रसार करती। मीरां ने दूसरा रास्ता चुना एवं परदे की सीमा का अतिक्रमण किया। सामन्ती मान्यताओं के विरुद्ध विद्रोह के आरम्भिक पड़ाव में मीरां ने केवल परदे की सीमा का अतिक्रमण किया था न कि दुर्ग की सीमाओं का अतः उसने मीरां मन्दिर को अपनी सार्वजनिक गतिविधियों का केन्द्र बनाया। मीरां यदि दुर्ग की सीमाओं का अतिक्रमण करती तो सम्भव था कि उसके लिए दुर्ग की सीमा में पुनः प्रवेश सम्भव नहीं हो पाता जैसा कि बाद की घटनाओं से सिद्ध होता है। यहाँ यह जानना उचित होगा कि राजकुल की महिलाओं को सार्वजनिक सम्पर्क की मनाही थी परन्तु वे मन्दिर-देवालयों में किसी पुजारी अथवा सन्त से भेंट कर सकती थीं। मन्दिर-देवालयों में राजकुल की स्त्रियों पर किसी प्रकार का कोई प्रतिबन्ध लागू नहीं था। मेवाड़ राजकुल की स्त्रियों का आम जनता से सम्पर्क स्थापित करना अनुचित समझा जाता था यहाँ तक कि राजकुमारियों के शस्त्र व शास्त्र की शिक्षा का प्रबन्ध भी राजमहल की सीमा के भीतर ही कर दिया जाता था।

मीरां की काकिया सास तारादेवी जो राव सुरताण की पुत्री थी का विवाह महाराणा सांगा के बड़े भाई कुँवर पृथ्वीराज के साथ हुआ था। विवरण मिलता है कि ताराबाई से विवाह के लिए कुँवर पृथ्वीराज को लल्लाखाँ को हराकर तोड़ा का राज्य राव सुरताण को दिलाना था। इस युद्ध में ताराबाई स्वयं घोड़े पर सवार होकर लड़ने गयी थी। अजमेर के सूबेदार मल्लूखाँ को परास्त करने का श्रेय भी इन्हीं ताराबाई को दिया जाता है।[33] कुँवर पृथ्वीराज की मृत्यु के पश्चात् तारादेवी उसके साथ सती हुई जिसका उल्लेख कुम्भलगढ़ के सती स्मारक अभिलेख में पाया जाता है। उमादें भटियाणी जो इतिहास में 'रूठी रानी' के नाम से प्रसिद्ध है के सम्बन्ध में विवरण मिलता है कि उसने युद्ध भूमि में लड़ने की इच्छा प्रकट की थी परन्तु उसकी इस इच्छा को गम्भीरता से नहीं लिया गया था। 'बांकीदास री ख्यात' में मेड़तिया राठौड़ विजय सिंह की ठकुरानी बजरंगदे का विवरण मिलता है जिसके विषय में कहा जाता है कि उसने अपने पति की मृत्यु के पश्चात् उसकी जागीर 'आलणियावास' का शासन प्रबन्ध सँभाला था। बजरंगदे पुरुषों के कपड़े पहना करती थी एवं उसने राठौड़ सेना के साथ मिलकर औरंगज़ेब की सेना से युद्ध किया

था। उसके अधिकार में आलणियवास के 44 गाँवों के अलावा दूढ़ाड़ व चाटसू का परगना भी था। औरंगज़ेब ने जब दुर्गादास को मेड़ता परगना प्रदान किया था तब दुर्गादास ने बजरंगदे से कर वसूल करना चाहा परन्तु बजरंगदे ने कर देने से इनकार कर दिया। परिणामस्वरूप दोनों में युद्ध हुआ जिसमें दुर्गादास की पराजय हुई। यह युद्ध रीयाँ नदी के किनारे हुआ था। मेड़तिया राठौड़ों को बजरंगदे की गतिविधियाँ पसन्द नहीं आयीं, फलतः देवराज सिंह नामक एक मेड़तिया सरदार ने ठकुरानी बजरंगदे को उसके नन्हे पुत्र के साथ मौत के घाट उतार दिया था।

मेवाड़ व मारवाड़ के राजघराने की स्त्रियों के कुछ साहसिक कार्यों की चर्चा के बाद अब उनकी वास्तविक स्थिति को जानना उपयुक्त होगा। राजपूत समाज में नवविवाहितां को सास एवं जेठानियों से बोलने की अनुमति नहीं थी। पर्दाप्रथा के प्रचलन के कारण रानियों एवं कुंवरानियों को महल की चारदीवारी के भीतर घुट-घुट कर जीना पड़ता था।

राजकुल की अधिकांश स्त्रियाँ युद्धभूमि में व्यस्त अपने पति के विरह में व्याकुल रहा करती थीं। दुर्भाग्यवश यदि उनका पति युद्ध भूमि में मारा जाता तो उन्हें सती होने के लिए बाध्य किया जाता था। मीरां को स्त्री समाज पर होने वाले ये तमाम अत्याचार स्वीकार न थे अतः उसने विद्रोह का निर्णय लिया एवं इस कार्य हेतु भक्ति का माध्यम चुना।

जहाँ एक तरफ स्त्रियों की शुचिता एवं 'पवित्रता' कायम रखने के लिए विभिन्न नियम एवं प्रतिबन्ध लागू थे वहीं दूसरी तरफ पुरुषों का आचरण स्वेच्छाचारी होता था। मेवाड़ के महाराणा व कुँवर अपने जीवन काल में न केवल अनेक शादियाँ करते थे वरन् अपनी रानियों अथवा कुँवरानियों के अलावा भी वे अनेक पासवानियों, पड़दायतों, गायणियों, खवासणों एवं डावडियों से सम्बन्ध रखते थे। चित्तौड़ राजमहल में स्त्रियों का जीवन जनाना महल एवं कुँवरपदा तक सीमित था। जहाँ एक तरफ राजघरानों की ये स्त्रियाँ पति की मृत्यु पर सती हो जाया करती थीं वहीं इनके पति इन स्त्रियों के मान-अपमान की परवाह किये बगैर स्वछन्द आचरण करते थे। मुगल हरम के विपरीत मेवाड़ के राजमहलों में स्त्रियों की स्थिति पर उनकी जाति एवं पद का विशेष प्रभाव रहता था। जहाँ राजपूत स्त्रियाँ रानी अथवा कुँवरानी का पद पाती थीं, वहीं अन्य जाति की स्त्री पासवान कहलाती थी। कभी-कभी कोई पासवान, रानी अथवा कुँवरानी से भी अधिक शक्तिशाली हो जाया करती थी। वो स्त्री जो पहले से ही विवाहित होती थीं परन्तु महाराणा अथवा कुँवर उसे अपने पास रख लेता था एवं जिसका सम्बन्ध निम्न जाति से होता था, पड़दायत कहलाती थी।

सती होने के लिए रानी एवं पासवान को ही नहीं वरन् पड़दायत को भी बाध्य किया जाता था। पड़दायत का अर्थ ही होता था वह स्त्री जिसे महाराणा अथवा कुँवर से सम्बन्ध स्थापित होने के पश्चात् परदे के भीतर डाल दिया गया हो। राजमाता की

स्थिति महल की अन्य स्त्रियों की तुलना में प्रभुत्वशाली होती थी। उसका 'जनानी ड्योढ़ी' अथवा राजमहल की अन्य स्त्रियों पर नियन्त्रण होता था। महाराणा सांगा की मृत्यु के पश्चात् हाडी रानी करमेती को राजमाता का पद प्राप्त हुआ था अतः वह कुँवरानी मीरां पर नियन्त्रण चाहती थी। हाडी रानी करमेती एवं कुँवरानी मीरां के आपसी संघर्ष का एक कारण यह भी था, साथ ही मीरां एवं हाडी रानी के मूल्यों एवं मान्यताओं में गहरा अन्तर तो विद्यमान था ही। राजमाता के पश्चात् पटरानी का पद महत्त्वपूर्ण माना जाता था जो प्रायः उस रानी को दिया जाता था जिसका सम्बन्ध किसी 'ऊँचे' राजघराने से होता था।[35] पटरानी के बाद कुँवरानी का पद महत्त्वपूर्ण समझा जाता था। पटरानी एवं कुँवरानी को सामान्य भूमि के अलावा जागीर भी प्रदान की जाती थी एवं उसे लवाज में की सुविधा प्राप्त थी। मीरां चूँकि कुँवराणी थी अतः उसके पास किसी जागीर का पट्टा विद्यमान रहा होगा। बहुत सम्भव है कि उसकी यह जागीर 'पुर' एवं 'माँडल' के परगने हों।

चित्तौड़ दुर्ग के वातावरण एवं मेवाड़ व मारवाड़ की तत्कालीन सामाजिक परिस्थितियों का गहरा प्रभाव मीरां की साधना पद्धति एवं सामन्ती आस्थाओं के विरुद्ध किये गये विद्रोह के स्वरूप पर दिखाई देता है। यह सच था कि सती होने वाली स्त्री का लगाव एवं श्रद्धा अपने मृत पति के प्रति नहीं होता था। प्रायः लोकलाज अथवा परलोक सुधारने की चाह में स्त्रियाँ सती हो जाया करती थी।[36] जिन स्त्रियों का यह लोक प्रतिबन्ध एवं वर्जनाओं के कारण नरक बना दिया गया था अगर वे सती होकर स्वर्ग में सुख की कामना करें तो यह स्वाभाविक लगता है। विधवा स्त्रियों का जीवन सुखकर नहीं था, उनके साथ घृणा का व्यवहार किया जाता था। इसके विपरीत सती होने वाली स्त्रियों को देवी मानकर पूजा जाता था एवं सती होने से पूर्व उनके द्वारा प्रदत्त अखण का पालन किया जाता था। महाराणाओं के प्रशस्ति गायक चारण, राव एवं भाट न केवल उनकी प्रसंशा में गीतों की रचना करते थे वरन् उनके इस कृत्य को शौर्यपूर्ण घोषित करते थे। परन्तु, उपर्युक्त चर्चा से पूर्व यह उचित होगा कि हम मेवाड़ व मारवाड़ के सामन्ती समाज को समझने का प्रयास करें।

मेवाड़ का महाराणा ब्राह्मणों, कवियों, गायकों, साधुओं एवं जोगियों का न केवल प्रशंसक होता था वरन् अनेक अवसरों पर वह उन्हें भूमि एवं अर्थ दान भी किया करता था। स्वाभाविक है इस वर्ग का समर्थन महाराणा को सहज ही प्राप्त हो जाता था। भूमि एवं अर्थ का लोभी यह वर्ग वैसा ही लिखता एवं बोलता था जैसा कि महाराणा चाहता था। कुछ व्यक्तियों द्वारा ऐसा न करने पर वे दण्ड के भागी बनते थे। वल्लभ सम्प्रदाय के वार्ताकारों द्वारा 'चौरासी वैष्णन की वार्ता' में दिये गये मीरां सम्बन्धी विवरणों को हमें इसी अर्थ में ग्रहण करना चाहिए।[37] यह अत्यन्त आश्चर्यजनक लगता है कि महाराणाओं एवं कुँवरों की प्रसंशा में ग्रन्थों एवं गीतों

की रचना करने वाले राज्याश्रित लोगों ने जहाँ जौहर का सविस्तार वर्णन किया है, वहीं मीरां के सम्बन्ध में एक पंक्ति भी नहीं लिखी। मीरां का प्रथम वर्णन मेवाड़ की सीमा से दूर उन भक्तों द्वारा हुआ जो कि राज्याश्रित नहीं थे।

मीरां द्वारा काँटिया तिवारी 'गदाधर' अथवा 'गजाधर' को दान देने का उल्लेख तो मिलता है[38] परन्तु अन्य ऐसा कोई पुष्ट प्रमाण नहीं मिलता जिससे यह सिद्ध होता हो कि उसने उक्त वर्ग को प्रसन्न करने के लिए किसी प्रकार की कोई भूमि अथवा अर्थ दान किया हो। यहाँ यह उल्लेख करना रुचिकर है कि मीरां की कविता शैली पर चारण-राव शैली का गहरा असर दिखाई देता है। डिंगल में रचित मीरां के कवित्त तो चारण-रावों द्वारा रचित कवित्तों जैसे ही प्रतीत होते हैं। गंगा-यमुना के मैदानों में जहाँ ब्राह्मण धर्म एवं ब्राह्मण वर्ग का प्रभाव अधिक दिखाई देता है, के विपरीत मेवाड़ व मारवाड़ के सामन्तों पर ब्राह्मणों के साथ-साथ चारण-रावों का भी उल्लेखनीय प्रभाव था। ऐसा महाराणाओं की आदिम पृष्ठभूमि के कारण था।

चित्तौड़ दुर्ग के आन्तरिक वातावरण का अध्ययन करें तो शैव, शाक्त, वैष्णव एवं जैन सभी धर्मों का दुर्ग के लोगों पर समान असर दिखाई देता है। यह भी पाया गया है कि जैन धर्म प्रायः राजकर्मचारियों एवं दुर्ग की आम जनता में अधिक लोकप्रिय था। चित्तौड़ दुर्ग स्थित श्रृंगार चवरी से प्राप्त शिलालेखों एवं सतबीस देवरी के पुरातात्विक साक्ष्यों से प्रमाणित होता है कि जैन मतावलम्बियों एवं श्रावकों का मेवाड़ के महाराणाओं पर विशेष प्रभाव था 'मीरां मन्दिर' की बाहरी दीवारों पर जहाँ अनेक जैन तीर्थंकरों एवं नाथ जोगियों की मूर्तियाँ मिलती हैं वहीं 'मन्दिर मंडप' एवं मन्दिर की भीतरी दीवारों पर वैष्णव मूर्तियों का प्रभाव अधिक दृष्टिगत होता है। शिव, पार्वती, लक्ष्मी, विष्णु, सूर्य आदि अनेक देवी-देवताओं की मूर्तियाँ 'मीरां मन्दिर' की बाहरी दीवारों पर पायी जाती हैं।

मीरां के अनेक आलोचकों ने मीरां को एक वैष्णव भक्त-कवयित्री घोषित किया है परन्तु तत्कालीन चित्तौड़ दुर्ग के समाज एवं मीरां मन्दिर का अध्ययन करें तो मीरां की कविताओं पर पाये जाने वाले नाथ एवं शाक्त प्रभाव की व्याख्या की जा सकती है। यदि मीरां मन्दिर स्वयं मीरां द्वारा निर्मित करवाया गया है तो मन्दिर का मूर्तिशिल्प मीरां की व्यक्तिगत रुचियों का पुष्ट प्रमाण प्रस्तुत करता है। मीरां के कुछ पदों की विषयवस्तु एवं मीरां मन्दिर के मूर्ति शिल्प में साम्यता दृष्टिगत होती है। इस प्रकार, जब तक चित्तौड़ दुर्ग के आन्तरिक समाज एवं वातावरण का गम्भीरता से अध्ययन नहीं होगा तब तक मीरां-काव्य एवं मीरां की वैचारिक मान्यताओं का सही मूल्यांकन कठिन प्रतीत होता है। यह बताना रुचिकर होगा कि दुर्ग में सामन्त परिवारों के अलावा बगसरिया पठानों के कुछ परिवार भी निवास करते थे जिनका मुख्य कार्य युद्ध के समय गोला-बारूद की देखरेख एवं उनका उचित प्रयोग करना हुआ करता था। चित्तौड़ दुर्ग में 'नौगजा' पीर की मजार भी पायी जाती है। ऐसा

लगता है कि दुर्ग का आन्तरिक वातावरण शैवों, शाक्तों, जैनों तथा वैष्णवों के मध्य संवाद के अवसर प्रदान करता था। उस युग में जहाँ शैवों तथा वैष्णवों के मध्य विवाद व संघर्ष चरम पर था, वहीं चित्तौड़ दुर्ग में इन सभी सम्प्रदायों का सहअस्तित्व आश्चर्यजनक लगता है। यही वजह है कि दुर्ग के वातावरण से प्रभावित 'मीरां-काव्य' में सगुण-निर्गुण, रामभक्ति-कृष्ण भक्ति तथा ज्ञानमार्ग-प्रेममार्ग का वैसा अन्तर दिखाई नहीं देता जैसा कि उस युग के अन्य भक्त कवियों के काव्य में दिखाई देता है।

मेवाड़ के महाराणा सामान्यतः धर्म तटस्थ माने जाते हैं। ऐसे भी उदाहरण मिलते हैं जब उन्होंने मुस्लिम तथा जैन मतावलम्बियों को भूमि व जागीर प्रदान की थी। अजमेर स्थित दरगाह को मेवाड़ के महाराणाओं द्वारा भूमि व दान मिलता था।[39] मेवाड़ के महाराणा स्वयं शैव थे परन्तु वे वैष्णवों व जैन मतावलम्बियों के प्रति प्रेम एवं आदर का व्यवहार करते थे। मीरां के परददिया श्वसुर महाराणा कुंभा एकलिंग के परम भक्त माने जाते थे परन्तु उन्होंने चित्तौड़ दुर्ग में कुम्भश्यामजी के मन्दिर का निर्माण करवाया था। उनके द्वारा जैन मुनियों को भी दान प्रदान करने के प्रमाण मिलते हैं। चित्तौड़ दुर्ग में शिव के विभिन्न रूपों के ही नहीं वरन् विष्णु के भी विभिन्न रूपों के अनेक मन्दिर पाये जाते हैं। इसके अलावा दुर्ग में शक्ति के विभिन्न रूपों एवं अन्य देवी-देवताओं के अनेक मन्दिर मिलते हैं जो महाराणाओं की धर्म तटस्थ नीति के परिचायक है।

वस्तुतः धर्म के प्रति तटस्थता तत्कालीन मेवाड़ राज्य की आवश्यकता थी। मेवाड़ की जनसंख्या का स्वरूप कुछ ऐसा था कि उसमें शैव, शाक्त, जैन आदि मतावलम्बियों का प्रभावशाली अनुपात विद्यमान था। मध्यकालीन अस्थिरता के वातावरण में महाराणा को अपने प्रजाजनों से सहयोग की आवश्यकता रहती थी अतः महाराणा के लिए यह आवश्यक था कि वो प्रजाजनों का विश्वास एवं श्रद्धा अर्जित करें। इस कार्य हेतु धर्म सबसे उपयुक्त माध्यम हो सकता था। पुरातत्ववेत्ताओं को चित्तौड़ दुर्ग में एक ऐसा शिवलिंग मिला है जिस पर जैन तीर्थंकर उत्कीर्ण है। उस युग में कुछ ऐसी मूर्तियाँ भी मिलती हैं जिनके एक तरफ शिव तथा दूसरी तरफ विष्णु उत्कीर्ण है।[40] वस्तुतः इस प्रकार के कार्यों को प्रत्येक धर्मावलम्बी को प्रसन्न रखने की नीति के रूप में देखा जा सकता है। राजनीतिक गतिविधियों को नजदीक से देखने के कारण मीरां में धीरे-धीरे यह समझ पैदा हो चुकी थी कि धर्म का उपयोग राजनीतिक उद्देश्यों की पूर्ति हेतु किस प्रकार किया जा सकता है। इसी समझ के परिणामस्वरूप मीरां ने कृष्ण भक्ति का आश्रय ग्रहण किया जिसके माध्यम से वह न केवल स्वयं को सती किये जाने से बचा सकी वरन् प्रजाजनों के मध्य भक्त की छवि निर्मित करने में भी सफल रही। मीरां से पूर्व मेवाड़ के महाराणाओं से सम्बन्धित ऐसे अनेक उदाहरण मिलते हैं जब उन्होंने भक्त की छवि निर्मित करके जन सामान्य का सहयोग व समर्थन अर्जित किया था। यहाँ यह स्पष्ट

महाराणा महल एवं मीरां महल का प्रवेश-द्वार त्रिपोलिया पोल

करना उचित होगा कि मीरां यदि स्वयं को शिव अथवा किसी अन्य ईश्वर की पत्नी घोषित करती तो उसे सती होने के लिए बाध्य होना पड़ता परन्तु कृष्ण का व्यक्तित्व मीरां को पूर्व जन्म की गोपी का अवतार बनने की सुविधा प्रदान करता था।

चित्तौड़ दुर्ग में सतीप्रथा के विरुद्ध मीरां का जो संघर्ष था उसका सैनिक समाधान सम्भव नहीं था। मीरां यह अच्छी तरह जानती थी कि रूढ़िगत सामाजिक प्रथाओं एवं मान्यताओं का प्रतिकार धर्म के माध्यम से ही सम्भव है, अतः उसने सतीप्रथा का प्रतिकार करने के लिए भक्ति का माध्यम चुना।

जिस समय चित्तौड़ दुर्ग एवं सामन्ती समाज में सतीप्रथा एवं जौहरप्रथा चरम पर थी, उसी समय मेवाड़ क्षेत्र की जनजातियों भील, मीणा, गरासिया एवं सामान्यजन में डाकनप्रथा प्रचलित थी।[41] कोई स्त्री डाकन है अथवा नहीं, इसकी जाँच करने के लिए एक विशेष प्रकार की परीक्षा प्रचलित थी। इस परीक्षा के अन्तर्गत डाकन घोषित स्त्री को एक थैले में बन्द कर दिया जाता था। इसी प्रकार दूसरे थैले में $2\frac{1}{2}$ छाणें (कण्डे) बन्द किये जाते थे। फिर दोनों थैलों को गहरे कुएँ में फेंक दिया जाता था। यदि स्त्री छाणों के डूबने से पहले नहीं डूबती थी तो उसे डाकन समझ लिया जाता था। इसके विपरीत यदि फेंकी गयी स्त्री छाणों के डूबने से पहले ही डूब जाती थी तो उसे बाहर निकाल कर सात्विक घोषित किया जाता था एवं उसे राज्य की ओर से ओढ़नी पहना कर विदा किया जाता था।[42] मीरां काव्य में डाकन

प्रथा से सम्बन्धित कोई-सा भी पद दृष्टिगत नहीं होता। सम्भव है परवर्ती समय में काव्य ग्रन्थों से मीरां के ऐसे पदों को हटा दिया गया हो। प्रसंगवश यहाँ यह बताना उचित होगा कि भील लोकगीतों में मीरां के जो गीत मिलते हैं वे काव्य ग्रन्थों में लिपिबद्ध मीरां के पदों से अधिक प्रामाणिक एवं प्रगतिशील प्रतीत होते हैं। डाकन प्रथा से सम्बन्धित यह उल्लेख करना उपयुक्त होगा कि डाकन केवल स्त्रियाँ ही हो सकती थीं। किसी पुरुष के डाकन होने का उल्लेख इतिहास ग्रन्थों में नहीं पाया जाता। प्रायः वे स्त्रियाँ जो बूढ़ी, निर्बल एवं कुरूप हो जाती थीं उन्हें डाकन घोषित कर दिया जाता था।[43]

सतीप्रथा एवं डाकन प्रथा के मूल में गहरे सामाजिक-आर्थिक कारण विद्यमान थे। विधवा स्त्रियाँ, विशेषतः वे विधवाएँ जिनके कोई पुत्र नहीं होता था, भारस्वरूप समझी जाती थीं। सती करके राजकुल के लोग न केवल सती होने वाली स्त्री की आर्थिक चिन्ता से मुक्त हो जाते थे वरन् उसकी मृत्यु पश्चात् वे सती हो चुकी स्त्री की सम्पत्ति, आवास व भूमि पर भी अधिकार कर लेते थे। मीरां के सती होने की स्थिति में मेवाड़ राजमहल में कुँवरपदा के महल खाली हो जाते एवं वह जागीर भूमि जिसके राजस्व का उपयोग मीरां कर रही थी पुनः मेवाड़ राज्य में मिला ली जाती।

यह भी देखा गया था कि राजकुल की स्त्रियाँ राजनीतिक षड्यन्त्रों में महत्त्वपूर्ण भूमिका अदा करती थीं, अतः ऐसी स्त्रियों को सती करके उनके सम्भावित षड्यन्त्र की आशंका से मुक्ति प्राप्त की जा सकती थी। मीरां को सती किये जाने के पश्चात् चित्तौड़ दुर्ग में मेड़तियों के राजनीतिक षड्यन्त्र की सम्भावना न्यूनतम रह जाती। यह भी विश्वास किया जाता था कि सती होने वाली स्त्री एवं उसके पति दोनों का उद्धार हो जाता है अतः मृत व्यक्ति के उद्धार के लिए भी उसकी स्त्री पर सती होने के लिए दबाव डाला जाता था। पासवानियों एवं पड़दायतों के सती होने के सम्बन्ध में ऐसा पाया गया है कि आश्रयदाता की मृत्यु के पश्चात् उनका भरण-पोषण सन्दिग्ध रहता था, अतः आश्रय की अनिश्चितता के कारण वे सती होना ही श्रेयस्कर मानती थीं। ऐसे भी विवरण मिलते हैं कि कुछ स्त्रियों ने सामाजिक प्रताड़नाओं से तंग आकर पति की मृत्यु के कई वर्षों पश्चात् आत्मदाह किया एवं सती हुईं।[44]

सतीप्रथा का सम्बन्ध जहाँ सामन्त परिवारों एवं उच्चवर्ण की स्त्रियों से था, वहीं डाकन प्रथा का सम्बन्ध मेवाड़ की जनजातियों एवं जनसामान्य से था। सतीप्रथा एवं डाकन प्रथा के मूल में सामाजिक-आर्थिक कारण लगभग समान थे। ऐसा पाया गया है कि ज्यादातर वे स्त्रियाँ डाकन घोषित की गयी थीं जिनके पति मर चुके थे एवं जिनके कोई पुत्र नहीं था, अथवा पुत्र होने के पश्चात् मृत्यु को प्राप्त हो चुका था। ऐसी स्त्रियों का भरण-पोषण सन्दिग्ध रहता था अतः कई बार मजबूरी के कारण वे स्वयं को डाकन घोषित कर देती थीं एवं लोगों को प्रेत शक्तियों का भय

दिखाकर उनसे धन वसूलती थी। प्रायः उन बूढ़ी स्त्रियों को डाकन घोषित कर दिया जाता था जो वृद्धावस्था के कारण दुर्बल हो चुकी होती थीं एवं जो खेती व अन्य उत्पादन के कार्यों में परिवार के लोगों की सहायता करने में असमर्थ होती थीं। ऐसी स्त्रियों को डाकन घोषित करके मार दिया जाता था ताकि सम्बन्धित परिवार से एक 'अनावश्यक' आर्थिक बोझ कम हो जाये। प्रसंगवश यहाँ परिता मुक्ता का उल्लेख करना उचित होगा जिन्होंने मीरां की मृत्यु के सन्दर्भ में शोध निष्कर्ष में लिखा है कि मीरां अपने जीवन के अन्तिम समय में गुज़रात की उन जनजातियों में विलीन हो गयी थी जो सामन्त समाज की तुलना में अपेक्षाकृत अधिक प्रगतिशील थी।[46] उपरोक्त विवरण से यह स्पष्ट हो जाना चाहिए कि मीरां के समय का प्रत्येक समाज स्त्रियों के प्रश्न पर अत्यन्त क्रूर था अतः स्त्री कहीं भी सुरक्षित न थी, विशेषतः तब जब कि वह अकेली हो। द्वारिका में मीरां अकेली न थी, उसके साथ उसके प्रशंसकों व अनुचरों का एक पूरा समूह था जिनका विलीनीकरण आसान नहीं था।

सतीप्रथा एवं डाकन प्रथा की चर्चा के पश्चात् मीरां के समय के सामन्ती समाज की एक और अमानवीय प्रथा का उल्लेख करना उपयुक्त होगा जिनका सम्बन्ध राजमहल की सबसे कमजोर एवं अधिकारविहीन स्त्रियों से है। ये स्त्रियाँ डावडियाँ कहलाती थीं।[47] मेवाड़ व मारवाड़ के सामन्त परिवार की राजकुमारियों का विवाह जब किसी अन्य सामन्त से होता था तब दहेज में अनेक हाथी-घोड़ों, जागीर के पट्टों एवं वस्त्राभूषणों के साथ-साथ अनेक दासियाँ भी उपहार स्वरूप प्रदान की जाती थीं जो डावडियाँ कहलाती थीं। डावडियाँ राजमहल से सम्बन्धित समस्त दैनिक कार्यों का सम्पादन किया करती थीं एवं कभी-कभी अपने सामन्त स्वामी की कामलिप्सा का शिकार भी बनती थीं। इन डावडियों से जो सन्तान होती थी वो राजकुल के व्यक्तियों के समस्त अधिकारों से वंचित होती थी एवं उनका जीवन साधारण परिस्थितियों में ही बीतता था। इन डावडियों का विवाह किसी डावडे से करा दिया जाता था ताकि सामन्त स्वामी से उत्पन्न सन्तान को वह डावडा अपना नाम दे सके। जब तक सामन्त किसी डावडी को मुक्त नहीं कर देता था तक कोई डावडी अपने डावडे पति से दैहिक सम्बन्ध स्थापित नहीं कर सकती थी। कुछ डावडियों को उनका सामन्त स्वामी पासवान की पदवी दे देता था, ऐसी स्थिति में उससे उत्पन्न सन्तान, सामन्त की सन्तान ही कहलाती थी।[48] राजमहल में सामन्त के पासवान पुत्र की स्थिति कुँवर की स्थिति से निम्न होती थी।

मेवाड़, मारवाड़ एवं गुजरात में मीरां भक्तिन के रूप में प्रसिद्ध है परन्तु मारवाड़ व मेवाड़ में भक्तिन जिसे 'भगतण' कहा जाता था को जनसामान्य एवं सामन्ती समाज किस रूप में लेता था उस पर विचार कर लेना चाहिए। जिस प्रकार राजमहल में महाराणा एवं कुँवरों की कामलिप्सा की पूर्ति हेतु उनकी रानियों अथवा कुँवरानियों के अलावा अनेक पासवानियाँ, पड़दायतें, गायणियाँ, खवासणें, बड़ारणियाँ एवं डावडियाँ

होती थी। ठीक उसी प्रकार कुछ प्रभावशाली मन्दिरों एवं मठों में भगतणें होती थीं। ये भगतणें मन्दिरों में नृत्य एवं गायन का कार्य करती थीं। इन भगतणों को राज्य की ओर से मासिक अथवा दैनिक वृत्ति प्रदान की जाती थी। बख्शीखाना एवं देवस्थान अभिलेखों से ज्ञात होता है कि दी जानी वाली वृत्ति का आधार आयु, अनुभव एवं स्वामी की कृपा होती थी। भगतणों का मेवाड़ व मारवाड़ के मन्दिरों में ठीक वही कार्य हुआ करता था जो दक्षिण भारतीय मन्दिरों में देवदासियों का होता था। प्रायः भगतणें मठाधीशों की कामलिप्सा का शिकार बनती थीं।[49] इस प्रकार मीरां के पूरे युग पर ही दृष्टिपात करें तो स्त्रियों की दशा बेहद दयनीय दिखाई देती है। ऐसी स्थिति में मीरां जैसी किसी विद्रोहिणी स्त्री का जिसने प्रचलित सामाजिक कुरीतियों को अस्वीकार कर स्वतन्त्र आचरण किया, का आर्विभाव स्वाभाविक लगता है।

सन्दर्भ

1. नागरीदास, नागर समुच्चय, पृ. 193
2. हरिनारायण पुरोहित, मीरां बृहत्पदावली, पृ. 316
3. वही, पृ. 28
4. गोपीनाथ शर्मा, ऐतिहासिक निबन्ध राजस्थान, पृ. 48
5. डॉ. माँगीलाल व्यास, राजस्थान के अभिलेख, पृ. छ
6. बड़वा देवीदान कृत ख्यात, डॉ. देवीलाल पालीवाल (सं.) पृ. 09
7. वही, पृ. 10
8. वही, पृ. 13
9. वही, पृ. 15
10. यह ग्रन्थ वर्तमान में प्रताप शोध प्रतिष्ठान, उदयपुर से प्रकाशित है। इसकी हस्तलिखित पांडुलिपि राजस्थान प्राच्य विद्या प्रतिष्ठान, उदयपुर में है।
11. राजस्थान प्राच्य विद्या प्रतिष्ठान, उदयपुर, ग्रन्थांक-2685
12. वही, ग्रन्थांक-2637
13. ख्यात आलणियावास, अभिलेखागार बीकानेर, ग्रन्थांक-(45/17)9
14. नैणसी री ख्यात, बदरीप्रसाद साकरिया (सं.), पृ. 14, 20
15. वाँकीदास री ख्यात, नरोत्तम स्वामी (सं.), पृ. 91
16. गौरीशंकर हीराचन्द ओझा, उदयपुर राज्य का इतिहास (भाग-1), पृ. 422
17. प्रस्तुत जानकारी वर्तमान चित्तौड़ दुर्ग में बिकने वाली पुस्तिकाओं से संगृहीत है।
18. वर्तमान चित्तौड़ दुर्ग के निवासियों से प्राप्त जानकारी।
19. बड़वा देवीदान कृत ख्यात, डॉ. देवीलाल पालीवाल, पृ. 10
20. राजस्थान प्राच्य विद्या प्रतिष्ठान, उदयपुर, ग्रन्थांक-2685
21. कर्नल टॉड, एनल्स एण्ड एण्टिक्विटिज ऑफ राजस्थान (भाग-2), पृ. 44
22. राजस्थान प्राच्य विद्या प्रतिष्ठान, उदयपुर ग्रन्थांक-2637
23. डॉ. गोपाल व्यास, मेवाड़ का सामाजिक एवं आर्थिक जीवन, पृ. 177

24. धर्मपाल शर्मा, मेवाड़ संस्कृति एवं परम्परा, पृ.-195
25. रामवल्लभ सोमानी, भक्त मीरांबाई, पृ. 20
26. हरिनारायण पुरोहित, मीरां बृहत्पदावली (भाग-1), पृ. 05
27. गोपाल सिंह, जयमल वंश प्रकाश, पृ. vi
28. डॉ. सी. एल. प्रभात, मीरां : जीवन और काव्य, पृ. 88
29. वही, पृ. 89
30. वृन्दावन में सामन्तवादी आस्थाओं की तुलना में ब्राह्मणवादी आस्थाओं का जोर था।
31. श्यामलदास, वीर विनोद, पृ. 02
32. आठ के परदे में एक साथ आठ एवं चार के परदे में एक साथ चारस्त्रियाँ ही घर से बाहर निकल सकती हैं, एक अकेली स्त्री नहीं।
33. गोपीनाथ शर्मा, ऐतिहासिक निबन्ध राजस्थान, पृ. 43
34. हुकमसिंह भाटी, राजस्थान के मेड़तिया राठौड़, पृ. 177
35. मारवाड़ में यह पद प्रायः मेवाड़ की किसी रानी को दिया जाता था।
36. चन्देरी दुर्ग का सती स्तम्भ इस तरह की सूचना देता है, जिस पर स्वर्गारोहण करते हुए योद्धा एवं सती स्त्रियाँ अंकित हैं।
37. चौरासी वैष्णवन की वार्ता (वेंकटेश्वर प्रेस), पृ. 163, 207, 342
38. रामवल्लभ सोमानी, भक्त मीरांबाई, पृ. 20
39. गोपीनाथ शर्मा, सोशल लाइफ इन मेडिवल राजस्थान, पृ. 221
40. ऐसी एक मूर्ति राजकीय संग्रहालय बीकानेर में उपलब्ध है।
41. डॉ. गोपाल व्यास, मेवाड़ का सामाजिक एवं आर्थिक जीवन, पृ. 178
42. श्यामलदास कलेक्शन, डाकन प्रथा सम्बन्धी पत्र, क्रमांक-1873-1896
43. श्यामलदास, वीर विनोद, पृ. 2039
44. डॉ. गोपाल व्यास, मेवाड़ का सामाजिक एवं आर्थिक जीवन, पृ. 173
45. वही, पृ. 180
46. परिता मुक्ता, अपहोल्डिंग द कॉमन लाइफ पृ. 226
47. डॉ. गोपाल व्यास, मेवाड़ का सामाजिक एवं आर्थिक जीवन, पृ. 185
48. वही, पृ. 186
49. वही, पृ.188

मीरां का राजनीतिक परिवेश

मीरां को मेवाड़ की कुलवधू बनाना महाराणा सांगा की राजनीतिक जरूरत थी। सांगा यह जानता था कि राठौड़ों की सहायता के बिना उसकी राजनीतिक महत्त्वाकांक्षाओं की पूर्ति नहीं हो सकती है। राठौड़ों का समर्थन सांगा के लिए महत्त्वपूर्ण था, किन्तु राठौड़ राव रणमल की हत्या के बाद से ही मेवाड़ राजकुल से नाराज थे। सांगा के पिता महाराणा रायमल ने राठौड़ों से सम्बन्ध सुधारने के क्रम में छह राठौड़ राजकुमारियों से विवाह किया था;[1] परन्तु रायमल के ये प्रयास अपर्याप्त थे। सांगा ने राठौड़ों के प्रति एक नयी नीति का अनुसरण किया था। सांगा की यह नीति भेद-विभेद एवं मित्रता की नीति कही जा सकती है। जिसके अनुसार उसने मेड़तिया राठौड़ों को जोधपुर से स्वतन्त्र राज्य की स्थापना के लिए प्रेरित किया एवं जोधपुर तथा मेड़ता दोनों राज्यों से स्वतन्त्र तथा अलग-अलग सम्बन्धों की स्थापना पर ध्यान दिया। सांगा ने मेड़ता को जोधपुर से स्वतन्त्र माना एवं मेड़ता को अपने पड़ोसी राज्यों से सुरक्षा प्रदान की। मीरां का कुँवर भोजराज से विवाह इसी रणनीति का परिणाम था। यही वजह थी कि सांगा जैसे मेवाड़ के शक्तिशाली महाराणा ने अपने ज्येष्ठ कुँवर भोजराज का विवाह रत्नसिंह जैसे मारवाड़ के एक छोटे से सामन्त की बेटी मीरां से किया था। महाराणा सांगा तथा मीरां के पिता रत्नसिंह की राजनीतिक हैसियत के विशाल अन्तर का अनुमान केवल इसी बात से लगाया जा सकता है कि महाराणा सांगा का प्रथम श्रेणी का सामन्त ही सैकड़ों गाँवों के राजस्व का उपभोग करता था वहीं मीरां का पिता रत्नसिंह केवल 12 गाँव की जागीर का जागीरदार था। सांगा यह जानता था कि राठौड़ों की सम्मिलित शक्ति का मुकाबला मेवाड़ के लिए सम्भव नहीं है अतः उसने राठौड़ों में परस्पर मतभेद को बढ़ावा दिया। मेड़तिया राठौड़ों के लिए भी जोधपुर के महाराजा का नेतृत्व स्वीकार करने की तुलना में मेवाड़ के महाराणा की अधीनता अधिक लाभदायक थी क्योंकि इस स्थिति में मेड़तिया राठौड़ जोधपुर के जोधा राठौड़ों से समानता का दावा कर सकते थे एवं साथ ही मेवाड़ राज्य की ओर से उन्हें विस्तृत जागीरें मिलने की उम्मीद भी रहती थी। महाराणा सांगा ने इस प्रकार बड़ी चतुराई से राठौड़ों की एकता में एक ऐसी दरार पैदा कर दी थी जिसे कभी भी भरा नहीं जा सका।

मीरां का कुँवर भोजराज से विवाह इस बात की गारंटी थी कि मेड़तिया कभी भी मेवाड़ के विरुद्ध किसी अन्य शासक की सेवा में नहीं जाएँगे[2] इस प्रकार मीरां व कुँवर भोज के विवाह ने जहाँ एक तरफ मेवाड़ को विश्वस्त तथा कुशल मेड़तिया सैनिक प्रदान किये वहीं राठौड़ गठबन्धन के सम्भावित खतरे से भी स्वयं को सुरक्षित कर लिया था। अनुमान लगाया जा सकता है कि मीरां का कुँवर भोजराज से विवाह मेवाड़ राज्य के लिए कितना महत्त्वपूर्ण रहा होगा। यही वजह थी कि मीरां को चित्तौड़ दुर्ग एवं मेवाड़ राजकुल में एक महत्त्वपूर्ण स्थान प्राप्त था।

महाराणा सांगा ने जिस प्रकार मेड़तिया राठौड़ों से घनिष्ठ सम्बन्ध स्थापित करके मेवाड़ की उत्तरी-पश्चिमी सीमा को सुरक्षित कर लिया था ठीक उसी प्रकार मेवाड़ की दक्षिणी-पूर्वी सीमा को सुरक्षित करने के लिए सांगा ने हाड़ौती के हाड़ा चौहानों से वैवाहिक सम्बन्ध स्थापित किये थे। महाराणा सांगा के रनिवास में चौहान रानियों का वर्चस्व था। उनकी कुल संख्या सात थी जो राठौड़ रानियों की कुल संख्या चार से अधिक थी।[3] इस प्रकार गौर करने पर हमें ज्ञात होता है कि मेवाड़ के महाराणाओं के रनिवास में राठौड़ अथवा चौहान रानियों का वर्चस्व रहा करता था। सांगा के पिता महाराणा रायमल के अन्तःपुर में राठौड़ रानियों की संख्या शीर्ष स्थान पर पहुँच गयी थी।[4] मेवाड़ के राजमहलों में रानियों एवं कुँवरानियों के दो दल हुआ करते थे। प्रथम राठौड़ दल एवं द्वितीय चौहान दल। मीरां राठौड़ थी जब कि राजमाता करमेती चौहान थी अतः मीरां व करमेती के मध्य परस्पर विवाद एवं मतभेदों को इस सन्दर्भ में भी देखना चाहिए।

चित्तौड़ के महाराणा महलों में चौहान व राठौड़ रानियों के वर्चस्व की जानकारी प्राप्त करने तथा महाराणा सांगा के राठौड़ों व चौहानों के साथ सम्बन्धों की प्रकृति एवं इसके गर्भ में निहित रणनीति का अध्ययन करने के पश्चात् यह स्पष्ट हो जाना चाहिए कि चित्तौड़ दुर्ग की आन्तरिक राजनीति जिसका सम्बन्ध महाराणा के राजमहलों से था में केवल राठौड़ एवं चौहान रानियों का वर्चस्व रहा करता था। मेवाड़ के अन्य सामन्त चित्तौड़ के राजमहलों की बाहरी राजनीति में प्रभावी थे परन्तु राजमहल की आन्तरिक राजनीति से उनका कोई विशेष सम्बन्ध न था।

महाराणा सांगा एवं महाराणा रत्नसिंह की मृत्यु के पश्चात् मेवाड़ की राजनीति एवं इतिहास पर दृष्टिपात करें तो ऐसा लगता है कि उदयसिंह के महाराणा बनने से पूर्व तक का समस्त इतिहास मूलतः रनिवास में घटित इतिहास ही था। महाराणा विक्रमादित्य के समय मेवाड़ के समस्त राजनीतिक निर्णय रनिवास से ही लिए गये थे[5] जहाँ राजमाता हाड़ी रानी करमेती का निवास स्थान था। ज्ञातव्य है कि महाराणा विक्रमादित्य के समय महाराणा परिवार का ऐसा एक भी पुरुष जिन्दा नहीं रह गया था जो मेवाड़ राज्य के शासन का सुचारु रूप से संचालन कर सकता था। पुरुषों में सबसे वरिष्ठ स्वयं महाराणा विक्रमादित्य था जिसने किशोरावस्था भी पार नहीं

की थी।[6] ऐसी स्थिति में मेवाड़ की समस्त राजसत्ता रनिवास में रहने वाली रानियों एवं कुँवरानियों में निहित हो गयी थी। जैसा कि उल्लेख किया जा चुका है कि इस समय रनिवास में चौहान रानियों का वर्चस्व था अतः मेवाड़ से सम्बन्धित समस्त राजनीतिक निर्णय हाड़ी रानी करमेती द्वारा लिए जाने लगे थे जो कि महाराणा की माता होने के कारण पद क्रम के अनुसार राजमहल की स्त्रियों में सबसे वरिष्ठ थी। राजमाता के पश्चात् राजमहल की स्त्रियों में मीरां दूसरे स्थान पर थी जो कि मेवाड़ की कुँवरानी थी। ध्यान रहे कि इस समय राजमहल की स्त्रियों के चौहान दल का नेतृत्व राजमाता करमेती कर रही थी वहीं स्त्रियों के राठौड़ दल का नेतृत्व मीरां के हाथों में था। यह वह समय था जब मीरां व हाड़ी रानी करमेती के नेतृत्व में मेवाड़ की राजसत्ता का ध्रुवीकरण दो ध्रुवों में हो रहा था।

कुँवरानी मीरां व राजमाता करमेती के निकट मेवाड़ की राजनीतिक शक्तियों के ध्रुवीकरण को समझने हेतु मीरां के समय में घटित मेवाड़ की राजनीतिक घटनाओं का विश्लेषण करना होगा। यह एक ऐतिहासिक तथ्य है कि मीरां के समय महाराणा सांगा के नेतृत्व में मेवाड़ की राजनीतिक शक्ति अपने चर्मोत्कर्ष पर थी। मेवाड़ उत्तरी भारत का सबसे शक्तिशाली राज्य था जिसकी अधीनता एवं वर्चस्व राजपूताने के राजपूत ही नहीं वरन् पड़ोस के गुजरात एवं मालवा क्षेत्र की मुस्लिम सत्ताएँ भी स्वीकार करती थीं। महाराणा सांगा दिल्ली के तख्त पर अधिकार करने का स्वप्न देख ही रहा था कि इसी समय भारत में बाबर प्रवेश करता है। खानवाँ के युद्ध में महाराणा सांगा बाबर के हाथों पराजित हुआ एवं अपने ही सामन्त कर्मचन्द पंवार द्वारा उसे विष दिये जाने के कारण सांगा की चित्तौड़गढ़ लौटने से पूर्व ही मृत्यु हो गयी थी।[7] खानवा के युद्ध में मेवाड़ की पराजय एवं महाराणा सांगा की मृत्यु ने मेवाड़ की प्रतिष्ठा को आघात पहुँचाने के साथ ही मेवाड़ राज्य में राजनीतिक शून्य उत्पन्न कर दिया था जिसे महाराणा रत्नसिंह ने भरने का प्रयास किया था किन्तु कुछ वर्षों पश्चात् उसकी भी मृत्यु हो गयी।[8] रत्नसिंह की मृत्यु के साथ ही मेवाड़ में योग्य उत्तराधिकारी का संकट पैदा हो गया था। ऐसी स्थिति में रणथम्भौर दुर्ग से हाड़ी रानी करमेती एवं उसके पुत्रों को चित्तौड़गढ़ बुलाया गया एवं उसके पुत्रों में सबसे ज्येष्ठ विक्रमादित्य को मेवाड़ का महाराणा घोषित किया गया।[9] महाराणा सांगा के सात पुत्रों भोजराज, करणसिंह, रतनसिंह, पर्वतसिंह, कसनदास, विक्रमादित्य एवं उदेसिंह में से इस समय तक केवल उदेसिंह एवं विक्रमादित्य ही जीवित थे।[10] महाराणा सांगा जब बाबर से युद्ध करने के लिए खानवा रवाना हो रहा था तब हाड़ी रानी करमेती को उदयसिंह का तीन माह का गर्भ था।[11] अनुमान लगाया जा सकता है कि जब विक्रमादित्य मेवाड़ का महाराणा बना होगा तब तक उदयसिंह सम्भवतः बोलना भी नहीं सीखा होगा। मेवाड़ की समस्त राजनीतिक शक्तियाँ सर्वथा अयोग्य विक्रमादित्य जैसे उद्दण्ड एवं अल्पवयस्क बालक महाराणा

चित्तौड़ दुर्ग स्थित सती कुंड

के हाथों में आ गयी थी। इस समय मेवाड़ से सम्बन्धित समस्त राजनीतिक निर्णय राजमाता करमेती द्वारा रनिवास से होने लगे। महाराणा मोकल एवं महाराणा कुम्भा के आरम्भिक शासनकाल में भी मेवाड़ का रनिवास राजनीतिक तौर पर शक्तिशाली था। महाराणा मोकल के समय राजमाता हंसाबाई[12] तथा महाराणा कुम्भा के आरम्भिक वर्षों में राजमाता सौभाग्यदेवी[13] ने मेवाड़ राज्य की आन्तरिक राजनीति में महत्त्वपूर्ण भूमिका निभाई थी। महाराणा विक्रमादित्य की अल्पवयस्कता के कारण मेवाड़ के राजकार्य का समस्त भार करमेती हाड़ा के कन्धों पर था। इस समय मेवाड़ राज्य का विस्तार इतना सीमित नहीं था जितना कि राजमाता हंसाबाई अथवा राजमाता सौभाग्यदेवी के समय हुआ करता था। अतः मेवाड़ जैसे विस्तृत राज्य का शासन संचालन राजमाता करमेती के लिए आसान नहीं था। उसका भाई सूरजमल हाड़ा महाराणा का संरक्षक बनकर राजकार्य का सफलतापूर्वक संचालन कर सकता था परन्तु वह पहले ही मारा जा चुका था। राजमाता चाहे कितनी ही प्रभावशाली क्यों न रही हो किन्तु स्त्री होने के कारण उसकी अनेक सीमाएँ थीं। वह पुरुषों की भाँति स्वतन्त्रतापूर्वक शासन का संचालन नहीं कर सकती थी ऐसी स्थिति में मेवाड़ के अधिकांश सामन्त स्वछन्द आचरण करने लगे थे एवं राजमाता लगातार कमजोर होती जा रही थी।

इस समय मेवाड़ राज्य तथा चित्तौड़ दुर्ग की परिस्थिति का अवलोकन करें तो यह स्पष्ट हो जाता है कि महाराणा परिवार में ऐसा एक भी व्यक्ति शेष नहीं रह

गया था जिसकी प्रभुसत्ता मेवाड़ राज्य के प्रभावशाली सामन्त स्वीकार करते अतः मेवाड़ राजवंश धीरे-धीरे पतन की ओर अग्रसर होने लगा था जिसका कोई भी धणीधोरी शेष नहीं था। मेवाड़ राज्य की आर्थिक स्थिति लगातार कमजोर होती जा रही थी परिणामस्वरूप राजकार्य का संचालन कठिन से कठिनतर होता जा रहा था। यहाँ यह बतना उचित होगा कि मेवाड़ के सामन्तों ने महाराणा की शक्तिहीन स्थिति देखकर मेवाड़ के राजकोष में राजस्व जमा करना बन्द कर दिया था अतः राजकुल की आर्थिक स्थिति बद से बदतर होती जा रही थी। सेना तथा सैनिक साजो-सामान पर खर्च तो दूर की बात, स्थिति यह थी कि राजकुल के खर्चों के लिए भी मेवाड़ राजकोष में पर्याप्त धन नहीं था।[14] ऐसी स्थिति में मेवाड़ राज्य का प्रत्येक शुभचिन्तक यह चाहता था कि मेवाड़ की राजसत्ता किसी योग्य व्यक्ति के हाथों में रहे ताकि मेवाड़ के पुराने वैभव को स्थापित किया जा सके। निःसन्देह मीरां भी इसका अपवाद न थी। वह भी मेवाड़ में राजनीतिक परिवर्तन की इच्छुक थी। प्रसंगवश यहाँ यह बताना आवश्यक है कि खराब आर्थिक स्थिति के कारण महाराणा विक्रमादित्य के समय मेवाड़ की जनता पर करों का असह्य बोझ लाद दिया गया था परिणामस्वरूप लोग आर्थिक तंगहाली की ओर अग्रसर होने लगे थे एवं महाराणा विक्रमादित्य प्रजाजनों के मध्य तेजी से अलोकप्रिय होता जा रहा था।

खानवा के युद्ध में मेवाड़ के अनेक महत्त्वपूर्ण एवं प्रभावशाली सामन्त व शुभचिन्तक मारे गये थे। विवरण मिलता है कि माणकचन्द व चन्द्रभाण चहुवान, हसनखाँ मेवाती, महमूद खाँ लोदी, रावल उदयसिंह, राव रत्नसिंह चुण्डावत, कांदलोत, झाला अज्जा सजावत, सोनगरा रामदास, गोकुलदास प्रमार, रायमल्ल राठौड़, खेतसी व रत्नसिंह इस युद्ध में मारे गये थे।[15] बांकीदास की ख्यात से पता चलता है कि सलूम्बर का सामन्त रतनसी, सादड़ी का सामन्त भजोजी, डूँगरपुर का रावल उदयरण तथा मेड़ता के रतनसिंह एवं रायमल इस युद्ध में मारे गये थे।[16] माणकचन्द व चन्द्रभाण चहुवान पूर्बिया चौहान थे तथा मेवाड़ के प्रथम श्रेणी के सामन्त थे जिनके अधिकार में बेदला व कोठारिया जैसी मेवाड़ की महत्त्वपूर्ण जागीरें थीं। हसन खाँ मेवाती एवं महमूद खाँ लोदी बाबर के विरुद्ध महाराणा सांगा की युद्ध में सहायता करने के लिए आये थे। रावल उदयसिंह वागड़ का शासक था। राव रत्नसिंह चुण्डावत कांदलोत चुण्डा का वंशज था तथा इसकी गिनती मेवाड़ के सबसे शक्तिशाली सामन्तों में होती थी। इसके अधिकार में सलूम्बर की महत्त्वपूर्ण जागीर थी। झाला अज्जा सजावत को सादड़ी प्रदेश जागीर में मिला हुआ था। इसने महाराणा सांगा के बेहोश होने के पश्चात् उसका छत्र-चमर धारण करके युद्ध में भाग लिया था एवं खेत रहा था। सोनगरा रामदास शायद पाली प्रदेश का एवं गोकुलदास प्रमार बिजोलिया का जागीरदार था। रायमल राठौड़ जोधपुर से महाराणा की सहायतार्थ आयी सेना का मुखिया था। खेतसी कहाँ का था यह निश्चय नहीं हो सका है, सम्भवतः वह कोई

मेड़तिया सरदार होगा जब कि रत्नसिंह मीरां का पिता था जिसने मेड़ता की ओर से इस युद्ध में भाग लिया था। खानवा के युद्ध में उपर्युक्त सभी योद्धा मारे गये थे। इस प्रकार महाराणा विक्रमादित्य के शासनकाल तक ऐसा एक भी प्रभावशाली सामन्त जीवित नहीं बचा था जो विक्रमादित्य को नियंत्रित करने की हैसियत रखता हो। रत्नसिंह चुण्डावत, माणकचन्द व चन्द्रभाण चहुवान तथा झाला अज्जा सजावत जैसे सामन्तों में विक्रमादित्य को पाबन्द करने की क्षमता थी परन्तु वे खानवा के युद्ध में मारे जा चुके थे। करमचन्द पंवार तथा रावत खान मेवाड़ के प्रभावशाली सामन्तों में थे परन्तु महाराणा के व्यवहार से आहत होकर वे अपने-अपने ठिकानों में चले गये थे।[17] यही स्थिति मेवाड़ के अन्य सामन्तों की थी। मेवाड़ के सामन्त किसी उपयुक्त विकल्प की तलाश में थे परन्तु दुर्भाग्य से उस समय महाराणा के परिवार का एक भी ऐसा व्यक्ति जीवित नहीं था जिसे विक्रमादित्य के स्थान पर मेवाड़ की राजगद्दी पर बिठाया जा सकता था। महाराणा के परिवार में इस समय केवल स्त्रियाँ ही जीवित बची थीं। अतः अयोग्य विक्रमादित्य से निराश होकर मेवाड़ के सामन्त राजमाता एवं कुँवरानी से आदेश एवं प्रभुसत्ता की उम्मीद रखने लगे थे। इस प्रकार मेवाड़ की प्रभुसत्ता रनिवास में निहित होकर शासन की शक्तियाँ राजमाता करमेती एवं कुँवरानी मीरां के निकट ध्रुवीकृत होने लगी थीं।

विदित है कि मेवाड़ राजकुल की स्त्रियाँ दो दलों में विभक्त थीं। राठौड़ दल एवं चौहान दल। मीरां राठौड़ दल से सम्बन्धित थी। अतः राठौड़ों विशेषतः मेड़तियों का समर्थन उसे प्राप्त था। मीरां की माता का सम्बन्ध मेवाड़ के झाला सामन्तों से था[18] अतः झालाओं का समर्थन भी मीरां को प्राप्त था। झाला मेवाड़ के प्रथम श्रेणी के सामन्तों में से थे एवं मेवाड़ की राजनीति में प्रभावशाली स्थान रखते थे। इसके साथ ही मीरां ने स्वयं को कृष्णभक्त घोषित किया था एवं आम जनता में उसकी छवि एक कृष्णभक्त के रूप में थी अतः मेवाड़ की प्रजा उसे पसन्द करती थी। किंवदन्तियों का आश्रय ग्रहण करें तो संकट के समय मीरां ने वस्त्राभूषण बाँट कर प्रजाजनों की सहायता का प्रयास किया था। मीरां की यह लोकप्रियता महाराणा व राजमाता को पसन्द नहीं रही होगी एवं मीरां के इन कार्यों को उन्होंने मेवाड़ के महाराणा के विरुद्ध माना होगा क्योंकि मीरां के इन लोकप्रिय कार्यकलापों से महाराणा विक्रमादित्य की अलोकप्रियता में तेजी से वृद्धि हो रही थी। मीरां मेवाड़ की कुँवरानी थी तथा विभिन्न सामन्त घरानों का समर्थन भी उसे प्राप्त था। आम जनता में भी मीरां की लोकप्रियता आशातीत थी अतः रनिवास में मीरां की उपस्थिति राजमाता हाड़ी करमेती के समक्ष एक समानान्तर सत्ता केन्द्र का आभास देती थी।

मेड़तिया, झाला, चुण्डावत व मेवाड़ के अन्य सामन्त जो राठौड़ों से सहानुभूति रखते थे, धीरे-धीरे महाराणा एवं हाड़ाओं के प्रभाव से मुक्त होने लगे थे तथा राजनीतिक शक्ति महाराणा विक्रमादित्य एवं राजमाता करमेती के हाथों से खिसक

कर मेवाड़ की कुंवरानी मीरां की ओर प्रवाहित होने लगी थी। भक्त के रूप में मीरां की छवि एवं उसकी लोकप्रियता मेवाड़ में मीरां की राजनीतिक स्थिति को अधिक से अधिक सशक्त बना रही थी। प्रसंगवश उल्लेखनीय है कि मेवाड़ के सामन्ती ढाँचे का स्वरूप कुछ इस प्रकार का था कि महाराणा के प्रथम श्रेणी सामन्तों में प्रायः अलग-अलग राजवंशों से सम्बन्धित सरदार थे। महाराणा के ये सामन्त रक्त सम्बन्ध के आधार पर नहीं वरन् वैयक्तिक एवं पारिवारिक श्रद्धा के आधार पर जुड़े हुए थे। इनमें से कोई भी सामन्त महाराणा की हत्या कर उत्तराधिकार का दावा तो दूर की बात कल्पना तक नहीं कर सकता था ऐसी स्थिति में अल्पवयस्क महाराणा तथा उसकी माता हाड़ी रानी करमेती एवं मेवाड़ राजकुल की कुँवरानी में मेवाड़ की राजशक्ति निहित करना मेवाड़ की नियति थी। अतः राजशक्ति का मीरां के निकट ध्रुवीकरण स्वाभाविक था।

मीरां की स्त्री अध्येताओं द्वारा प्रायः यह निर्णय दिया जाता है कि मीरां के अपने पति कुँवर भोजराज के साथ सम्बन्ध अच्छे नहीं थे।[19] वास्तविकता यह थी कि मेवाड़ राजकुल में मीरां की हैसियत व शक्ति मेवाड़ कुँवर भोजराज के साथ उसके सम्बन्धों पर निर्भर थी। मीरां के सम्बन्ध भोजराज के साथ सहज नहीं होते तो सम्भावना यही थी कि मीरां को मेवाड़ के महलों से नीचे उतार दिया जाता।[20] जैसा कि प्रायः अनेक रानियों व कुँवरानियों के साथ हुआ था। मीरां ने जब तक मेवाड़ राज्य का ही त्याग नहीं कर दिया था तब तक वह चित्तौड़ दुर्ग के राजमहलों में अन्त समय तक बनी रही थी। इससे अनुमान होता है कि मीरां के अपने पति कुँवर भोजराज के साथ सम्बन्ध सामान्य थे एवं कृष्ण के प्रति मीरां की भक्ति बाद की घटना थी न कि मीरां के बचपन का प्रेम था। मीरां के पति कुँवर भोजराज की मृत्यु मीरां से विवाह के थोड़े दिनों पश्चात् ही हो गयी थी अतः इतने अल्पसमय में दोनों के मध्य कटुता की सम्भावना कम ही प्रतीत होती है। मीरां के कृष्ण प्रेम का अर्थ पति भोजराज के साथ विरोध नहीं समझा जाना चाहिए। पति की मृत्यु के बाद मीरां ने कृष्ण में ही पति रूप को पाया था।

मीरां के समय राजनीतिक वातावरण का विश्लेषण करें तो निष्कर्ष यही निकलता है कि विशिष्ट पारिवारिक पृष्ठभूमि, मेवाड़, कुल की कुँवरानी व भक्त के रूप में प्रसिद्ध होने तथा तत्कालीन चित्तौड़गढ़ की परिस्थितियों के कारण मीरां मेवाड़ राजसत्ता का एक स्रोत थी। मीरां को असहाय भक्त मानना ऐतिहासिक तथ्यों की अवहेलना करना है। यह भी सत्य है कि मीरां यदि असहाय होती तो राजसत्ता के विरुद्ध वृहत् आन्दोलन कभी भी खड़ा नहीं कर पाती एवं बेहद असहाय परिस्थितियों में मेवाड़ के राजपुरुषों के हाथों मारी जाती। मीरां यदि अपने प्रतिरोध एवं संघर्ष को धार दे सकी तो इसके मूल में तत्कालीन चित्तौड़ दुर्ग की राजनीतिक परिस्थितियों एवं महाराणा महल में मीरां की विशिष्ट राजनीतिक हैसियत को ही मानना चाहिए।

सती कुंड का प्रवेश-द्वार जहाँ सती प्रशस्ति उत्कीर्ण है

मीरां का महाराणा विक्रमादित्य एवं राजमाता करमेती से विवाद देवर-भावज एवं सास-बहू के व्यक्तिगत झगड़े न होकर उस वृहत् संघर्ष का एक भाग था जो तत्कालीन चित्तौड़ दुर्ग में मेड़तिया राठौड़ों एवं हाड़ा चौहानों के मध्य व्याप्त था। मीरां के जीवन चरित्र लेखक एवं आलोचक प्रायः भक्तों एवं भक्तमालों द्वारा मीरां के सम्बन्ध में प्रदत्त विवरणों एवं प्रचलित किंवदन्तियों पर निर्भर करते हैं अतः वे उन अनेक ऐतिहासिक तथ्यों एवं विवरणों की उपेक्षा कर देते हैं जिनका सम्बन्ध तत्कालीन चित्तौड़ दुर्ग की राजनीति से है। इस प्रकार जब तक मीरां के समय में चित्तौड़ दुर्ग की राजनीतिक परिस्थितियों का उचित अध्ययन नहीं होगा तब तक महाराणा विक्रमादित्य व राजमाता करमेती के साथ मीरां के सम्बन्धों की प्रकृति को समझना कठिन होगा एवं राजमाता के विरुद्ध मीरां के संघर्ष को मीरां के व्यक्तिगत विवाद मानकर संघर्ष के महत्त्व को कम करके आँका जायेगा।

महाराणा सांगा की मृत्यु के पश्चात् रत्नसिंह मेवाड़ का महाराणा बना जो शीघ्र ही सूरजमल हाड़ा के साथ संघर्ष में मारा गया। रत्नसिंह की मृत्यु ने संकट के समय मेवाड़ से राजगद्दी के योग्य उत्तराधिकारी को छीन लिया था। रत्नसिंह के पश्चात् विक्रमादित्य जो बालक ही था मेवाड़ का महाराणा बना। सत्ता प्राप्ति के साथ ही यह सहायता उद्दण्ड हो गया उसके व्यवहार ने मेवाड़ के सामन्तों को नाराज कर दिया था एवं वे अवज्ञाकारी होने लगे थे। सामन्तों के आवश्यक समर्थन के अभाव

में मेवाड़ के महाराणा की राजनीतिक शक्ति अनेक अर्थों में सीमित हो गयी थी। ऐसी स्थिति में कोई भी महत्त्वाकांक्षी सामन्त अथवा सामन्तों का समूह महाराणा की हत्या कर मेवाड़ की राजगद्दी पर अपना प्रभुत्व कायम कर सकता था।

दुर्ग के राजमहलों में मीरां की उपस्थिति महाराणा की सुरक्षा की दृष्टि से खतरनाक थी। मीरां मेड़तिया राठौड़ों को चित्तौड़ दुर्ग में वह मंच उपलब्ध कर रही थी जिसके माध्यम से वे मेवाड़ की राजनीति में हस्तक्षेप कर सकते थे। मीरां कुँवरपदा के महलों में रहती थी जहाँ मारवाड़ के मेड़तिया सरदार उससे सम्पर्क साधते थे। मेड़तियों की राजमहलों में यह आवाजाही महाराणा की सुरक्षा के लिए खतरा थी क्योंकि किसी भी समय कोई राठौड़ सरदार सूरजगोखड़ा के मर्दाना महलों में घुसकर विक्रमादित्य जैसे राजनीतिक तौर पर कमजोर महाराणा की हत्या कर सकता था। महाराणा की सुरक्षा सम्बन्धी इसी चिन्ता ने महाराणा तथा राजमाता को मीरां के प्रति सशंकित बना दिया था एवं वे मीरां का पुरजोर विरोध करने लगे थे वे चाहते थे कि मीरां किसी भी उपाय द्वारा राजमहल खाली कर दें ताकि कुँवरपदा में राठौड़ों का अनावश्यक आवागमन बन्द हो जाये एवं इस दिशा में महाराणा की सुरक्षा चिन्ता समाप्त हो जाए। इस समय तक राठौड़ मेवाड़ की राजनीति में एक प्रबल शक्ति बन चुके थे।

महाराणा विक्रमादित्य के समय मेवाड़ में राठौड़ों के प्रभुत्व की घटना प्रथम बार घटित न थी। इससे पूर्व मीरां के परददिया श्वसुर महाराणा कुम्भा के समय मीरां के दादा के दादा राव रणमल के नेतृत्व में राठौड़ चित्तौड़ दुर्ग एवं मेवाड़ की राजनीति में एक शक्ति बनकर उभरे थे।[22] उस समय महाराणा के ताऊ चुण्डा के नेतृत्व में राव रणमल की हत्या ने मेवाड़ को राठौड़ों के हस्तक्षेप से मुक्त किया था।[23] विक्रमादित्य जैसे कमजोर महाराणा के समय मेड़तिया राठौड़ एक बार पुनः शक्ति बन कर उभरे। वे मेवाड़ में प्रभुत्व स्थापित करना चाहते थे परन्तु अनेक राजनीतिक व घरेलू कारणों से वे ऐसा नहीं कर सके। मीरां के समय चित्तौड़ दुर्ग के राजनीतिक वातावरण में मेड़तिया राठौड़ों के प्रभुत्व का उचित अनुमान लगाने हेतु तत्कालीन मेवाड़ राज्य की राजनीतिक परिस्थितियों के अध्ययन के साथ ही सिसोदियों एवं राठौड़ों के पारस्परिक सम्बन्धों के उस इतिहास को खँगालना होगा जो राठौड़ राजकुमारी हंसाबाई के मेवाड़ के महाराणा लाखा के साथ विवाह से लेकर हाड़ाओं के भांजे महाराणा विक्रमादित्य के महाराणा बनने तक घटित हुआ था।

मारवाड़ के रणमल ने अपनी बहिन हंसाबाई का विवाह मेवाड़ के महाराणा लाखा से इस आशा में किया था कि हंसाबाई का पुत्र मेवाड़ का महाराणा बनेगा,[24] यद्यपि हिन्दू ज्येष्ठाधिकार के नियम के अनुसार मेवाड़ की राजगद्दी पर पहला अधिकार कुँवर चुण्डा का बनता था। मेवाड़ कुँवर चुण्डा के स्वेच्छया गद्दी त्याग के कारण महाराणा लाखा के पश्चात् हंसाबाई का पुत्र एवं राठौड़ों का भांजा मोकल

महाराणा बना। महाराणा मोकल के राज्यकाल में चुण्डा को महाराणा एवं उसकी माता हंसाबाई द्वारा मेवाड़ से इस आंशका में निष्कासित कर दिया गया था कि वह पुनः अनुकूल अवसर पाकर मेवाड़ की गद्दी प्राप्त करने का प्रयास कर सकता है।[25] चुण्डा जैसे शक्तिशाली सामन्त के मेवाड़ से निष्कासन के साथ ही महाराणा मोकल की राजनीतिक शक्तियाँ एवं समर्थन सीमित हो गया था परिणामस्वरूप आगे जाकर वह महाराणा खेता की पासवान-खातण रानी के पुत्रों, चाचा व मेरा के हाथों मारा गया।[26]

जिस समय महाराणा मोकल की चाचा व मेरा ने हत्या की थी उस समय मीरां के दादा, दूदा का दादा राव रणमल मारवाड़ में था। अपनी बहिन के पुत्र एवं मेवाड़ के महाराणा मोकल की हत्या का समाचार सुनकर रणमल ने अपने सिर से पगड़ी उतार कर कमर में बाँधते हुए यह प्रतिज्ञा की थी कि जब तक वह अपने भांजे एवं मेवाड़ के महाराणा मोकल के हत्यारों की हत्या नहीं कर देता तब तक वह पगड़ी को सिर पर धारण नहीं करेगा।[27] अन्ततः भीलों की मदद से वह चाचा व मेरा को मारने में सफल रहा था।[28] राव रणमल के इन कार्यों ने मेवाड़ की राजनीति एवं तत्कालीन महाराणा कुम्भा जो कि मृत महाराणा मोकल का पुत्र था पर उसके प्रभाव में गुणात्मक वृद्धि कर दी थी। इस प्रकार राठौड़ चित्तौड़ दुर्ग एवं मेवाड़ के महाराणा कुम्भा, जो कि अभी अल्पवयस्क था, पर नियन्त्रण स्थापित करके मेवाड़ पर अपने प्रभुत्व की कल्पना करने लगे थे। इसी क्रम में उन्होंने चुण्डा के छोटे भाई एवं महाराणा के ताऊ राघवदेव की हत्या कर दी थी।[29] राघवदेव की हत्या के साथ ही मेवाड़ राजघराने का अन्तिम प्रभावशाली सामन्त जो उस समय तक चित्तौड़ दुर्ग में मौजूद था मारा गया एवं मेवाड़ की राजनीति व चित्तौड़ दुर्ग पर पूर्णतया राठौड़ों का प्रभुत्व स्थापित हो गया। मेवाड़ के इतिहास में यह पहला अवसर था जब राठौड़ निरंकुश होकर मेवाड़ के आन्तरिक मामलों में हस्तक्षेप करने लगे थे।

राठौड़ों को मेवाड़ की राजीनति में हस्तक्षेप का दूसरा मौका तब मिला जब महाराणा रत्नसिंह सूरजमल हाड़ा के हाथों मारा गया एवं विक्रमादित्य महाराणा बना।[30] इस समय मीरां चित्तौड़ दुर्ग में ही थी, अतः मेड़तिया राठौड़ों ने मीरां का उपयोग एक मंच के रूप में करने का निर्णय लिया। इस बार चित्तौड़ दुर्ग में मारवाड़ के राठौड़ों का नेतृत्व मेड़तिया सरदार कर रहे थे जिनका सम्बन्ध राठौड़ों की दूदावत शाखा से था।

राघवदेव की हत्या द्वारा रणमल एवं राठौड़ों ने मेवाड़ में उनके उद्देश्यों को स्पष्ट कर दिया था। ऐसी स्थिति में महाराणा कुम्भा तथा उसकी माता सौभाग्यदेवी ने महाराणा के ताऊ चुण्डा को चित्तौड़ बुलाकर उसकी सहायता प्राप्त करने का निर्णय लिया। चुण्डा उस समय मालवा के सुल्तान महमूद के पास माँडू में रह रहा था। महाराणा व राजमाता का सन्देश पाकर चुण्डा चित्तौड़ लौटा एवं कुछ दिनों पश्चात्

एक षड्यन्त्र द्वारा चुण्डा के नेतृत्व में मेवाड़ के सामन्तों ने राव रणमल की हत्या कर दी।[31] उसका पुत्र जोधा जो उस समय चित्तौड़ दुर्ग की तलहटी में अस्थायी रूप से निवास कर रहा था अपने पिता की हत्या का समाचार पाकर मारवाड़ भाग गया।[32] इस प्रकार चित्तौड़ दुर्ग एवं मेवाड़ में राठौड़ों के प्रथम वर्चस्व का पटाक्षेप हुआ।

राव रणमल की हत्या से मेवाड़ तथा मारवाड़ राज्यों के मध्य शत्रुता का जो सूत्रपात हुआ था वह शत्रुता महाराणा कुम्भा के पश्चात् महाराणा रायमल के समय तक जारी थी। इस शत्रुता का अन्त महाराणा सांगा के समय तब हुआ जब मीरां का विवाह मेवाड़ के कुँवर भोजराज के साथ हुआ एवं मेड़तिया राठौड़ों ने महाराणा सांगा का नेतृत्व स्वीकार किया।

इस समय तक मेड़तिया राठौड़ ही नहीं वरन् राजपूताने के अन्य राजपूत राजवंश भी महाराणा सांगा के नेतृत्व में लामबन्द हो रहे थे।

महाराणा कुम्भा के समय मेवाड़ राजकुल के मारवाड़ के राठौड़ों के साथ जो सम्बन्ध टूट चुके थे उन सम्बन्धों को महाराणा रायमल के समय सुधारने की कोशिश की गयी थी, परन्तु इस कार्य में सफलता तब मिली जब सांगा मेवाड़ का महाराणा बना।

राव रणमल के समय चित्तौड़ दुर्ग एवं मेवाड़ राज्य में राठौड़ों का जो वर्चस्व था उसे राठौड़ पूरी तरह भूले भी नहीं थे कि महाराणा सांगा की मृत्यु एवं थोड़े समय अन्तराल के पश्चात् महाराणा रत्नसिंह की मृत्यु ने राठौड़ों को एक बार पुनः मेवाड़ की राजनीति में हस्तक्षेप का अवसर प्रदान कर दिया था। महाराणा रत्नसिंह के राठौड़ों के साथ उसके सम्बन्धों का सहज होना स्वाभाविक था। इस समय राठौड़ मेवाड़ की राजनीति में भले ही वर्चस्वशील न रहे हों किन्तु पूर्णतया उपेक्षित भी नहीं थे। रत्नसिंह की असामयिक मृत्यु से चित्तौड़ दुर्ग एवं मेवाड़ में राठौड़ों की स्थिति एवं प्रभाव में मौलिक परिवर्तन हुए; इस परिवर्तन का सबसे बुरा प्रभाव मेड़तिया राठौड़ों पर पड़ा। महाराणा सांगा के समय मेड़तिया राठौड़ अपने पड़ोसी राज्यों के विरुद्ध जो सुरक्षा महसूस करते थे महाराणा विक्रमादित्य के समय वह सुरक्षा भाव तिरोहित हो चुका था।

रत्नसिंह की मृत्यु के पश्चात् विक्रमादित्य मेवाड़ का महाराणा बना जो हाड़ा चौहानों का भांजा था। हाड़ा मेवाड़ की राजनीति में राठौड़ों के स्वाभाविक प्रतिद्वन्द्वी थे ऐसी स्थिति में मेड़तियों को महाराणा से किसी प्रकार की सहायता मिलने की उम्मीद न थी एवं न ही महाराणा विक्रमादित्य की वह हैसियत शेष रह गयी थी कि वह किसी शक्तिशाली शासक अथवा सामन्त के विरुद्ध मेड़तियों की सहायता कर पाता। यह समस्त घटनाक्रम उस समय से सम्बन्धित है जब मीरां मेवाड़ के राजमहलों में निवास कर रही थी एवं मेवाड़ कुँवर की विधवा होने के कारण मीरां चित्तौड़ दुर्ग में महत्त्वपूर्ण भूमिका का निर्वहन कर रही थी।

सतीप्रथा का साक्षी उदयपुर स्थित महासत्या

सूरजमल हाड़ा जो महाराणा विक्रमादित्य का मामा एवं एक योग्य सामन्त था महाराणा रत्नसिंह के साथ संघर्ष में पहले ही मारा जा चुका था।[33] वह महाराणा विक्रमादित्य का संरक्षक बनकर मेवाड़ राज्य के प्रशासन तथा घरेलू मामलों का योग्यतापूर्वक संचालन कर सकता था परन्तु उसकी मृत्यु के साथ ही यह सम्भावना समाप्त हो चुकी थी। इस समय मीरां का ताऊ राव वीरमदेव मेड़तिया मेवाड़ के प्रमुख शुभचिन्तकों में था परन्तु वह लाचार था एवं वह किसी भी उपाय द्वारा महाराणा विक्रमादित्य को मेवाड़ के शासन के सुचारु संचालन हेतु बाध्य नहीं कर सकता था। ज्ञातव्य है कि वीरमदेव मेड़तिया का सम्बन्ध मारवाड़ से था एवं वह मेवाड़ कुँवर की विधवा कुँवरानी मीरां का सम्बन्धी था, न कि मेवाड़ के महाराणा का सम्बन्धी। मेवाड़ में मेड़तियों का हस्तक्षेप एक सीमा तक ही सम्भव था। बड़ी सादड़ी के चुण्डावत सामन्त में अवश्य ही वह क्षमता थी कि वह महाराणा विक्रमादित्य को उसके आचरण एवं राजकार्यों के सुचारु संचालन हेतु पाबन्द करें किन्तु दुर्भाग्य से रत्नसिंह चुण्डावत जो एक योग्य सामन्त था एवं महाराणा को पाबन्द कर सकता था, खानवा के युद्ध में पहले ही मारा जा चुका था।[34] इसी प्रकार मेवाड़ के अन्य अनेक सामन्त एवं शुभचिन्तक खानवा के युद्ध में मारे

जा चुके थे। खानवा के युद्ध के पश्चात् मेवाड़ में एक भी ऐसा योग्य सामन्त शेष नहीं रह गया था जो महाराणा विक्रमादित्य के उद्दण्ड आचरण को नियंत्रित करके मेवाड़ के पतन को रोक सकता था तथा जो कुछ योग्य सामन्त शेष रह गये थे वे धीरे-धीरे महाराणा के आचरण से आहत होकर अपनी-अपनी जागीरों में लौटने लगे थे। यह एक ऐसी स्थिति थी जिसमें मेड़तिया राठौड़ राजनीतिक सम्भावनाओं को तलाश कर सकते थे। मेवाड़ एवं चित्तौड़ दुर्ग में प्रवेश हेतु उन्हें जिस राजनीतिक मंच की आवश्यकता थी वह उन्हें मीरां उपलब्ध कर रही थी। वस्तुतः इस समय मेवाड़ की समस्त राजनीतिक सत्ता महाराणा विक्रमादित्य व राजमाता करमेती तथा कुँवरानी मीरां में केन्द्रीकृत हो रही थी।

मीरां के समय चित्तौड़ दुर्ग एवं मेवाड़ राज्य में जो राजनीतिक हालात विद्यमान थे उसमें मीरां का राजमाता व महाराणा से संघर्ष अवश्यम्भावी था। इस संघर्ष को तभी टाला जा सकता था जब राठौड़ मेवाड़ की राजनीति व राजसत्ता पर अधिकार कर लेते अथवा मीरां को चित्तौड़ दुर्ग से निष्कासित करके मेड़तिया राठौड़ों के हस्तक्षेप से चित्तौड़ दुर्ग को मुक्त कर लिया जाता।

मेवाड़ की राजनीति में कभी राठौड़ तो कभी चौहान वर्चस्वशील रहे हैं जहाँ तक...मीरां के समय के चित्तौड़ दुर्ग की राजनीतिक परिस्थितियों के विस्तृत विवरण एवं विश्लेषण का प्रश्न है उद्देश्य वस्तुतः मीरां के महाराणा विक्रमादित्य तथा रा. जमाता करमेती के साथ परस्पर सम्बन्धों की उस प्रकृति को जानना है जिसका सम्बन्ध युगीन परिस्थितियों से था। विवेचन से यह भी स्पष्ट होता है कि मीरां का महाराणा विक्रमादित्य से विवाद केवल विचारों की भिन्नता के कारण न था वरन् इसके मूल में राजनीतिक कारण भी विद्यमान थे। मीरां का सामन्ती आस्थाओं एवं राजसत्ता के विरुद्ध संघर्ष इसलिए सफल रहा कि उस समय चित्तौड़ दुर्ग में मीरां को एक विशिष्ट राजनैतिक हैसियत एवं समर्थन प्राप्त था। यदि तत्कालीन चित्तौड़ दुर्ग का राजनीतिक वातावरण मीरां के अनुकूल नहीं होता तो सम्भव था महाराण ा के लोगों द्वारा मीरां की हत्या कर दी जाती एवं शेष संघर्ष के लिए वह जीवित ही न रहती। मीरां के प्रतिरोध एवं संघर्षकाल के दौरान महाराणा सांगा जीवित होता तो मीरां कभी भी अपने उद्देश्यों में सफल नहीं हो पाती। मीरां के संघर्ष एवं प्रतिरोध की सफलता महाराणा विक्रमादित्य जैसे कमजोर शासक के शासनकाल में ही सम्भव थी। इतिहास में किन्तु-परन्तु के लिए विशेष अवकाश नहीं होता तथापि यदि मीरां के समय मेड़तिया राठौड़ महाराणा विक्रमादित्य की हत्या करने में सफल रहते तो यह देखना अत्यन्त रुचिकर होता कि तब मीरां के प्रतिरोध व संघर्ष की दशा व दिशा क्या होती!

यह स्पष्ट किया जा चुका है कि चित्तौड़ दुर्ग में महाराणा व मीरां का संघर्ष व्यक्तिगत न होकर राजनीतिक था। इस सन्दर्भ में उल्लेखनीय तथ्य है कि मीरां एवं

महाराणा की आड़ में मूलतः मेड़तिया राठौड़ एवं हाड़ा चौहान ही संघर्षरत थे। मेवाड़ के इतिहास पर नजर डालें तो हम यह पाएँगे कि जहाँ तक मेवाड़ के महाराणाओं के अन्तःपुर का प्रश्न है—महाराणा रायमल के समय राठौड़ रानियों का वर्चस्व था तो महाराणा सांगा के समय चौहान रानियाँ वर्चस्वशील थीं। इस प्रकार मेड़तणी मीरां व हाड़ी रानी करमेती का आपसी विवाद भी राठौड़-चौहान संघर्ष का ही एक भाग था।

मेड़तिया राठौड़ों एवं हाड़ा चौहानों के मध्य व्याप्त संघर्ष का पटाक्षेप तब होता है जब परिस्थितिवश मीरां को चित्तौड़ दुर्ग छोड़ने के लिए बाध्य होना पड़ता है। चित्तौड़ दुर्ग से मीरां मेड़ता की ओर इस उम्मीद में प्रस्थान करती है कि वह अपने ताऊ वीरमदेव से महाराणा के विरुद्ध सहायता प्राप्त कर सकेगी किन्तु दुर्भाग्यवश इस समय स्वयं वीरमदेव ही किसी अन्य शासक अथवा सामन्त की सहायता का मुँहताज था। राव मालदेव ने मेड़ता पर आक्रमण कर एवं वीरमदेव की जागीर पर अधिकार करके उसे दर-बदर भटकने के लिए मजबूर कर दिया था।[35] इस समय यदि मेड़तियों के सम्बन्ध मेवाड़ के महाराणा से सामान्य होते तो वह मेवाड़ से सैनिक सहायता प्राप्त करने की उम्मीद रख सकता था किन्तु राव वीरमदेव द्वारा मेवाड़ से सैनिक सहायता की याचना नहीं करना भी इस बात का स्पष्ट संकेत है कि उस समय राठौड़ों के सम्बन्ध महाराणा मेवाड़ से बिगड़े हुए थे। इस समय परिस्थितियों को प्रतिकूल पाकर मीरां तीर्थ यात्रा के लिए प्रस्थान करती है। यह विडम्बना ही थी कि जो मेड़तिया राठौड़ मेवाड़ में वर्चस्व स्थापना का स्वप्न देख रहे थे, राव मालदेव के आक्रमण ने उन्हें अपनी जागीर तथा भूमि से ही बेदखल कर दिया था। भूमि विहीन मेड़तिया महाराणा के लिए किसी भी प्रकार का खतरा न थे, मीरां के तीर्थयात्रा प्रस्थान के साथ ही विवाद के वे सारे बिन्दु समाप्त हो गये थे जिनकी वजह से चित्तौड़ दुर्ग मेड़तियों व हाड़ाओं के मध्य संघर्ष का अखाड़ा बना हुआ था। मीरां ने कुँवरपदा के महलों को खाली कर दिया था एवं मेड़तिया राठौड़ों का राजमहलों में आवागमन भी समाप्त हो चुका था। इस प्रकार मेड़तिया-हाड़ा संघर्ष का पटाक्षेप होता है एवं चित्तौड़ की राजनीति में मीरां की भूमिका समाप्त होती है।

सन्दर्भ

1. बड़वा देवीदान कृत ख्यात, डॉ. देवीलाल पालीवाल (सं.), पृ. 06
2. मीरां का ताऊ वीरमदेव व उसका पुत्र जयमल अल्प समय के लिए तभी साही सेवा में प्रविष्ट हुए थे जब कि मीरां के चित्तौड़ से निष्कासन के पश्चात् उनके सम्बन्ध मेवाड़ के महाराणा से अच्छे नहीं थे।
3. बड़वा देवीदान कृत ख्यात, डॉ. देवीलाल पालीवाल (सं.), पृ. 07-08
4. वही, पृ. 06
5. श्यामलदास, वीर विनोद (भाग-2), पृ. 25-60

6. वही, पृ. 26
7. राजस्थान प्राच्य विद्या प्रतिष्ठान, उदयपुर, ग्रन्थांक-2685
8. श्यामलदास, वीर विनोद (भाग-2), पृ. 08
9. वही, पृ. 25
10. वही,पृ.-25
11. राजस्थान प्राच्य विद्या प्रतिष्ठान, उदयपुर, ग्रन्थांक-2685
12. श्यामलदास, वीर विनोद (भाग-1), पृ. 310
13. वही, पृ. 321
14. मेवाड़ क्षेत्र में प्रचलित किंवदन्तियों के आधार पर।
15. गौरीशंकर हीराचन्द ओझा, उदयपुर राज्य का इतिहास, पृ. 379
16. बकीदास री ख्यात, नरोत्तमदास स्वामी (सं.), पृ.-90
17. राजस्थान प्राच्य विद्या प्रतिष्ठान, उदयपुर, ग्रन्थाक
18. हरिनारायण पुरोहित, मीरां बृहत्पदावली, पृ. 03
19. कुमकुम संगारी, उद्धृत जेण्डर एण्ड नेशन, पृ. 24-42
20. विद्रोहिणी रानी अथवा युवरानी को चित्तौड़ दुर्ग से बाहर निकालने को महलों से नीचे उतारना कहा जाता था।
21. आगे चलकर बनवीर ने ऐसा ही किया।
22. श्यामलदास, वीर विनोद (भाग-1), पृ. 319
23. वही, पृ. 322
24. वही, पृ. 307
25. वही, पृ. 311
26. वही, पृ. 315
27. वही, पृ. 317
28. वही, पृ. 318
29. वही, पृ. 319
30. श्यामलदास, वीर विनोद (भाग-2), पृ. 25
31. श्यामलदास, वीर विनोद (भाग-1), पृ. 322
32. इस सम्बन्ध में एक दोहा प्रसिद्ध है—चूंडा अजमल आबिया, माँडू हूँ धक आग।
    जोधा रणमल मारिया, भाग सके तो भाग।।
33. श्यामलदास, वीर विनोद (भाग-2), पृ. 08
34. गौरीशंकर हीराचन्द ओझा, उदयपुर राज्य का इतिहास, पृ. 375
35. विश्वेश्वरनाथ रेनु, मारवाड़ का इतिहास, पृ. 116

मीरां एवं सांस्कृतिक सन्दर्भ

मीरां की भक्ति तथा उसका स्वरूप उस युग के अन्य वैष्णव भक्त कवियों से इस अर्थ में भिन्न था कि जहाँ अन्य वैष्णव भक्त कवियों के लिए भक्ति साध्य थी वहीं मीरां के लिए भक्ति साध्य न होकर साधन थी। मीरां कृष्ण के प्रेम में इसलिए दिवानी नहीं थी कि वह पूर्व जन्म में बरसाने की गोप बालिका थी वरन् मीरां के लिए कृष्ण भक्ति एक आवश्यकता थी। मीरां यदि स्वयं को कृष्ण की पत्नी घोषित करके सती होने से इनकार नहीं करती तो सम्भव था मीरां कृष्ण भक्त के रूप में प्रसिद्ध होने से पूर्व ही मेवाड़ के सामन्तों द्वारा जलाकर मार डाली गयी होती एवं जीवन के शेष संघर्षों व प्रतिरोध के लिए जीवित नहीं रहती। यह पूर्णतया स्पष्ट है कि मीरां का कृष्ण प्रेम, मेवाड़ कुँवर भोजराज जो कि उसका पति था, की मृत्यु के पश्चात् ही उत्पन्न हुआ था न कि मीरां में कृष्ण भक्ति का बीजांकुरण बचपन में ही हो चुका था; किन्तु मीरां के भक्ति के स्वरूप पर विस्तार से चर्चा करने से पूर्व यह उचित होगा कि हम उस युग में मारवाड़ व मेवाड़ क्षेत्र में व्याप्त भक्ति संस्कृति का अध्ययन करें।

मीरां का जन्म एवं लालन-पालन मेड़ता में हुआ था जहाँ का शासक उसका दादा राव दूदा था। राव दूदा के सम्बन्ध में यह प्रसिद्ध था कि वह चारभुजानाथ का परम भक्त था। चारभुजानाथ विष्णु का ही एक लोकरूप है, इस दृष्टि से मीरां का सम्बन्ध वैष्णव परिवार से सिद्ध होता है। मेड़ता नगर को राव जोधा के दो पुत्रों वर सिंह एवं दूदा ने आबाद किया था। इस नगर का प्राचीन नाम मेडन्तक एवं मेडतपुरा मिलता है।[1] वर सिंह एवं दूदा ने जब मेड़ता नगर की नींव रखी थी तब यहाँ वैष्णव धर्म का व्यापक प्रसार था अतः वर सिंह व दूदा ने स्वयं को वैष्णव घोषित करना ही उपयुक्त समझा ताकि उस क्षेत्र की अधिकांश धर्म परायण प्रजा का समर्थन व सहयोग प्राप्त कर सके। मेड़ता नगर में चारभुजानाथ का मन्दिर मिलता है जिसके विषय में कहा जाता है कि इसका निर्माण राव दूदा ने करवाया था। यह भी प्रसिद्ध है कि मीरां इसी चारभुजानाथ के मन्दिर में कृष्ण की आराधना किया करती थी। यह स्पष्ट करना उचित होगा कि चारभुजानाथ का चार भुजाओं वाला जो स्वरूप है, वह ठीक-ठीक कृष्ण का ही एक अन्य रूप नहीं कहा जा सकता

वरन् चाभुजानाथ का यह स्वरूप विष्णु के अधिक निकट प्रतीत होता है। यदि मीरां बचपन से ही भक्त थी एवं इसी चारभुजानाथ के मन्दिर में आराधना किया करती थी तो उसे कृष्ण का नहीं वरन् विष्णु के इस लोकरूप की उपासिका होना चाहिए था। सत्य इसके ठीक विपरीत है, मीरां ने अपने पितृकुल के संस्कारों के विपरीत स्वयं को विष्णु की उपासिका नहीं वरन् कृष्ण की पत्नी घोषित किया था जो कि अभूतपूर्व था। इससे पूर्व व बाद में मेवाड़ व मारवाड़ के राजघरानों में जिन भक्त स्त्रियों का उल्लेख मिलता है उन्होंने भक्ति का अवलम्बन तो ग्रहण किया था परन्तु स्वयं को किसी ईश्वर की पत्नी घोषित नहीं किया था। इस सम्बन्ध में यह बात ध्यान रखने योग्य है कि मीरां कृष्ण की पत्नी बनकर ही सती होने से बच सकती थी न कि विष्णु की भक्त अथवा उपासिका बनकर।

जिस प्रकार मारवाड़ के मेड़ता प्रदेश में वैष्णव धर्म का व्यापक प्रचार-प्रसार था ठीक उसी प्रकार मेवाड़ में शैव धर्म का प्रसार था। भगवान शिव के 28 अवतार माने गये हैं जिनमें लकुलीश को शिव का अन्तिम अवतार माना गया है।[2] मेवाड़ में लकुलीश मत का व्यापक प्रभाव था। कैलाशपुरी के एकलिंग मन्दिर के मठाधीश बड़े प्रसिद्ध रहे हैं। बप्पा रावल को राज्य प्राप्ति के लिए एकलिंग माहात्म्य और ख्यातों के अनुसार हारीत राशि नामक शैव साधु ने महत्त्वपूर्ण योगदान दिया था। हारित राशि का उल्लेख संवत् 1331 एवं संवत् 1335 के चित्तौड़ अभिलेख में भी पाया जाता है। कैलाशपुरी में लकुलीश का मन्दिर मिलता है जहाँ संवत् 1028 के अभिलेख में लकुलीश के अवतार लेने तथा यहाँ के आचार्यों का उल्लेख है। ये आचार्य शरीर पर भस्म लगाते थे, वृक्षों की छाल पहनते थे एवं सिर पर जटा धारण करते थे। शिव मन्दिरों में धतूरा एवं भांग पीने का प्रचलन था। संवत् 1173 के पालड़ी अभिलेख एवं संवत् 1330 के चीरवा अभिलेख से भी मेवाड़ में लकुलीश मत के प्रसार का साक्ष्य मिलता है। महाराणा कुम्भा के लेखों में एकलिंग माहात्म्य, एकलिंग पुराण और रायमल के दक्षिण द्वार की प्रशस्ति में शैव आचार्यों का कोई उल्लेख नहीं पाया जाता है, जो विचारणीय है। एकलिंग माहात्म्य में लिखा गया है कि महाराणा कुम्भा के शिवानन्द नामक शैवाचार्य के सम्बन्ध ठीक नहीं होने से आचार्य रुष्ट होकर काशी चला गया था। अभिलेखों में लकुलीश आचार्य को पाशुपताचार्य भी कहा गया है। यहाँ पाशुपत मठाधीश अधिक समय तक नहीं रह सके एवं उनकी जगह दण्डी स्वामी साधु यहाँ लाये गये। यह व्यवस्था में वृहत् स्तर पर परिवर्तन का संकेत था।[3]

मेवाड़ के माण्डलगढ़ क्षेत्र में भी अनेक शिव मन्दिर पाये जाते हैं। लाहौरी के संवत् 1211 एवं मेनाल के संवत् 1226 के अभिलेखों से क्षेत्र में शैव मत के प्रसार के साक्ष्य मिलते हैं। संवत् 1229 के थोड गाँव के शिलालेख में कापलिक साधुओं का उल्लेख मिलता है। उदयपुर के राजकीय संग्रहालय में संगृहीत लकुलीश सम्प्रदाय

कुम्भा की मालवा विजय का प्रतीक विजय स्तम्भ

के 16वीं सदी के एक शिलालेख से उस समय तक इस सम्प्रदाय के विद्यमान होने के साक्ष्य मिलते हैं, अर्थात् मीरां के समय लकुलीश मत का मेवाड़ में व्यापक प्रचार-प्रसार था। 11वीं सदी से लेकर 16वीं सदी तक मेवाड़ में शैव मत के लोकप्रिय होने के अनेक साक्ष्य मिलते हैं। बाँसवाड़ा के अर्थूणा क्षेत्र में लकुलीश की प्रतिमाएँ मिली हैं। यहाँ के मण्डलेश्वर शिवालय में जो कि संवत् 1136 में परमार राजा चामुण्डराय के द्वारा बनवाया गया था, के द्वार पर लकुलीश की प्रतिमा मिलती है।[4] आबू नगर के संवत् 1265 के अभिलेख से पता चलता है कि स्त्रियाँ भी पाशुपत सम्प्रदाय में दीक्षित हो सकती थीं। उक्त अभिलेख में 'शान्ता' नामक ब्रह्मचारिण ी का उल्लेख किया गया है। हरिभद्र सूरि के षट्दर्शन समुच्चय के अनुसार कुछ पाशुपत विवाह करते थे और कुछ अविवाहित रहते थे। गुजरात के पाशुपत विवाह करते थे। सिंत्रा प्रशस्ति में उनका विस्तार से वर्णन है। चित्तौड़ दुर्ग के सूर्य मन्दिर में स्थानक लकुलीश की प्रतिमा उत्कीर्ण है।[5] दुर्ग के ही कुम्भश्याम मन्दिर में जो स्थानक लकुलीश की प्रतिमा मिलती है उसमें जटाधारी शिव के केवल दो हाथ हैं और शिव स्थानक मुद्रा में हैं। इस प्रकार मीरां के समय के मेवाड़ एवं मारवाड़

क्षेत्र में फैले विभिन्न सम्प्रदायों एवं धार्मिक मत-मतान्तरों का अध्ययन करें तो यह बात उभर कर सामने आती है कि उस समय तक कृष्ण पूजा इन प्रदेशों में विशेष लोकप्रिय नहीं थी। इसके बावजूद मीरां ने व्यक्तिगत आवश्यकता को ध्यान में रखते हुए कृष्ण की पत्नी बनना स्वीकार किया था। चित्तौड़ दुर्ग में मीरां के समय की एक भी मूर्ति ऐसी नहीं मिलती जिसका सम्बन्ध कृष्ण अथवा उसकी लीलाओं से हो। दुर्ग स्थित कुम्भश्याम मन्दिर में विष्णु की मूर्तियाँ उत्कीर्ण हैं परन्तु उनमें से अधिकांश का सम्बन्ध पौराणिक कथाओं से है। कृष्ण अथवा कृष्णकथा से सम्बन्धित अनेक मूर्तियाँ मेवाड़ एवं मारवाड़ क्षेत्र में मिलती हैं परन्तु उनमें से अधिकांश मीरां के परवर्ती युग की हैं। पूरे चित्तौड़ दुर्ग में कृष्ण से सम्बन्धित एक भी मूर्ति अथवा अन्य कोई शिल्प रूप नहीं पाया जाता। रुचिकर तथ्य यह है कि मीरां के अनेक आलोचकों ने मीरां द्वारा पूजित कृष्ण की मूर्तियों के सम्बन्ध में तो लिखा है परन्तु उनमें से एक भी आलोचक मीरां के युग में मेवाड़ व मारवाड़ प्रदेश में प्रचलित कृष्ण भक्ति के सम्बन्ध में कुछ विशेष नहीं लिख सका है। यह प्रामाणिक तौर पर कहा जा सकता है कि मीरां द्वारा कृष्ण भक्ति का चयन गैर-परम्परागत था। यह उल्लेख करना उचित होगा कि मीरां के पितृकूल एवं पतिकुल के राजपुरुष क्रमशः वैष्णव एवं शैव थे परन्तु यह निश्चित तौर पर नहीं कहा जा सकता है कि वे शैव अथवा वैष्णव मत में भी किस विशेष शाखा के अनुयायी थे। इससे यह अनुमान होता है कि उन्होंने प्रजा की आशा-आकांक्षाओं को ध्यान में रखकर ही अपनी धार्मिक एवं साम्प्रदायिक मान्यताओं एवं विचारों का निर्माण किया था। यह भी देखा गया है कि मेड़ता में वैष्णव मत का प्रसार इसलिए अधिक था कि यह क्षेत्र प्राचीन काल से ही राजपूत शासकों की राजधानी रहा है, अतः ब्राह्मणीय सिद्धान्तों से अनुप्राणित वैष्णव धर्म अथवा मत यहाँ विशेष लोकप्रिय रहा जब कि मीरां से कई वर्षों पहले चित्तौड़ दुर्ग मौर्य शासकों के अधीन था जिनके विषय में प्रसिद्ध है कि वे बौद्ध थे। बौद्ध एवं जैन सिद्धान्तों से प्रभावित होने के कारण मेवाड़ में शैव मत का प्रसार अधिक दिखायी देता है। ध्यान देने योग्य बात यह है कि मीरां मन्दिर तथा चित्तौड़ दुर्ग के अन्य मन्दिरों की बाहरी दीवारों पर अनेक जैन तीर्थंकरों की मूर्तियाँ उत्कीर्ण हैं। अभिलेखीय साक्ष्यों से यह भी पता चलता है कि अनेक शैव साधु जैन तीर्थंकरों की भाँति नग्न रहते थे।[6]

घनोप के लेख में नग्न भट्टारक नामक साधु का उल्लेख है जिसने शिव मन्दिर की प्रतिष्ठा कराई थी। लकुलीश की प्रतिमा में दण्ड एवं लिंग चिह्न इन्हें जैन तीर्थंकरों की प्रतिमाओं से भिन्न साबित करते हैं अन्यथा इसकी शेष बनावट एक जैसी है।[7] कारवां माहात्म्य नामक ग्रन्थ में लकुलीश के लिए तीर्थंकर शब्द का प्रयोग भी मिलता है। चित्तौड़ दुर्ग में एक ऐसा लिंग भी मिला है जिसके मध्य भाग में चारों तरफ जैन तीर्थंकरों की मूर्तियाँ उत्कीर्ण है। नागदा के सास-बहू मन्दिर की आसनस्थ

शिव प्रतिमा, आहड़ के भंगोद्भव कुण्ड के पास की जटाधारी शिव प्रतिमा, अजमेर संग्रहालय की लकुलीश की प्रतिमा पर जैन तीर्थंकरों की तरह श्रीवत्स का चिह्न बना हुआ है।[8] यह निर्विवाद रूप से स्थापित होता है कि मेवाड़ तथा आस-पास के प्रदेशों में शिव मतों का व्यापक प्रचार-प्रसार था। यह उल्लेख किया जा चुका है कि स्त्रियाँ भी शैव मत में दीक्षित होती थीं। जैन तथा बौद्ध धर्म स्त्रियों को दीक्षा ग्रहण करने की अनुमति देता है। मीरां के अनेक आलोचकों ने मीरां काव्य पर नाथ प्रभाव की खोज की है। वास्तव में यह नाथ प्रभाव शैव प्रभाव ही है। मीरां की कविता में जो 'जोगिया' मिलता है वो शैव साधु ही है। स्त्रियों के प्रश्न पर शैव मत, वैष्णव मतों की तुलना में अधिक प्रगतिशील प्रतीत होता है। यह एक वजह थी कि मीरां-काव्य में इस मत से प्रमाणित पदों को स्थान मिलता है।[9] यह स्पष्ट कर देना उचित होगा कि शैव व वैष्णव मतों की मान्यताओं व विचारों में यथायोग्य भिन्नता थी; किन्तु शैव तथा वैष्णव मतों के भीतर शाखाओं एवं उपशाखाओं का विभाजन स्पष्ट नहीं था। मेड़ता के शासकों ने स्वयं को वैष्णव घोषित किया था, किन्तु वैष्णव मत में भी किसी विशिष्ट शाखा में उन्होंने स्वयं को दीक्षित नहीं किया था। ठीक इसी प्रकार मेवाड़ के शासक घोषित रूप से शैव एवं एकलिंगनाथ के उपासक थे परन्तु शैव मत की किसी विशिष्ट शाखा के प्रति उन्होंने अपनी अनन्य आस्था प्रकट नहीं की थी। ऐसा करना राजनीतिक तौर पर ठीक नहीं था क्योंकि किसी शाखा विशिष्ट में आस्था प्रकट करने का अर्थ था उस मत की अन्य शाखाओं को अनुयायियों का सहयोग व समर्थन खो देना।

चित्तौड़ दुर्ग का अवलोकन करें तो वहाँ शिव मन्दिरों के साथ-साथ विष्णु एवं शक्ति के मन्दिर भी देखने को मिलते हैं तथा दुर्ग में अनेक जैन मन्दिर भी पाये जाते हैं। इससे पता चलता है कि मेवाड़ के महाराणा धर्म तटस्थ थे एवं विभिन्न धर्म तथा सम्प्रदाय के अनुयायियों का सहयोग व समर्थन प्राप्त करने की दृष्टि से वे उनके आचार्यों के निकट सम्पर्क में रहते थे। एकलिंग नाथ उनका कुलदेवता था जो उदयपुर नगर से थोड़ी दूर कैलाशपुरी नामक स्थान पर विराजमान है। यह स्थान अरावली पर्वतमाला में स्थित है। उदयपुर नगर के पूर्व में राठासण माता, उत्तर में अबुर्दा माता तथा दक्षिण में नीमच माता के मन्दिर हैं। इसी प्रकार राजमहल के ठीक बाहर जगदीश मन्दिर अवस्थित है। मेवाड़ राज्य की परम्परा के अनुसार श्री एकलिंग नाथ राज्य का अधिष्ठाता एवं महाराणा उनका 'दीवाण' माना जाता है। एकलिंगनाथ मन्दिर परिसर में मुख्य मन्दिर के अलावा कुम्भा द्वारा निर्मित विष्णु मन्दिर, लकुलीश मन्दिर तथा विन्ध्यवासिनी देवी के मन्दिर मिलते हैं। कुम्भा शिव का भक्त था परन्तु उसने विष्णु मन्दिरों का निर्माण भी करवाया था। इसी प्रकार एकलिंगनाथ मन्दिर परिसर तथा चित्तौड़ दुर्ग में प्रायः प्रत्येक देवी-देवता के मन्दिर मिल जाते हैं। जिस प्रकार एकलिंगनाथ मेवाड़ राजकुल का कुलदेवता है ठीक उसी

प्रकार बाणमाता मेवाड़ राजकुल की कुलदेवी है।[10] एकलिंगनाथ को कुलदेवता मानकर जहाँ एक ओर मेवाड़ के महाराणाओं ने शैवों को प्रसन्न कर दिया था वहीं दूसरी ओर बाणमाता को कुलदेवी मानना शाक्तों को प्रसन्न करने का उपाय था। किसी समय मेवाड़ में सूर्यपूजा अत्यन्त लोकप्रिय थी, अतः इसे ध्यान में रखकर मेवाड़ के महाराणाओं ने स्वयं को सूर्यवंशी घोषित किया था। उन्होंने चित्तौड़ दुर्ग में विशाल सूर्य मन्दिर का निर्माण भी करवाया था किन्तु जैसे-जैसे सूर्यपूजा अमान्य होती गयी वैसे-वैसे मेवाड़ के महाराणाओं ने भी सूर्यपूजा को महत्त्व देना बन्द कर दिया था एवं एक समय ऐसा आया जब मेवाड़ में शाक्तो का प्रभाव बढ़ने लगा तथा महाराणाओं ने प्राचीन सूर्य मन्दिर को कालिका मन्दिर में परिवर्तित कर दिया। चित्तौड़ दुर्ग में वर्तमान समय में जो कालिका मन्दिर स्थित है वह किसी समय सूर्य मन्दिर हुआ करता था। सूर्य मन्दिर को कालिका मन्दिर में परिवर्तित करना मेवाड़ के मह. ाराणाओं की धार्मिक अवसरवादिता का सबसे उपयुक्त प्रमाण है। मेवाड़ के महाराण ा यह अच्छी तरह जानते थे कि धर्म का उपयोग राजनीतिक उद्देश्यों की पूर्ति हेतु किस प्रकार किया जा सकता है। शैव तथा शाक्त अनुयायियों के अतिरिक्त मेवाड़ में वैष्णव मतावलम्बियों की पर्याप्त संख्या विद्यमान थी। वैष्णवों को प्रसन्न करने के लिए मेवाड़ के महाराणाओं द्वारा जो अनेक विष्णु मन्दिर निर्मित किये गये थे उनका उल्लेख किया जा चुका है। यहाँ यह बताना पर्याप्त होगा कि मेवाड़ के महाराणाओं के शैव तथा शाक्त गुरुओं के अलावा वैष्णव गुरु भी हुआ करते थे। मेवाड़ स्थित कांकरोली के द्वारकाधीश मन्दिर के पुजारी उनके वैष्णव गुरु थे।[11] नाथद्वारा स्थित श्रीनाथजी के मन्दिर तथा वल्लभ सम्प्रदाय की मुख्य पीठ को मेवाड़ के महाराणाओं की ओर से भूमि तथा अनुदान मिला करते थे। महाराणाओं द्वारा अजमेर स्थित ख्वाजा मुइनुद्दीन चिश्ती की दरगाह को भी अनुदान देने के उल्लेख मिलता हैं।[12]

मीरां ने धर्म के सम्बन्ध में अपने पूर्ववर्ती शासकों की नीति का अनुसरण करने का निर्णय लिया था। मीरां कृष्ण भक्ति का उपयोग स्वयं को सती किये जाने से बचाने के लिए कर रही थी अतः उसने स्वयं को कृष्ण भक्त तो घोषित किया था परन्तु किसी वैष्णव सम्प्रदाय में दीक्षित होना उसे अनुपयुक्त लगा। चौरासी वैष्णवन की वार्ता के मीरां सम्बन्धी उल्लेखों से पता चलता है कि वल्लभ सम्प्रदाय के आचार्यों ने मीरां को वल्लभ सम्प्रदाय में दीक्षित करने का प्रयास किया था किन्तु वे असफल रहे।[13] ऐसा भी उल्लेख मिलता है कि मीरां निम्बार्क सम्प्रदाय के आचार्य परशुराम देवाचार्य की शिष्या थी। वास्तविकता यह भी थी कि मीरां का कृष्ण भक्त बनना उसकी व्यक्तिगत आवश्यकता थी। मीरां को किसी भी धार्मिक आचार्य अथवा उसके धार्मिक सिद्धान्तों से कोई विशेष सरोकार नहीं था। मेवाड़ के पर्वूवर्ती महाराणाओं की भाँति मीरां भी धर्म का उपयोग सामाजिक, राजनीतिक तथा व्यक्तिगत उद्देश्यों की पूर्ति हेतु कर रही थी। मीरां के अनेक आलोचकों को मीरां काव्य में 'नाथ सम्प्रदाय'

से प्रभावित पद अनुपयुक्त प्रतीत होते हैं। मीरां के ऐसे आलोचक मीरां को वैष्णव भक्त कवयित्री मानते हैं। मेवाड़ क्षेत्र में शैव-साधुओं तथा संन्यासियों के प्रभाव की चर्चा की जा चुकी है। अतः यदि मीरां काव्य में शैव साधुओं एवं जोगियों-संन्यासियों का उल्लेख मिलता है तो उसे पूर्णतया अनुपयुक्त नहीं कहा जा सकता। जहाँ तक मीरां के वैष्णव भक्त कवयित्री होने का प्रश्न है तो इसका कोई निश्चित उत्तर नहीं हो सकता। मीरां की स्थिति ठीक मेवाड़ के महाराणाओं के समान है। मीरां की वैष्णव धर्म में आस्था होने के बावजूद वह शैव-शाक्त विरोधी नहीं।

मीरां को शैवानुयायी भी माना जा सकता है एवं इसके समर्थन में मीरां काव्य के वे पद् उद्धृत किये जा सकते हैं जिनका सम्बन्ध शैव जोगियों एवं साधुओं से है। वास्तव में देखा जाये तो मीरां को शैव, शाक्त अथवा वैष्णव भक्तों की परिधि में समेटना दुष्कर कार्य है। भक्ति मीरां का उद्देश्य नहीं था एवं न ही मीरा को पूर्ण भक्त ही माना जा सकता है। मीरां के उपलब्ध काव्य पर दृष्टिपात करें तब भी ऐसे पद बड़ी कठिनाई से प्राप्त होते हैं जिन्हें विशुद्ध रूप से भक्ति के पद प्रमाणित किया जा सके। मीरां काव्य के अधिकांश पद कृष्ण के प्रति प्रेम अथवा विरह से सम्बन्धित है। सच यह है कि कृष्ण तो प्रतीक है, मीरां का विरह एक विधवा स्त्री का विरह है। विरह वेदना नवविवाहिताओं एवं प्रेमिकाओं के लिए ही नहीं वरन् विधवा स्त्रियों के लिए भी एक कटु सत्य है। मीरां इस कटु सत्य की भोक्ता थी। कृष्ण के प्रति मीरां का प्रेम भी वस्तुतः पुरुष के प्रति एक स्त्री का सहज प्रेम ही है। इस प्रकार मीरां की कृष्ण के प्रति भक्ति चित्तौड़ दुर्ग की विशिष्ट राजनीतिक परिस्थितियों की देन थी जो मेवाड़ की तत्कालीन सामाजिक व धार्मिक परिस्थितियों में पल्लवित हुई थी।

आचार्य रामचन्द्र शुक्ल ने 'हिन्दी साहित्य का इतिहास' में मीरां को कृष्ण भक्ति शाखा के अन्तर्गत सगुण भक्त-कवयित्री बताया है।[14] मीरां-काव्य में सगुण-निर्गुण का भेद स्पष्ट नहीं है। मीरां कृष्ण के सगुण रूप की उपासिका के रूप में प्रसिद्ध है एवं उसने सगुण कृष्ण को ही पति माना था, अतः इस आधार पर उसे सगुण माना जा सकता है किन्तु मीरां काव्य के अनेक पद शैव-नाथ परम्परा से जुड़ते हैं। शैव-नाथ जोगियों का सम्बन्ध निर्गुण धारा से है अतः मीरां का सम्बन्ध सगुण के साथ-साथ निर्गुण से भी है। मीरां काव्य के अधिकांश पदों में कृष्ण को लक्ष्य किया गया है किन्तु मीरां काव्य में ऐसे पद भी प्रचुर मात्रा में उपलब्ध हैं जिनमें राम को लक्ष्य किया गया है। इस प्रकार मीरां काव्य एवं मीरां को सगुण-निर्गुण अथवा कृष्ण काव्य धारा व राम काव्य धारा में से किसी एक काव्य धारा में वर्गीकृत करना कठिन प्रतीत होता है। यद्यपि यह स्वयं मीरां द्वारा घोषित था कि सगुण कृष्ण उसका पति है किन्तु जहाँ तक मीरां काव्य का प्रश्न है स्थिति थोड़ी भिन्न है।

मीरां सगुण थी अथवा निर्गुण! एवं क्या मीरां ने कृष्ण की आराधना के साथ

राम नाम का स्मरण किया था! इन प्रश्नों के उत्तर मेवाड़ व मारवाड़ राज्य में मीरां के समय फैले विभिन्न मत-मतान्तरों, धर्म-सम्प्रदायों एवं उनका मीरां पर प्रभाव के अध्ययन द्वारा दिये जा सकते हैं। मीरां द्वारा कृष्ण की उपासना एवं स्वयं को उसका भक्त घोषित करने के पीछे निहित उद्देश्यों को स्पष्ट किया जा चुका है। इस प्रकार यह स्पष्ट है कि मीरां का कृष्ण प्रेम उसकी आवश्यकता थी न कि कृष्ण के प्रति मीरां की भक्ति की अनन्यता। ऐसे में यदि कृष्ण लक्षित पदों के साथ-साथ मीरां काव्य में राम लक्षित पद भी दृष्टिगत होते हैं तो विशेष आश्चर्य का विषय नहीं है तथ्य यह भी है कि मीरां काव्य के अनेक पद रामस्नेही सम्प्रदायों की धार्मिक पीठ जिन्हें 'रामद्वारा' कहा जाता है, में प्राप्त हुए हैं। ऐसे स्थलों पर कृष्ण की जगह राम को याद किया जाना स्वाभाविक लगता है। यह जानना रुचिकर होगा कि मीरां पर लिखने वाले मध्यकालीन भक्त-कवियों में पर्याप्त संख्या उन भक्त कवियों की है जो स्वयं को राम का उपासक बताते थे। मीरां काव्य के उन पदों को जिनमें राम नाम का उल्लेख है केवल इस आधार पर अप्रामाणिक नहीं कहा जा सकता कि मीरां कृष्ण भक्त के रूप में प्रसिद्ध थी।

सामान्यतया मीरां को सगुण माना जाता है किन्तु मीरां काव्य में ऐसे पद भी प्रचुर मात्रा में मिल जाएँगे जिनका सम्बन्ध निर्गुण परम्परा से है। वैसे मीरां-काव्य के उपलब्ध पदों में निर्गुण मत के निरूपण का यत्न दिखाई नहीं देता है। मेवाड़ क्षेत्र में शैवों के विस्तृत प्रभाव की चर्चा की जा चुकी है। मीरां काव्य में पाया जाने वाला शैव प्रभाव जिसे अनेक आलोचक नाथ मत का प्रभाव बताते हैं[15] का सम्बन्ध निर्गुण परम्परा से सर्वविदित है। यह परम्परा किसी न किसी रूप में जैन संन्यासियों से भी जुड़ती है। लिंगपूजा अथवा प्रतीक पूजा भी एक स्तर पर निर्गुण ईश्वर की उपासना ही है अतः यदि मीरां काव्य में मेवाड़ क्षेत्र में प्रचलित शैव तथा शाक्त का मत प्रभाव दृष्टिगत होता है तो इसे स्वीकार किया जाना चाहिए। आचार्य रामचन्द्र शुक्ल ने मीरां काव्य पर सूफी मत के प्रभाव की भी चर्चा की है।[16] पुरोहित हरिनारायण ने मीरां का नामकरण सूफी सन्त द्वारा होना बताया है।[17] यह उल्लेखनीय है कि मेड़ता के निकट अजमेर नगर में मीरां के समय सूफियों का व्यापक प्रभाव था। अजमेर मीरां के ताऊ वीरमदेव के अधिकार में था। सारांश यह है कि मीरां-काव्य पर सीमित मात्रा में सूफी प्रभाव के आचार्य रामचन्द्र शुक्ल के निष्कर्षों से पूर्णतया असहमत नहीं होना चाहिए। इस प्रकार यदि गम्भीरतापूर्वक अध्ययन किया जाए तो मीरां का काव्य राम काव्य धारा एवं कृष्ण काव्य धारा की योजक कड़ी ही नहीं वरन् सगुण-निर्गुण की योजक कड़ी भी प्रतीत होता है।

रीतिकालीन कविता की एक प्रमुख विशेषता यह है कि इस युग की कविता ईश्वर को नहीं वरन् मनुष्य को केन्द्र में रखकर रची गयी थी। रीतिकालीन काव्य में व्यक्ति की महत्तता को स्थापित किया गया है एवं धर्म को नकारा गया है। इस

मीरां के देवर रत्नसिंह द्वारा निर्मित महल एवं तालाब

आधार पर मीरां की कविता रीति-काव्य के आरम्भ का आरम्भिक संकेत माना जा सकता है। मीरां की कविता में ईशकृपा की चाह नहीं है वरन् अपने प्रियतम के प्रति प्रणय-निवेदन है जैसे कि प्रायः रीति-काव्य में पाया जाता है। मीरां धर्म तथा ईश्वर की हकीकत को जानती थी अतः मीरां-काव्य में याचना नहीं है यद्यपि प्रणय निवेदन अवश्य पाया जाता है किन्तु प्रणय-निवेदन को याचना नहीं कहा जा सकता। वास्तव में देखा जाए तो मीरां का विरह जो कृष्ण को लक्षित है उस विधवा स्त्री का विरह है जिसके पति की असामयिक मृत्यु हो चुकी थी। निश्चित रूप में मीरां का काव्य धर्म की नहीं वरन् मनुष्य की महत्तता को स्थापित करता है।

मीरां-काव्य के सन्दर्भ में सगुण-निर्गुण, उपासना तथा उपास्य के स्वरूप की चर्चा के पश्चात् यह उचित होगा कि मीरां के युग में मेवाड़ व मारवाड़ में प्रचलित भक्ति के उन तत्त्वों की चर्चा की जाए जिनका सम्बन्ध लोक आस्थाओं से है। मीरां के समय मेवाड़ व मारवाड़ में व्याप्त भक्ति संस्कृति का अध्ययन करें तो इस संस्कृति पर अनेक रूपों में जनजातीय आस्थाओं का प्रभाव दृष्टिगत होता है। मध्यकालीन राजपूताने में भक्ति संस्कृति की चर्चा के दौरान अधिकांश आलोचक इस तथ्य की उपेक्षा कर देते हैं कि राजपूताने का जनमानस ब्राह्मणीय आस्थाओं एवं संस्कारों से इतना अधिक प्रभावित नहीं है जितने कि गंगा घाटी के लोग! परिणामस्वरूप मेवाड़ तथा मरवाड़ के विस्तृत क्षेत्र में शास्त्रीय देवताओं यथा—शिव, विष्णु, ब्रह्मा, शक्ति, राम एवं कृष्ण के अलावा लोक देवताओं का भी उल्लेखनीय प्रभाव विद्यमान रहा

है। ये लोकदेवता प्रायः वीर पुरुष एवं योद्धा थे जिन्होंने जनसामान्य के प्राणों तथा सम्पत्ति की रक्षा हेतु प्राणोत्सर्ग किया था। गोगाजी ने लुटेरों से लोगों की गायों को मुक्त करवाने हेतु युद्ध किया था एवं वीरगति प्राप्त की थी। तेजाजी ने गुर्जरों की गायों को प्राप्त करने हेतु मेरों से युद्ध किया था एवं प्राणों की आहुति दी थी। इसी प्रकार मल्लीनाथजी एवं रामदेवजी ने जनसामान्य की भलाई के कार्य किये थे। ये सब योद्धा एवं वीर पुरुष लोक देवता के रूप में पूजे गये हैं।[18] ठीक इसी प्रकार चित्तौड़ दुर्ग का अवलोकन करें तो युद्ध में मारे गये ऐसे अनेक योद्धाओं के छोटे-छोटे मन्दिर मिलते हैं जिन्हें देवता मानकर पूजा जाता है। चित्तौड़ दुर्ग में पाडनपोल के पास रावत बाघसिंह का देवलिया स्थित हैं। बाघसिंह महाराणा मोकल का प्रपौत्र था जो गुजरात के शासक बहादुरशाह के चित्तौड़ दुर्ग पर आक्रमण के समय मारा गया था। दुर्ग में ही जयमल तथा कल्ला की छतरियाँ स्थित हैं, ये दोनों अकबर द्वारा चित्तौड़गढ़ पर आक्रमण के समय वीरगति को प्राप्त हुए थे। सूरजपोल के पास चुण्डा के वंशज सांईदास का देवलिया मिलता है। सांईदास भी अकबर के चित्तौड़ आक्रमण के समय मारा गया था। चित्तौड़ दुर्ग में ही अन्नपूर्णा माता व बाणमाता के मन्दिर के निकट राघवदेव का एक छोटा-सा मन्दिर स्थित है। चुण्डा का भाई राघवदेव मेवाड़ राजकुल का पितृदेव माना जाता है।[19] इस प्रकार देखा जाए तो मध्यकाल में मेवाड़ तथा मारवाड़ में वीर योद्धाओं का विशेष सम्मान था। उन्हें देवता मानकर पूजा जाता था। यह भी देखा गया है कि चित्तौड़ अथवा अन्य दुर्गों में युद्ध के समय मारे गये योद्धाओं की तुलना में लोकरक्षार्थ मारे गये योद्धाओं का सम्मान जनता के मानस पटल पर अधिक स्थायी है। रुचिकर तथ्य यह भी है कि मेवाड़ व मारवाड़ के प्रत्येक गाँव में सामान्यतः किसी न किसी झुंझार देवता का मन्दिर भी मिल जाता है। यह झुंझार वह मृत वीर योद्धा है जिसने लोकरक्षार्थ प्राणों की आहुति दी थी।

जो पुरुष लोकरक्षार्थ वीरगति को प्राप्त होता था वह लोकदेवता बन जाता था। ठीक उसी प्रकार सती हो चुकी अनेक स्त्रियों को मेवाड़ एवं मारवाड़ में सती माता मानकर पूजा जाता है। जो स्त्री सती होकर प्राणों का उत्सर्ग करती थी वो मरने के पश्चात् देवी बन जाती थी। मेवाड़ व मारवाड़ में ही नहीं वरन् पूरे राजस्थान में ऐसी सती माताओं के अनेक मन्दिर मिलते हैं। मध्यकालीन काव्य ग्रन्थों व ख्यातों में जौहरप्रथा एवं सती हो चुकी स्त्रियों की प्रशंसा की गयी है। अनुमान लगाया जा सकता है कि जब मीरां मध्यकालीन वातावरण में सतीप्रथा का विरोध कर रही थी एवं स्वयं सती होने से इनकार कर रही थी तब उसने किस हद तक साहस का परिचय दिया होगा।

'मीरां-काव्य' की भाषा जिसमें मध्यकालीन डिंगल व पिंगल भाषाओं के अनेक शब्द पाये जाते हैं, के आधार पर राजस्थान से सम्बन्धित मीरां के अनेक आलोचक उसे राजस्थानी भाषा की कवयित्री घोषित करते हैं। यहाँ यह जानना आवश्यक है कि

मध्यकाल में राजस्थानी जैसी किसी भाषा का अस्तित्व नहीं था एवं न ही राजस्थान का ही अस्तित्व था। ऐसे में मीरां को राजस्थानी भाषा की कवयित्री घोषित करना युक्ति संगत प्रतीत नहीं होता है। मध्यकाल में वर्तमान राजस्थान अनेक प्रदेशों में विभक्त था। प्रत्येक प्रदेश की अपनी भाषा तथा रीतिरिवाज थे। मेवाड़ में मेवाड़ी, मारवाड़ में मारवाड़ी, वागड़ में वागड़ी भाषाओं का प्रयोग होता था। उस समय ऐसी कोई भाषा विकसित नहीं हो सकी थी जिसे राजस्थानी भाषा कहा जा सकता है। वस्तुतः कर्नल टाड ने ही सर्वप्रथम इस प्रदेश का नामकरण राजस्थान किया था अतः मीरां को राजस्थानी भाषा की कवयित्री बताना उचित नहीं कहा जा सकता है। जहाँ तक मीरां काव्य की भाषा का प्रश्न है उसमें मध्यकालीन मेवाड़ी व मारवाड़ी के अनेक शब्द मिल जाते हैं। ब्रज भाषा का प्रयोग भी प्रचुर मात्रा में दिखायी देता है तथा 'मीरां काव्य' में गुजराती के अनेक पद प्राप्त होते हैं। इस आधार पर मीरां को राजस्थानी की नहीं वरन् सम्पूर्ण हिन्दी प्रदेश के साथ-साथ गुजराती भाषा की भी कवयित्री माना जाना चाहिए। वास्तव में देखा जाए तो मीरां का काव्य हिन्दी तथा गुजराती भाषाओं के मध्य योजक कड़ी का कार्य करता है, ठीक उसी प्रकार जिस प्रकार विद्यापति का काव्य हिन्दी को बांग्ला भाषा से जोड़ता है। जहाँ तक मीरां के पदों के प्राप्ति स्थान का प्रश्न है, चाहे वे पद मौखिक परम्परा से प्राप्त हों अथवा हस्तलिखित पाण्डुलिपियों के रूप में उपलब्ध हैं, मीरां के पद कश्मीर से लेकर तमिलनाडु तक तथा आसाम से लेकर पाकिस्तान में पेशावर तक प्राप्त होते हैं। प्रसंगवश यह बताना रुचिकर होगा कि मध्यकालीन मेवाड़ में रचे गये ऐसे अनेक काव्य ग्रन्थ उपलब्ध होते हैं जिन पर ब्रज तथा गुजराती भाषा का प्रभाव देखा जा सकता है। वैसे भी मध्यकालीन गुजराती तथा मेवाड़ी में भेद की तुलना में साम्यता अधिक है। उल्लेखनीय है कि मेवाड़ के महाराणाओं तथा राजकुल के अन्य लोगों के गुजरात से निकट सम्पर्क के अनेक साक्ष्य प्राप्त होते हैं। महाराणा लाखा की माता एवं महाराणा उदयसिंह के गुजरात यात्रा के विवरण मिलते हैं।[20] इसी प्रकार गुजरात व मेवाड़ के व्यापारियों, तीर्थयात्रियों एवं सैनिकों के परस्पर आवागमन की सूचना प्राप्त होती है। गुजरात व मेवाड़ निकट सम्पर्क में थे अतः मीरां काव्य पर गुजराती भाषा का प्रभाव स्वाभाविक जान पड़ता है। वहीं मध्यकाल में ब्रजभाषा साहित्यिक भाषा के रूप में मेवाड़ में भी स्वीकृत थी। पिंगल तो वस्तुतः ब्रज भाषा का ही मारवाड़ी-मेवाड़ी संस्करण प्रतीत होता है अतः मीरां काव्य में ब्रज भाषा में रचित पदों का मिलना विशेष आश्चर्य का निर्माण नहीं करता।

अन्ततः मीरां युग के सांस्कृतिक पहलुओं पर चर्चा समाप्त करने से पूर्व मध्यकालीन मेवाड़ व मारवाड़ की संस्कृति पर इस्लाम के प्रभाव की चर्चा कर लेना उपयुक्त होगा। राजस्थान के स्थानीय इतिहासकारों द्वारा प्रायः यह आरोप लगाया जाता है कि मीरां युग में प्रचलित जौहरप्रथा, सतीप्रथा तथा पर्दाप्रथा के

लिए मुस्लिम शासकों विशेषतः मुगलों द्वारा किये गये आक्रमण उत्तरदायी थे। इस सम्बन्ध में वे अकबर के आक्रमण के समय चित्तौड़ दुर्ग में घटित जौहर का उदाहरण प्रस्तुत करते हैं। इससे पूर्व चित्तौड़ दुर्ग में घटित दो अन्य जौहर का सम्बन्ध भी मुस्लिम शासकों के आक्रमण से था जिनमें से प्रथम सुल्तान अलाउद्दीन खिलजी तथा द्वितीय गुजरात के शासक बहादुरशाह के चित्तौड़ आक्रमण के समय घटित हुआ था। राजपूत सामन्त स्त्रियों को 'दूषित' होने देना नहीं चाहते थे अतः समस्या राजपूत सामन्तों के विचारों एवं दृष्टिकोण की थी न कि इसके लिए मुस्लिम शासक तथा इस्लाम के अनुयायी जिम्मेदार थे। जहाँ तक मुगलों विशेषतः अकबर का प्रश्न है तो वह सतीप्रथा का घोर विरोधी था यद्यपि वह हिन्दुस्तानियों की आध्यात्मिक शक्ति का कायल था—"जिनकी स्त्रियाँ मौजमस्ती के बगैर दिन गुजारने के बावजूद अपने पतियों की मृत्यु पर उनका साथ देती हैं।" उसने यह माना कि कुछ स्त्रियाँ ईमानदारी से सती होती हैं जबकि कुछ तो इज्जत बचाने के लिए ऐसा करती हैं जबरन सती किये जाने को अकबर अनुचित मानता था। अकबर को जब पता चला कि मारवाड़ के मोटा राजा की बेटी को उसके पति जयमल की मृत्यु पर उसकी इच्छा के विरुद्ध सती किया जा रहा है तो अकबर स्वयं उसे बचाने के लिए वहाँ पहुँच गया जहाँ उसे सती किया जा रहा था। जयमल अकबर का ही एक अधिकारी था। अकबर जब इस रस्म को रोकने के लिए तथा सती होने वाली स्त्री को बचाने के लिए वहाँ पहुँचा तो उसका विरोध अवश्य हुआ परन्तु उस विधवा को बचा लिया गया और अकबर ने "भटके हुए लोगों को कैद करा लिया।" अबुल फ़ज़ल ने लिखा है कि अकबर ने हर कसबे और जिले में ईमानदार प्रेक्षक नियुक्त कर रखे थे जिनका कर्तव्य यह सुनिश्चित करना था कि जो स्त्रियाँ अपनी इच्छा से सती होना चाहती हैं उन्हें ऐसा करने की इजाजत मिले मगर ये अफसर किसी स्त्री को जबरन सती किये जाने से रोकें। अकबर को उन मर्दों की फराखदिली देखकर हैरानी होती थी जो औरतों के आत्म बलिदान द्वारा अपनी मुक्ति पाना चाहते थे।[21] अनुमान लगाया जा सकता है कि जौहरप्रथा, सतीप्रथा व पर्दाप्रथा के लिए मुस्लिम शासक विशेषतः मुगल कितने जिम्मेदार रहे होंगे! देखा जाए तो मध्यकालीन मेवाड़ व मारवाड़ के सामन्तों ने स्त्रियों को पूर्णतया पराधीन बना दिया था। धर्म तथा आस्था के नाम पर स्त्रियों को जलाया जा रहा था, उनके जीवन का कोई मूल्य शेष नहीं रह गया था। ऐसी स्थिति में मीरां जैसी विद्रोहिणी स्त्री का अवतरित होना तत्कालीन समाज की आवश्यकता थी, जो राजपूत सामन्तों के मध्य फैली सामाजिक बुराइयों का मुकाबला कर सकती थी। वास्तविकता यह थी कि इस्लाम के प्रगतिशील मूल्यों ने पूरे मध्यकालीन भारतीय समाज में एक हलचल पैदा कर दी थी एवं स्त्री समाज भी इसका अपवाद नहीं था। भक्तमालों तथा किंवदंतीजन्य साक्ष्यों में मीरां का अकबर व तानसेन के साथ भेंट का विवरण मिलता है। यह महज संयोग नहीं हो सकता

कि भक्तों व जनसामान्य ने जिन महान व्यक्तित्वों के भेंट की कल्पना की है वे दोनों ही सतीप्रथा के घोर विरोधी थे एवं स्त्रियों की अस्मिता का सम्मान करते थे।

सन्दर्भ

1. इपिग्राफिका इंडिका-18, 98
2. रामवल्लभ सोमानी, राजस्थान के ऐतिहासिक शोध लेख, पृ. 127
3. वही, पृष्ठ 134-138
4. वही, पृष्ठ 134-138
5. वही, पृष्ठ 139
6. वही, पृष्ठ 138
7. वही, पृष्ठ 138
8. वही, पृष्ठ 138-140
9. नन्दकिशोर आचार्य, मीरां माधव, पृ. 51
10. धर्मपाल शर्मा, मेवाड़ संस्कृति एवं परम्परा, पृ. 06
11. वही, पृ. 16
12. गोपीनाथ शर्मा, सोशल लाइफ इन मीडाइवल राजस्थान, पृ. 221
13. चौरासी वैष्णनन की वार्ता (वेंकटेश्वर प्रेस), पृ. 163, 207, 342
14. आचार्य रामचन्द्र शुक्ल, हिन्दी साहित्य का इतिहास, पृ. 101
15. नरोत्तमदास स्वामी एवं परशुराम चतुर्वेदी इस मत के समर्थक हैं।
16. आचार्य रामचन्द्र शुक्ल, उद्धृत 'मीरां की प्रेम साधना', प्रस्तावना
17. हरिनारायण पुरोहित, मीरां बृहत्पदावली (भाग-1), पृ. 02
18. डॉ. एल.आर. मल्ला, राजस्थानी भाषा एवं संस्कृति, पृ. 60
19. सूचनाएँ वर्तमान चित्तौड़ दुर्ग में बिकने वाली पुस्तिकाओं से प्राप्त है।
20. राजस्थान प्राच्यविद्या प्रतिष्ठान, उदयपुर, ग्रन्थांक-2637
21. इरफान हबीब, मध्यकालीन भारत (भाग 6), पृ. 33

हिन्दी आलोचना एवं इतिहास ग्रन्थों में मीरां

मध्यकाल में मीरां की भूमिका को एक भक्त कवयित्री के रूप में सीमित करना मीरां के साथ अन्याय करने जैसा है। मीरां के व्यक्तित्व को केवल भक्त एवं कवयित्री की सीमा में बाँधना सम्भव नहीं है। मीरां ने न केवल मध्यकालीन सतीप्रथा के विरुद्ध प्रतिरोध का स्वर बुलन्द किया था वरन् तत्कालीन महाराणा के अत्याचारों के विरुद्ध सक्रिय आन्दोलन भी चलाया था। मेवाड़ के आरम्भिक इतिहासवेत्ता इस तथ्य से परिचित थे फिर भी यदि उन्होंने अपने इतिहास ग्रन्थों में इस सत्य की जानकारी नहीं दी तो इसके मूल में अनेक कारण विद्यमान थे जिनकी चर्चा इस अध्याय के अन्तर्गत की जायेगी, परन्तु सबसे पहले यह जानना उचित होगा कि इतिहास ग्रन्थों में मीरां का क्या स्थान है एवं इतिहासवेत्ताओं ने उसे किस रूप में याद किया है।

वैसे तो मेवाड़ से सम्बन्धित प्रत्येक इतिहास ग्रन्थ में मीरां का जिक्र मिलता है परन्तु इन इतिहास ग्रन्थों में पाया जाने वाला मीरां सम्बन्धी विवरण प्रमाण और परिमाण दोनों ही दृष्टियों से अपूर्ण है। इस अपूर्णता की वजह जहाँ एक तरफ इतिहासवेत्ताओं पर उनके संरक्षकों का दबाव व भय था तो दूसरी वजह पुष्ट प्रमाणों का अभाव था। इस अध्याय में केवल उन्हीं इतिहास ग्रन्थों की चर्चा की गयी है जिनका राजपूताने के इतिहास निर्माण में न केवल महत्त्वपूर्ण स्थान है वरन् जो राजपूताने के इतिहास की प्रामाणिक जानकारी भी उपलब्ध करते हैं।

इतिहास ग्रन्थों में मीरां का प्रथम उल्लेख मुंहता नैणसीरी ख्यात में मिलता है जिसमें मीरां के सम्बन्ध में कहा गया है—"भोजराज सांगावत्त। इणनुं, कहे छै मीरांबाई राठोड़ परणाई हुती।"[1] ऐसा लगता है नैणसी मीरां के सम्बन्ध में और अधिक लिखना चाहते थे, विशेषतः महाराणा के विरुद्ध मीरां के प्रतिरोध के सम्बन्ध में, परन्तु वे ऐसा कर नहीं सके जिसके मूल में दो कारण विद्यमान थे। प्रथम कारण तो यही था कि उनका उद्देश्य मेवाड़ का विस्तृत इतिहास लिखना न होकर केवल मेवाड़ के इतिहास की जानकारी मात्र देना था। दूसरा नैणसी का सम्बन्ध मेवाड़ राज्य से न होकर मारवाड़ राज्य से था अतः उनकी रुचि मारवाड़ का विस्तृत इतिहास प्रस्तुत करने में थी, न कि मेवाड़ का इतिहास। ऐसा प्रतीत होता है कि नैणसी मीरां के पति भोजराज को मेवाड़ का पाटवी कुँवर न मानकर छोटा कुँवर ही मानते थे।[2]

यह भी अनुमान होता है कि तत्कालीन मेवाड़ के सम्बन्ध में नैणसी के पास आधार सामग्री का अभाव था। दुर्भाग्यवश हमारे पास मेवाड़ क्षेत्र से ऐसी कोई ख्यात या अन्य इतिहास सम्बन्धी सामग्री नहीं मिलती जिससे मीरां के जीवन पर विस्तृत प्रकाश पड़ सके। मेवाड़ के इतिहास सम्बन्धी ग्रन्थ 'राणाजी री वात' से भी इस बारे में कोई विस्तृत जानकारी नहीं मिलती है।[3] यह बात गौर करने लायक है कि जहाँ नैणसी ने मेवाड़ की अन्य किसी कुँवराणी का जिक्र तक करना उचित नहीं समझा वहीं उसे मीरां का जिक्र करना आवश्यक प्रतीत हुआ तो इसके मूल में कुछ कारण अवश्य ही विद्यमान रहे होंगे। प्रसंगवश यहाँ यह बता देना उचित होगा कि मेवाड़ की किसी ऐतिहासिक कृति में मीरां का उल्लेख करना सम्भव नहीं था क्योंकि ऐसा करने पर कृतिकार को महाराणा का कोपभाजन बनना पड़ता, परन्तु मारवाड़ के किसी कृतिकार द्वारा ऐसा करना सम्भव था क्योंकि महाराणा के प्रभाव की सीमाएँ मेवाड़ तक सीमित थीं न कि मारवाड़ तक विस्तृत।

मीरां कृष्ण की अनन्य भक्त के रूप में प्रसिद्ध थी। परिणामतः मेवाड़, मारवाड़ व गुजरात के लोगों ने उसे प्यार दिया, यह सत्य का केवल एक पक्ष है। मीरां की लोकप्रियता की और भी अनेक वजहें थीं जिनमें से प्रमुख वजह थी मीरां का प्रतिरोधी व्यक्तित्व। 'मीरां काव्य' से इस सम्बन्ध में हमें विस्तृत सामग्री प्राप्त होती है। मीरां में आम जनता के साथ घुलने-मिलने एवं उनका सहज साहचर्य प्राप्त कर लेने की अपूर्व क्षमता थी। मीरां आम जनता की भावनाओं से अवगत थी वह जनता के साथ मिलकर सत्ता प्रतिष्ठान के विरुद्ध मोर्चा लेना जानती थी। मेवाड़ क्षेत्र में प्रचलित अनेक किंवदन्तियाँ मीरां की इस प्रवृत्ति के सम्बन्ध में पुष्ट प्रमाण उपलब्ध करती हैं।

यह महज संयोग नहीं था कि मेवाड़ के आधुनिक इतिहासकार श्यामलदास ने चार खंडों में प्रकाशित 'वीर विनोद' (मेवाड़ का इतिहास) के दूसरे खंड की शुरुआत 'मीरांबाई का हाल' नामक अध्याय से की है।[4] सूचना मिलती है कि श्यामलदास ने मीरांबाई का विस्तृत जीवन परिचय एवं महाराणा के विरुद्ध उनके कार्यों के बारे में विस्तार से लिखना चाहा था परन्तु मेवाड़ के तत्कालीन महाराणा सज्जन सिंह के रुष्ट होने एवं दरबार में उनके प्रवेश पर प्रतिबन्ध लगने के बाद[5] उन्होंने 'वीर विनोद' के अन्य अनेक अध्यायों के समान मीरां सम्बन्धी अध्याय मात्र दो पृष्ठों तक सीमित कर दिया था। श्यामलदास ने मेवाड़ के इतिहास सम्बन्धी विभिन्न ग्रन्थों एवं मारवाड़ की ख्यातों का विस्तृत अध्ययन किया था।

मीरांयुगीन इतिहास के सन्दर्भ में श्यामलदास के पास विस्तृत जानकारियाँ उपलब्ध थीं परन्तु उनकी मृत्यु के साथ ही वे समस्त जानकारियाँ काल-कवलित हो गयीं। 'वीर विनोद' से मीरां के सम्बन्ध में जो जानकारियाँ मिलती हैं वे इस प्रकार हैं। श्यामलदास ने ही पहली बार यह बताया था कि मीरां का पति भोजराज मेवाड़ का पांटवी कुँवर था।[6] उन्होंने मीरां द्वारा चित्तौड़ में मन्दिर निर्माण की भी बात

कही है।[7] इन दो बातों से चित्तौड़ दुर्ग में मीरां के प्रभाव का अनुमान लगता है। साथ ही यह भी स्पष्ट होता है कि मीरां की रुचि काव्य रचना तक सीमित न होकर स्थापत्य व कला के अन्य क्षेत्रों तक विस्तृत थी। इसमें मीरां के बहुमुखी व्यक्तित्व का पता चलता है। इस बात के भी पुष्ट प्रमाण मिलते हैं कि मीरां मेवाड़ राज्य में स्थित पुर व माँडल परगनों के राजस्व का उपभोग करती थी।[8] इस राजस्व राशि से ही उसने 'मीरां मन्दिर' का निर्माण करवाया था। पुर एवं माँडल से प्राप्त राजस्व के कारण ही वह अपनी सार्वजनिक गतिविधियों का सुचारु रूप से संचालन कर सकी थी। प्रसंगवश उल्लेखनीय है कि श्यामलदास ने मीरां को धार्मिक एवं साधुसन्तों का सम्मान करने वाली माना जो विराग के गीत बनाती एवं गाती थी।[9] नैणसी ने मीरां को भक्त नहीं माना था, बस इतना कहा था कि वह मेवाड़ कुँवर भोजराज की पत्नी थी जबकि श्यामलदास ने मीरां की केवल धार्मिक प्रवृत्तियों की चर्चा की, तो इसके मूल में अनेक कारण विद्यमान थे। श्यामलदास पूर्ववर्ती इतिहासकारों के 'दुस्साहस' का दण्ड एवं उनकी प्रशंसा प्रवृत्ति का पुरस्कार जानते थे। वे मीरां के सम्बन्ध में लेखन की सीमा से परिचित थे, अतः इस बात की सम्भावना कम ही थी कि वे मीरां सम्बन्धी किसी 'विद्रोही' सत्य का उद्घाटन करते, वह भी तब जबकि उनके पास आवश्यक पुष्ट प्रमाणों का अभाव था।

कर्नल टॉड ने Annals and Antiquities of Rajasthan में मीरां के सम्बन्ध में अत्यन्त संक्षिप्त चर्चा की है।[10] यह ग्रन्थ 'नैणसी री ख्यात' के बाद एवं 'वीर विनोद' की रचना से पूर्व लिखा गया था। टॉड मीरां के कृतित्व से परिचित थे एवं उन्होंने मीरां के पदों की हस्तलिखित पाण्डुलिपियों को देखा था। वे मीरां के 'कवि-कर्म' से इतने अधिक प्रभावित थे कि उन्होंने मीरां के शेष कार्यों को पूर्णतः नजरअन्दाज कर दिया। किसी प्राच्यवादी इतिहासकार द्वारा ऐसा करना स्वाभाविक था। टॉड का इतिहास लेखन अनुमान एवं सुनी-सुनाई बातों पर आधारित था, अतः मीरां के सन्दर्भ में उनकी गम्भीर ऐतिहासिक भूलें[11] क्षम्य है। टॉड ने यदि मीरां के व्यक्तित्व के केवल एक पक्ष का साक्षात्कार किया तो विशेष आश्चर्य नहीं होना चाहिए वरन् उनकी इतिहास लेखन सम्बन्धी सीमाएँ समझने योग्य हैं।

मीरां के परवर्ती आलोचकों ने कर्नल टॉड एवं श्यामलदास द्वारा दी गयी मीरां विषयक जानकारियों का ही अनुसरण किया अतः इन आलोचकों की नज़र में मीरां कृष्णासक्त भावुक भक्त ही बनी रही वे मीरां के क्रांतिकारी व्यक्तित्व का साक्षात्कार नहीं कर सके। उल्लेखनीय है कि मीरां काव्य के अधिकांश संग्रहकर्ता मीरां की कविता से तो परिचित थे; किन्तु उन्हें मेवाड़ के इतिहास की जानकारी नहीं के बराबर थी; फिर यह कैसे सम्भव था कि वे मीरां की कविता के बाहर व्याप्त ऐतिहासिक सत्य के आलोक में मीरां के व्यक्तित्व का साक्षात्कार कर पाते।

मीरां सम्बन्धी उपर्युक्त लेखन ने लगभग यह तय कर लिया था कि भविष्य

चित्तौड़ में जैन प्रभाव का द्योतक जैन कीर्ति-स्तम्भ

में मीरां चरित्र की 'निर्मिति' किस रूप में होने वाली है। बाद की घटनाओं से यह स्पष्ट हो गया कि 'ऐतिहासिक भूलें' एवं दबाव में लिखा गया इतिहास ही मीरां के जीवन का वास्तविक इतिहास होने जा रहा था। रही-सही कसर मुंशी देवीप्रसाद ने पूरी कर दी। उपर्युक्त इतिहासकारों की मीरां सम्बन्धी अवधारणाओं के आधार पर मुंशी देवीप्रसाद ने मीरांबाई का जीवन चरित्र लिखा।[12] इससे पहले यह स्पष्ट कर देना आवश्यक है, कि कर्नल टॉड ने मीरां-काव्य की उपलब्ध हस्तलिखित पांडुलिपियों के आधार पर मीरां को एक Romantic Poetess तथा श्यामलदास ने दबाव में आकर मीरां को बड़ी धार्मिक और साधुसन्तों का सम्मान करने वाली जो विराग के गीत बनाती थी, घोषित कर दिया था। जो वस्तुतः सत्य होते हुए भी अर्द्धसत्य ही था। मीरां के व्यक्तित्व के दूसरे पक्ष की चर्चा किसी ने नहीं की, न कर्नल टॉड ने एवं न ही श्यामलदास ने।

मुंशी देवीप्रसाद कृत 'मीरांबाई का जीवन चरित्र' 1897 तक छपकर तैयार हो गया था।[13] जैसा कि उन्होंने स्वयं लिखा है यह पुस्तिका मारवाड़ और मेवाड़ में की गयी दरियाफ्त, भक्तमाल, टॉड के 'राजस्थान' और मीरांबाई के जीवन चरित्र से जो

ज़ियादा सही बातें मालूम हुईं उसके आधार पर लिखी गयी थी।[14] अतः मीरां के सम्बन्ध में उनके द्वारा किसी नवीन तथ्य की जानकारी दिये जाने की सम्भावना कम ही थी। उन्होंने श्यामलदास से प्राप्त मीरां सम्बन्धी सूचनाओं को ही अपनी उक्त पुस्तिका में प्रस्तुत कर दिया था।[15] मुंशी देवीप्रसाद राजस्थान के प्रमुख इतिहासकारों में गिने जाने थे अतः मीरां के परवर्ती आलोचकों ने उनके मीरां सम्बन्धी विवरण को ही अन्तिम प्रमाण माना। इस प्रकार कर्नल टॉड एवं श्यामलदास द्वारा तैयार की गयी मीरां चरित्र की 'निर्मिति' को मुंशी देवीप्रसाद ने मज़बूती प्रदान की।

महाराणा फतहसिंह ने जब 'वीर विनोद' की एक हजार मुद्रित प्रतियों को राजमहल के एक कक्ष में बन्द करवा कर कक्ष को सील करवा दिया था तब गौरीशंकर हीराचन्द ओझा ने चुपके से 'वीर विनोद' की एक प्रति को अपने पास रख लिया था। इस प्रकार 'वीर विनोद' को आधार बनाकर उन्होंने 'उदयपुर राज्य का इतिहास' नामक ग्रन्थ दो खंडों में प्रकाशित करवाया। इस ग्रन्थ में उनके अपने शोध निष्कर्ष एवं इतिहास की विभिन्न पुस्तकों से प्राप्त जानकारियाँ भी सम्मिलित थीं। उक्त ग्रन्थ में ओझा द्वारा दिया गया मीरां सम्बन्धी विवरण, श्यामलदास द्वारा 'वीर विनोद' में दिये गये मीरां सम्बन्धी विवरण से केवल इस अर्थ में भिन्न था कि इसमें मुंशी देवीप्रसाद से उपलब्ध मीरां सम्बन्धी सूचनाओं को भी सम्मिलित कर लिया गया था, जैसा कि उक्त ग्रन्थ के 'कुँवर भोजराज और उनकी स्त्री मीरांबाई' नामक अध्याय में प्रयुक्त शब्दावली से स्पष्ट होता है।[16] इस प्रकार पूर्ववर्ती इतिहासकारों द्वारा तैयार की गयी मीरां चरित्र की 'निर्मिति' को ओझा ने और भी अधिक मज़बूती प्रदान की।

1990 में डॉ. गोपीनाथ शर्मा ने 'भक्त मीरांबाई' नामक पुस्तिका का प्रणयन किया था।[17] इस पुस्तिका में चित्तौड़ दुर्ग के तत्कालीन वातावरण एवं मेड़तिया-हाड़ा संघर्ष के आलोक में मीरां के जीवन चरित्र को समझने का प्रयास किया गया था।[18] 'वीर विनोद' के प्रणयन से लेकर 'भक्त मीरांबाई' के प्रणयन तक सौ वर्षों का लम्बा समय बीत चुका था। इन सौ वर्षों में भूल-गलतियों एवं भ्रामक सूचनाओं पर आधारित मीरां का जीवन चरित्र इतना स्थिर हो चुका था कि किसी इतिहासकार या आलोचक में वह साहस शेष नहीं रह गया था कि वह मीरां के जीवन की नये सिरे से व्याख्या करता एवं उसके जीवन के उन अँधेरे कोनों पर प्रकाश डालता जो रोशनी में आने से बचे रह गये थे। गोपीनाथ शर्मा ने मीरां के समय के चित्तौड़ दुर्ग के वातावरण को भली-भाँति समझ लिया था परन्तु उन्हें इतना अवकाश नहीं था कि वे मीरां के जीवन पर विस्तृत शोध कर पाते एवं मीरां के जीवन की नये सिरे से सप्रमाण व्याख्या कर पाते। इस प्रकार इतिहास ग्रन्थों में मीरां के चरित्र की जो 'निर्मित' हुई वह सत्य से परे थी।

आरम्भ से ही हिन्दी आलोचना एवं आलोचकों ने मीरां के प्रति उपेक्षा का व्यवहार किया है। इस सदी के सातवें दशक से पूर्व तो स्थिति यह थी कि इस देश

का कोई भी विश्वविद्यालय एवं उनके विभाग मीरां पर शोध की अनुमति तक देने के लिए तैयार नहीं थे।[19] आज जब स्त्री आन्दोलन लगातार मजबूत होता जा रहा है एवं स्त्रियों के विद्रोही स्वर लगातार तीव्र होते जा रहे हैं तब मध्यकालीन प्रेरणा के रूप में मीरां लगातार आलोचना एवं इतिहास के केन्द्र में आती जा रही है। मीरां के सन्दर्भ में वर्तमान हिन्दी आलोचना के किसी भी पक्ष पर चर्चा करने से पहले यह जान लेना उचित होगा कि मध्यकालीन भक्तों, सन्तों, वार्ताकारों एवं कवियों ने मीरां के व्यक्तित्व एवं कृतित्व को किस रूप में ग्रहण किया है।

नाभादास ने सम्वत् 1642 में भक्तमाल का प्रणयन किया था। संवत् 1769 में प्रियादास ने इस पर टीका लिखी। उनकी टीका का उनके पौत्र वैष्णवदास ने संवत् 1842 में भावार्थ किया। संवत् 1717 में राघौदास ने नाभादास के भक्तमाल पर आधारित एक अन्य भक्तमाल की रचना की जिस पर आगे चलकर संवत् 1857 में छत्रदास ने टीका लिखी। इन भक्तमालों में मीरां का पूर्ण जीवनवृत्त नहीं है, केवल मीरां के सम्बन्ध में महिमासूचक बातें हैं। भक्तमाल के रचयताओं का उद्देश्य भक्तों के प्रति जनता में पूज्यबुद्धि का प्रसार करना था। नाभादास के भक्तमाल में 200 भक्तों के चमत्कारपूर्ण चरित्र 316 छप्पयों में लिखे गये हैं[20] जिसमें मीरां पर भी एक छप्पय है। मीरां ने सती होने से बचने के लिए स्वयं को कृष्ण की पत्नी घोषित किया था अतः भक्तों ने मीरां को कृष्ण भक्त के रूप में स्वीकार किया। भक्तमालों के मीरां सम्बन्धी विवरण में कहीं भी मीरां को सती किये जाने के प्रयासों एवं चित्तौड़ दुर्ग की राजनीति के सम्बन्ध में खास नहीं लिखा गया है। इस प्रकार भक्तमालों में मीरां का महिमामंडन ब्राह्मणीय आस्थाओं के अनुरूप ही है। मीरां द्वारा लोकलाज त्याग कर महाराणा से झगड़ा करने का तो उल्लेख मिलता है परन्तु मीरां द्वारा किये गये वृहत् विद्रोह का वर्णन भक्तमालों में नहीं मिलता। इस प्रकार मीरां के प्रश्न पर भक्तमालाकारों की दृष्टि एकांगी ही थी।

वार्ता साहित्य का सम्बन्ध वल्लभ सम्प्रदाय से है। 'चौरासी वैष्णवन की वार्ता'[21] एवं 'दो सौ बावन वैष्णवन की वार्ता'[22] में मीरां का उल्लेख मिलता है। वल्लभ सम्प्रदाय मेवाड़ के महाराणाओं से दान ग्रहण करता था। उदयपुर के निकट 'नाथद्वारा' नामक स्थान पर महाराणा की ओर से वल्लभ सम्प्रदाय को कर मुक्त भूमि आवंटित थी, अतः अनुमान लगाया जा सकता है कि महाराणाओं को प्रसन्न करने के लिए इस सम्प्रदाय से सम्बन्धित 'वार्ता ग्रन्थों' में मीरां के प्रति अपमानसूचक बातें होनी चाहिए। 'चौरासी वैष्णवन की वार्ता' से परवर्ती समय में लिखा गया 'दो सौ बावन वैष्णवन की वार्ता', 'चौरासी वैष्णवन की वार्ता' की अपेक्षा मीरां के प्रति कम कटु है। ऐसा लगता है कि बाद के समय में जब मीरां की ख्याति चारों तरफ फैल गयी थी तो वल्लभ सम्प्रदाय को मीरां के प्रति अपने विचारों में बदलाव करना आवश्यक प्रतीत हुआ। ऐसा लगता है मीरां को 'महाप्रभु' का शिष्यत्व मंजूर

नहीं था, अतः वार्ताकार मीरां से अप्रसन्न थे। मीरां के लिए भक्ति साधन थी न कि साध्य। वल्लभ सम्प्रदाय मीरां की भक्ति के स्वरूप को भी नापसन्द करता था। मीरां का उद्देश्य प्रभु लीला का गायन एवं वर्णन करना नहीं था। मीरां ने कृष्ण को पति मानकर विरह के गीत गाये तो इसका कारण स्वयं को सधवा घोषित करना था ताकि वह सतीप्रथा जैसी बुराई से लोहा ले सके।

मीरां द्वारा रचित पदों से प्राप्त अन्तःसाक्ष्य को छोड़ दें तो मीरां को सती किये जाने के प्रयासों का प्रथम ऐतिहासिक साक्ष्य नागरीदास द्वारा रचित 'श्रृंगार सागर' के अन्तर्गत 'पद प्रसंग माला' में मिलता है।[23] नागरीदास ने यदि मीरां को सती किये जाने के प्रयासों के सम्बन्ध में कुछ विशेष नहीं लिखा होता तो सम्भवतः हम मीरां के व्यक्तित्व का इतना व्यापक मूल्यांकन नहीं कर पाते जो आज पुष्ट साक्ष्यों की प्राप्ति के कारण सम्भव है। मुगलों के संसर्ग ने नागरीदास के मन में सती प्रथा के विरुद्ध भावना उत्पन्न कर दी थी। नागरीदास ने मीरां के सम्बन्ध में जो कुछ लिखा वह मील का पत्थर है। उनके मीरां सम्बन्धी विवरण की एकमात्र सीमा यह है कि उन्होंने अन्ततः मीरां को कृष्ण भक्त ही माना एवं उसी रूप में उसका वर्णन किया। ऐसा करने का कारण मेवाड़ के इतिहास सम्बन्धी उनकी आधी-अधूरी जानकारियाँ थीं जो उन्होंने मारवाड़ के चारणों द्वारा रचित विभिन्न ग्रन्थों से प्राप्त की थी। ऐसा नहीं होता तो नागरीदास यह नहीं कहते कि मीरां राणा के छोटे भाई से ब्याही थी।

विभिन्न भाषाओं में रचे गये मीरां से सम्बन्धित परचई ग्रन्थ मीरां के प्रति मध्यकालीन आलोचना का व्यवस्थित नमूना प्रस्तुत करते हैं। साथ ही ये ग्रन्थ मीरां के सम्बन्ध में अनेक महत्त्वपूर्ण सूचनाएँ देते हैं। इन ग्रन्थों की रचना मीरां की मृत्यु के अनेक वर्षों पश्चात् तब हुई जब मीरां का पूरी तरह से ब्राह्मणीय आस्थाओं के अनुरूप आत्मसातीकरण किया जा चुका था, अतः इन ग्रन्थों में मीरां का वर्णन भक्त रूप में किया गया वर्णन है। साथ ही उन तमाम किंवदन्तियों को कथारूप में पिरोया गया है जिनका सम्बन्ध मीरां से है। यह दुर्भाग्यपूर्ण है कि किसी भी परची ग्रन्थ में मीरां को सती किये जाने के प्रयासों का संकेत तक नहीं है[24] एवं न ही मीरां द्वारा महाराणा के प्रति किये गये विद्रोह का वर्णन है। सुखसारण विरचित 'मीरांबाई री परची' इन परची ग्रन्थों में प्रतिनिधि परची ग्रन्थ माना जाता है। इस ग्रन्थ की रचना समाज में व्याप्त मीरां की छवि की सही तस्वीर प्रस्तुत करता है। इस समय तक लोग वो सब कुछ भूल चुके थे जो चित्तौड़ दुर्ग में महाराणा एवं मीरां के मध्य घटित हुआ था।

नाभादास के भक्तमाल में मीरां से सम्बन्धित छप्पय से लेकर सुखसारण द्वारा रचित 'मीरांबाई री परची' में आये मीरां सम्बन्धी विवरण का अध्ययन करें तो जो बात स्पष्ट रूप से लक्षित होती है वह है मीरां के प्रति भक्त-कवियों एवं उनके प्रभाव से जन सामान्य का बदलता हुआ दृष्टिकोण। नाभादास की नज़र में जहाँ

मीरां 'लोकलाज कुल शृंखला तजि मीरां गिरधर भजी' है वही मीरां, सुखसारण कृत 'मीरांबाई री परची' में कहती है "पतव्रता कै एक पति होई, विभचारण जुग सुणी न कोई।" अर्थात् विद्रोहिणी मीरां शुचितावादियों के हाथों में पड़कर एक पतिव्रता स्त्री बन जाती है। मीरां के पूर्ण आत्मसातीकरण का इससे उपयुक्त उदाहरण और क्या हो सकता है।[25]

मेवाड़ प्रदेश को छोड़कर देश के शेष भागों में मीरां एवं मीरां काव्य से सम्बन्धित हस्तलिखित पांडुलिपियाँ इतनी अधिक संख्या में मिलती हैं कि मध्यकालीन साहित्य के किसी भी आलोचक द्वारा मीरां की पूर्ण उपेक्षा असम्भव थी, अतः आधुनिक हिन्दी आलोचना में मीरां का जिक्र तो मिलता है परन्तु उसके अवदान की विस्तृत चर्चा नहीं मिलती। मीरां के सम्बन्ध में आलोचकों ने जो कुछ अभी तक लिखा है वह न केवल अपर्याप्त है वरन् अधिकांश आलोचकों द्वारा मीरां के सन्दर्भ में गम्भीर तथ्यात्मक भूलें भी हुई हैं। यह भी सत्य है कि मीरां के अधिकांश आलोचकों के पास इतिहास दृष्टि का अभाव था एवं वे मेवाड़ के तत्कालीन इतिहास एवं मीरां के समय के चित्तौड़ दुर्ग के वातावरण से अनभिज्ञ थे। यह भी देखा गया है कि आलोचकों ने उन विवरणों को दोहरा दिया है, जो उन्हें विभिन्न भक्तों एवं भक्तमालों के मीरां सम्बन्धी विवरणों एवं परवर्ती मेवाड़ के इतिहास ग्रन्थों से प्राप्त हुए थे।

फॉर्बस के अलावा हिन्दी साहित्य के आरम्भिक इतिहासकारों गार्सा द तांसी, शिवसिंह सेंगर एवं जार्ज गियर्सन ने अपने इतिहास ग्रन्थों में मीरां का उल्लेख किया है। मीरां सम्बन्धी उपर्युक्त उल्लेख भक्तमालों एवं भक्त-कवियों द्वारा दिये गये मीरां सम्बन्धी विवरणों एवं कर्नल टॉड की पुस्तक Annals and Antiquities of Rajasthan पर आधारित है, अतः प्रायः उन्हीं बातों को दोहरा दिया गया है जो भक्तमालों में मिलती है। साथ ही कर्नल टॉड की तरह इन लेखकों ने भी मीरां को महाराणा कुम्भा की रानी बताया जो ऐतिहासिक रूप से असत्य है।[26]

मीरां सम्बन्धी उपर्युक्त उल्लेखों के पश्चात् के. एम. झवेरी ने Mile Stone in Gujarati Literature में मीरां का उल्लेख किया था।[27] तत्पश्चात् मिश्रबन्धुओं ने अपने इतिहास ग्रन्थ 'मिश्रबन्धु विनोद' में मीरां का महत्त्वपूर्ण उल्लेख किया है उनका मीरां सम्बन्धी विवरण मुंशी देवीप्रसाद विरचित 'महिला मृदुवाणी' एवं एनी बेसेंट द्वारा मीरां पर लिखे गये एक आलेख पर आधारित है।[28] आचार्य रामचन्द्र शुक्ल ने 'हिन्दी साहित्य का इतिहास' में मीरां का जो वर्णन दिया है वह 'मिश्रबन्धु विनोद' पर ही आधारित है।[29] इस प्रकार जो गलतियाँ मुंशी जी ने कीं, वे ही गलतियाँ मिश्रबन्धुओं एवं इसके पश्चात् आचार्य रामचन्द्र शुक्ल ने दोहरा दी थीं। मिश्र बन्धुओं ने मुंशी जी का अनुसरण करते हुए मीरां को भक्त बताया। इससे पूर्व हम मुंशी जी के मीरां सम्बन्धी विवरणों के आधार स्रोत की जानकारी प्राप्त कर चुके हैं। शुक्ल जी ने मिश्रबन्धुओं के मीरां सम्बन्धी विवरण में अतिरिक्त बात यह

जोड़ी कि उन्होंने मीरां को रहस्यवादी कवयित्री घोषित किया। उन्हें मीरां की विरह वेदना सूफ़ी कवियों के समतुल्य लगती थी, अतः उन्होंने मीरां पर सूफ़ी कवियों का प्रभाव खोज निकाला। शुक्ल जी की नज़र में मीरां एक गौण भक्त कवयित्री ही बनी रही जो अनेक अर्थों में दक्षिण भारत की भक्त कवयित्री 'अंदाल' से साम्यता रखती थी।[30] मीरां के अनेक पद रामकाव्य धारा तथा योग मार्ग के अन्तर्गत वर्गीकृत किये जा सकते हैं परन्तु शुक्ल जी ने मीरां को सगुण भक्ति की कृष्ण काव्य धारा के अन्तर्गत रखना ही उचित समझा। आचार्य रामचन्द्र शुक्ल यद्यपि मीरां-विशेषज्ञ नहीं थे तथापि उनकी आलोचना दृष्टि इसलिए महत्त्वपूर्ण है कि आगे आने वाले समय में मीरां के अध्येताओं एवं आलोचकों ने शुक्ल जी की मीरां सम्बन्धी आलोचना दृष्टि को बीज रूप में ग्रहण किया। यहाँ यह बता देना उचित होगा कि शुक्ल जी द्वारा 'हिन्दी शब्द सागर की भूमिका' प्रकाशित होने से पूर्व ऐसे अनेक काव्य संग्रह प्रकाशित हो चुके थे जिनमें मीरां के पद संग्रहित थे। संग्रहकर्त्ताओं ने मीरां के पदों के संग्रहण, संकलन एवं सम्पादन के दौरान अपनी व्यक्तिगत काव्य रुचियों एवं आलोचनात्मक मान्यताओं का परिचय तो दिया था किन्तु किसी प्रकार के आलोचनात्मक सामर्थ्य का परिचय नहीं दिया था। इस प्रकार मुंशी देवीप्रसाद, मिश्रबन्धु एवं आचार्य रामचन्द्र शुक्ल वे आलोचक थे जिन्होंने मीरां के सम्बन्ध में आरम्भिक आलोचनात्मक स्थापनाएँ दी थीं। इनमें मुंशी देवीप्रसाद का नाम सर्वप्रमुख है। इसी दौरान वियोगी हरि ने मीरांबाई, सहजोबाई व दयाबाई के पदों का संग्रह प्रकाशित करवाया था।[31] यह संग्रह काफी लोकप्रिय रहा जिसने अनेक काव्य रसिकों का परिचय मीरां-काव्य से करवाया। वियोगी हरि का आलोचनात्मक अवदान पूर्ववर्ती आलोचकों से इस रूप में भिन्न था कि उन्होंने मीरां-काव्य का सम्बन्ध आंशिक रूप से निर्गुण निराकार से जोड़ा, जो निश्चय ही मीरां-काव्य का एक महत्त्वपूर्ण पक्ष है। पूर्ववर्ती आलोचकों ने इस तथ्य की उपेक्षा की थी।

मेवाड़ के नरोत्तमदास स्वामी ने 1930 में 'मीरां मन्दाकिनी' नामक मीरां के पदों का संग्रह प्रकाशित करवाया था। इसका संक्षिप्त रूप 'मीरां मुक्तावली' नाम से 1973 में प्रकाशित हुआ था। 'मीरां मन्दाकिनी' के आरम्भ में स्वामीजी ने एक संक्षिप्त भूमिका लिखी थी जिससे ध्वनित होता है कि स्वामी जी मीरां को एक उच्च कोटि की भक्त कवयित्री मानते थे। उन्होंने मीरां एवं मीरां-काव्य के सम्बन्ध में किसी प्रकार की कोई नवीन स्थापना नहीं दी थी वरन् पूर्ववर्ती आलोचकों की आलोचना दृष्टि का ही अनुसरण किया था। उनकी मीरां सम्बन्धी आलोचना दृष्टि पर आचार्य रामचन्द्र शुक्ल का गहरा असर दिखाई देता है यद्यपि उन्होंने मीरां-काव्य पर निर्गुण भक्ति के प्रभाव को स्वीकार किया है। उनके अनुसार मीरां की साधना पद्धति में सगुण और निर्गुण साधना पद्धतियों का मेल दिखाई देता है।[32] नरोत्तम स्वामी की आलोचना दृष्टि की न्यूनता यह है कि वह सामन्ती मूल्यों एवं दबाव से अनुप्राणित

चित्तौड़ में जैन प्रभाव का साक्षी श्रृंगार चवरी

है अतः वे मीरां-काव्य के विद्रोही स्वरों को स्पष्टतापूर्वक नहीं देख सके हैं।

आचार्य परशुराम चतुर्वेदी ने 'मीरांबाई की पदावली' का सम्पादन किया था, जो हिन्दी साहित्य सम्मेलन प्रयाग से प्रकाशित हुई थी। इसके आरम्भ में उन्होंने चार पृष्ठ की संक्षिप्त प्रस्तावना के अलावा पचहत्तर पृष्ठ की विस्तृत भूमिका लिखी थी। चतुर्वेदी जी की आलोचना दृष्टि पर शुक्ल जी एवं स्वामी जी के आलोचना कर्म का प्रभाव दिखाई देता है। उन्होंने मीरां की कविता पर रहस्यवाद का प्रभाव देखा एवं मीरां के इष्टदेव को 'सगुनहि अगुनहि नहिं कुछ भेदा' के समतुल्य बताकर कहा कि मीरां के इष्टदेव' के सगुण या निर्गुण रूपों में वस्तुतः कोई भेद नहीं है। नरोत्तमदास स्वामी के समान परशुराम चतुर्वेदी ने मीरां के सामाजिक अवदान की विशेष चर्चा न करके मीरां के कविकर्म एवं उसकी कविता के छन्दों एवं उनमें उपस्थित अलंकारों पर ही अधिक ध्यान दिया है। वे मीरां की कविता के विद्रोही स्वरों को न जानकर केवल उसके मर्यादित रूप का ही गुणगान करते रहे।[33]

इस समय तक मीरां एवं मीरां-काव्य की भविष्यगत आलोचना का रूप स्थिर हो चुका था अतः परवर्ती आलोचकों के लिए मीरां की बनी-बनायी निर्मिति को तोड़ना तभी सम्भव था जब वे मीरां के जीवन व काव्य का विस्तृत अध्ययन करते एवं पूर्ववर्ती परम्परा से कुछ खास ग्रहण नहीं करते। दुर्भाग्यवश ऐसा नहीं हो पाया एवं

मीरां के परवर्ती आलोचक पूर्ववर्ती आलोचकों के मार्ग का ही अनुसरण करते रहे। इसी बीच भुवनेश्वरनाथ मिश्र 'माधव' एवं प्रो. मुरलीधर श्रीवास्तव के आलोचना ग्रन्थ प्रकाश में आये। दोनों ही आलोचकों का आलोचना-कर्म अपने पूर्ववर्ती आलोचकों के आलोचना-कर्म से केवल परिमाण में अधिक था अन्यथा विचार के धरातल पर वे कोई विशेष परिणाम नहीं दे सके थे। मुरलीधर श्रीवास्तव का आलोचना ग्रन्थ मीरां सम्बन्धी पूर्ववर्ती आलोचना ग्रन्थों से केवल इस अर्थ में भिन्न था कि इसमें मीरां के जीवन से सम्बन्धित स्रोत सामग्री का स्वतन्त्र रूप से उल्लेख किया गया था।[34]

विष्णु कुमारी श्रीवास्तव 'मंजु' मीरां की स्त्री अध्येता थीं परन्तु उनकी आलोचना दृष्टि परम्परागत ही बनी रही। उनका काव्य संग्रह 'मीरां-पदावली' उनके सम्पादन कौशल के कारण चर्चा में था, परन्तु उनके आलोचना-कर्म पर किसी ने भी विशेष ध्यान नहीं दिया। मीरां के आलोचकों व अध्येताओं में विष्णु कुमारी श्रीवास्तव का नाम इसलिए उल्लेखनीय है कि वे मीरां की स्त्री अध्येता थीं यद्यपि उनकी विचार प्रक्रिया युगीन मानसिकता का ही प्रतिनिधत्व करती थी। श्रीमती मंजु मीरां के सम्बन्ध में कोई नवीन विचार नहीं दे सकी थीं।

ब्रजरत्नदास मीरां के पूर्ववर्ती आलोचकों से इस अर्थ में भिन्न थे कि उन्होंने मीरां सम्बन्धी आलोचना किसी साहित्यिक-अकादमिक उद्देश्य से प्रेरित होकर नहीं की थी, वे मीरां के प्रति श्रद्धा रखते थे अतः मीरां के जीवन व काव्य के सम्बन्ध में बहुत सारी बातें लिख गये। यही वजह है कि उनकी पुस्तक 'मीरां माधुरी' में थोड़े-बहुत सन्दर्भ व टिप्पणियाँ तो हैं, परन्तु अपनी बात को उन्होंने पुष्ट प्रमाणों व सन्दर्भों के साथ स्पष्ट नहीं किया है।[35] मीरां के प्रति श्रद्धा व रुचि होने के कारण वे मीरां के अनेक अध्येताओं से व्यक्तिगत रूप से सम्पर्क में थे। साथ ही उन्होंने पूर्ववर्ती आलोचकों के मीरां सम्बन्धी आलोचना-कर्म का अध्ययन-मनन किया था अतः पूर्ववर्ती आलोचकों के आलोचना-कर्म का उन पर प्रभाव होना स्वाभाविक था। ब्रजरत्नदास ने इतिहास ग्रन्थों में उपलब्ध मीरां एवं मीरां के परिवार के विवरणों की सविस्तार व्याख्या की है एवं उन भक्त-कवियों के कवि-कर्म की भी विस्तृत चर्चा की है जिन्होंने मीरां के बारे में लिखा था।[36] वे मीरां के कृष्ण प्रेम एवं भक्ति पर रहस्य का आरोपण भी करते हैं।[37] प्रसंगवश यहाँ यह बता देना रुचिकर होगा कि पीताम्बरदत्त बड़थ्वाल ने सरस्वती पत्रिका में मीरां नाम की व्युत्पत्ति पर एक बहस प्रारम्भ की थी, जिसे उनके गुरुभाई नरोत्तमदास स्वामी, शिष्य चन्द्रबली पाण्डेय, हरिनारायण पुरोहित, के. का. शास्त्री व ललिताप्रसाद सुकुल ने आगे बढ़ाया था।[38] ब्रजरत्नदास ने 'मीरां माधुरी' में उक्त बहस की चर्चा की है।[39] जिस वर्ष ब्रजरत्नदास ने मीरां सम्बन्धी उक्त पुस्तक का प्रणयन किया था उसी वर्ष महावीर सिंह गेहलोत ने भी 'मीरां : जीवनी और काव्य' नामक पुस्तक का प्रणयन किया था जिसमें मीरां के जीवन से सम्बन्धित घटनाओं का क्रमवार विवरण प्रस्तुत किया गया था।

बंगीय हिन्दी परिषद कलकत्ता से प्रकाशित 'मीरां स्मृति ग्रन्थ' एक सम्पादित ग्रन्थ है जिसमें उस समय के विभिन्न विद्वानों के मीरां सम्बन्धी आलेख संकलित हैं। अलग-अलग विद्वानों के मानस पटल पर मीरां की जैसी छवि अंकित थी वैसी ही उन्होंने अपने आलेख में मीरां के सम्बन्ध में लिखी है। ग्रन्थ में संकलित आलेख वैसे तो किसी उपयोगी आलोचना का परिचय नहीं देते तथापि संकलित आलेखों में प्रो. शिवाधर पाण्डेय का 'मिस्टिक, लिपिस्टिक और मीरां', परशुराम चतुर्वेदी का 'सन्तमत और मीरां', डॉ. जी. रायचौधरी का 'मीरांबाई का ऐतिहासिक जीवनवृत्त', प्रो. रामेश्वर शुक्ल का 'मीरां की वेदना', कुमारी जगदीश्वरी सिंह का 'मीरां के पदों में सांस्कृतिक चित्रण', कुमारी शिवानी बसु का 'बंग हृदय में मीरां', प्रो. कमला देवी गर्ग का 'गेय पद परम्परा में मीरा की देन', आचार्य ललिता प्रसाद सुकुल का 'कृष्ण भक्ति परम्परा में मीरां' एवं प्रो. तारकनाथ अग्रवाल का 'लोकमत और मीरां की भक्ति' का उल्लेख किया जा सकता है।

मीरां के अब तक जितने भी आलोचकों एवं उनके आलोचना-कर्म की हमने चर्चा की है उनमें सबसे व्यवस्थित आलोचना मीरां की स्त्री अध्येता श्रीमती पद्मावती शबनम ने दी है। उन्होंने मीरां के जीवन एवं काव्य पर कुछ महत्त्वपूर्ण आलोचनात्मक पुस्तकों का प्रणयन किया था। उन्होंने मीरां के जीवन व काव्य से सम्बन्धित स्रोत सामग्री का विस्तारपूर्वक अध्ययन एवं विश्लेषण किया था अतः मीरां के जीवन से सम्बन्धित उनके विश्लेषण परिपक्व बन पड़े हैं।[40] उदाहरणस्वरूप उनका मानना है कि अकबर का मीरां को मिलने आना नितान्त असम्भव घटना नहीं प्रतीत होती। पद्मावती शबनम ने मीरां काव्य में प्रतिरोध व संघर्ष के स्वरों की पहचान की थी, दुर्भाग्यवश वे उनका व्यवस्थित प्रस्तुतीकरण नहीं कर सकीं। उनके आलोचना-कर्म की न्यूनता यह है कि उन्होंने मीरां के काव्य व जीवन का विवरण प्रस्तुत करते समय मीरां के आलोचकों के परम्परागत ढाँचे का ही अनुसरण किया अतः आलोचनात्मक निष्कर्षों की नवीनता के बावजूद वे आकर्षक नहीं रहे।

स्वामी आनन्द स्वरूप की दृष्टि भक्तिस्नात है अतः उन्हें ब्रजरत्नदास की परम्परा का आलोचक माना जा सकता है। स्वामी जी मीरां माँ के सम्बन्ध में जो कुछ जानते थे, वो उन्होंने कथारूप में उनके विशद ग्रन्थ 'मीरां सुधा सिन्धु' एवं उसके संक्षिप्त संस्करण 'मीरां सुधा लहरी' में प्रस्तुत कर दिया है। मीरां के सम्बन्ध में दिये गये विवरणों का सन्दर्भ सहित प्रमाणीकरण करने की परवाह उन्हें नहीं थी क्योंकि उपर्युक्त कथालेखन एवं घटना वर्णन वे किसी अकादमिक उद्देश्य से प्रेरित होकर नहीं कर रहे थे वरन् वे ऐसा पुण्य प्राप्ति के उद्देश्य से कर रहे थे।[41] स्वामी जी का रचनाकर्म मीरां के अध्येताओं के लिए इसलिए उपयोगी है कि उन्होंने अपनी संग्राहक प्रवृत्ति के कारण मीरां के सम्बन्ध में प्रचलित किंवदन्तियों का विशद खजाना शोधार्थियों को प्रदान कर दिया है।

मीरां के जीवन से सम्बन्धित विवरणों एवं काव्य के संग्रहकर्ताओं में हरिनारायण पुरोहित का नाम विशेष उल्लेखनीय है। वे बहुत लम्बे समय तक स्रोत सामग्री का एकत्रण करते रहे ताकि वे मीरां पर एक व्यवस्थित ग्रन्थ का प्रणयन कर सके। दुर्भाग्यवश जब उन्हें लगा कि वे मीरां पर कुछ लिख सकते हैं तब तक वे वृद्ध हो चुके थे एवं उनकी स्मृति रेखाएँ धुँधली हो गयी थीं।[42] पुरोहित जी किसी आलोचनात्मक ग्रन्थ का प्रणयनं नहीं कर सके परन्तु उन्होंने मीरां के सम्बन्ध में कुछ उपयोगी आलेखों का प्रणयन किया था। उन्हीं आलेखों में से एक आलेख 'मीरां बृहत्पदावली' पहला भाग के आरम्भ में प्रकाशित हो चुका है। पुरोहितजी के संग्रह[43] में उपलब्ध उनका पत्र-साहित्य भी मीरां के सम्बन्ध में अनेक महत्त्वपूर्ण जानकारियाँ देता है। पत्रों के अध्ययन से ऐसी आशंका होती है कि पुरोहितजी का आलोचना-कर्म भी सम्भवतः अपने पूर्ववर्ती आलोचकों से विशेष भिन्न न होता।

मीरां के सन्दर्भ में महत्त्वपूर्ण आलोचकों एवं उनकी आलोचना दृष्टि पर चर्चा करने के पश्चात् अब उन आलोचकों की चर्चा करना उचित होगा जिनका सम्बन्ध एक वर्ग विशेष से है। ऐसे आलोचकों की आलोचना दृष्टि पर सामन्तवाद का प्रभाव परिलक्षित होता है। इन आलोचकों का आलोचना-कर्म विशेष रूप से मीरां के जीवन के अध्ययन हेतु इसलिए उपयोगी है उन्होंने मीरां के जीवन से सम्बन्धित कुछ उपयोगी व अनेक अनुपयोगी सूचनाएँ प्रदान की हैं। ऐसा इसलिए सम्भव हो पाया कि मेवाड़ व मारवाड़ के राजघरानों एवं पोथीखानों की इतिहास सम्बन्धी स्रोत सामग्री इन्हें सहज उपलब्ध थी।

20वीं सदी के अन्तिम दशकों में जब स्त्री आन्दोलन एवं स्त्री स्वरों ने जोर पकड़ा तब मध्यकालीन प्रेरणा के रूप में मीरां एक बार पुनः विचार और बहस के केन्द्र में आयी। इसी समय मीरां के साहित्यिक एवं सामाजिक अवदान पर कुछ स्त्री लेखिकाओं ने कलम चलाई जिनमें प्रमुख हैं—कुमकुम संगारी, परिता मुक्ता, मधु किश्वर एवं रूथ वनिता। इन स्त्री लेखिकाओं के लेखन पर शहरी परिवेश का गहरा असर दिखाई देता है जो इनके मीरां सम्बन्धी आलोचना-कर्म में भी परिलक्षित हुआ है। इनका सम्पूर्ण आलोचना-कर्म अंग्रेजी भाषा में है एवं मीरांयुगीन समाज एवं चित्तौड़ दुर्ग की तत्कालीन राजनीति की उपयुक्त समझ से विहीन है। कुमकुम संगारी मीरां को पैदायशी विद्रोहिणी मानती हैं एवं उसके पति को एक दुष्ट आत्मा[44] जो ऐतिहासिक रूप से निराधार है। परिता मुक्ता की आलोचनात्मक दृष्टि लोकानुवर्ती रही है अतः उन्होंने मेवाड़, मारवाड़ एवं गुजरात के अनेक प्रदेशों में घूम-घूम कर मीरां के जीवन व काव्य सम्बन्धी अध्ययन के लिए आधार सामग्री प्राप्त की परन्तु मीरां के सम्बन्ध में उनकी आलोचनात्मक समझ भी विशेष परिपक्व नहीं समझी जायेगी। यही हाल मीरां की शेष स्त्री अध्येताओं का है। प्रसंगवश यहाँ सौभाग्य कुँवरी राणावत का उल्लेख करना आवश्यक है जिन्होंने शोध के आधुनिक प्रतिमानों

के अनुसार भले ही किसी ग्रन्थ या आलेख का प्रणयन नहीं किया हो तथापि मीरां से सम्बन्धित अनेक किंवदन्तियों का कथा प्रस्तुतीकरण उन्होंने अपनी पुस्तक 'मीरा चरित्र' में किया है। श्रीमती राणावत का सम्बन्ध ग्रामीण परिवेश से है एवं सामन्ती सोच का सीधा दुष्परिणाम उन्होंने महसूस किया है।

अब उन विद्वान आलोचकों का नामोल्लेख करना आवश्यक है जिन्होंने मीरां के सम्बन्ध में भले ही कोई महत्त्वपूर्ण आलोचनात्मक स्थापनाएँ नहीं दी हैं परन्तु मीरां को लगातार हिन्दी आलोचना के केन्द्र में बनाये रखा। मीरां के ऐसे अध्येताओं में कृष्णलाल, कृष्णदेव झारी, कृष्णदेव शर्मा, चुन्नीलाल 'शेष', आलमशाह खान, हीरालाल माहेश्वरी, रामगोपाल शर्मा 'दिनेश', राजेन्द्र मोहन भटनागर, डॉ. सी. एल. प्रभात, विश्वनाथ त्रिपाठी, देवकिशन राजपुरोहित एवं नन्द चतुर्वेदी के नाम विशेष उल्लेखनीय हैं। डॉ. सी. एल. प्रभात ने बहुत मेहनत से मीरां के सम्बन्ध में अनेक महत्त्वपूर्ण तथ्य व प्रमाण एकत्र किये थे यद्यपि वे उनका समुचित उपयोग करने में असफल रहे। डॉ. प्रभात का शोध प्रबन्ध भी मीरां के जीवन व काव्य से ही सम्बन्धित था। आलमशाह खान, नन्द चतुर्वेदी एवं विश्वनाथ त्रिपाठी की आलोचना दृष्टि यद्यपि सामन्त विरोधी मूल्यों से अनुप्राणित है किन्तु इनमें से कोई भी मीरां काव्य के सामन्त विरोधी स्वरों को स्पष्ट करने में सफल नहीं हो सका। विश्वनाथ त्रिपाठी का तो सम्पूर्ण मीरां सम्बन्धी आलोचना-कर्म केवल दो लेखकों की मीरां सम्बन्धी पुस्तकों पर आधारित है। अन्त में यह बता देना आवश्यक है कि कुछ अपवादों को छोड़कर मीरां के सभी आलोचकों का सम्बन्ध भारतीय समाज के उस वर्ग से है, जो वर्णाश्रम व्यवस्था के ऊपरी पायदान पर है। निश्चय ही उनके सांस्कृतिक-सामाजिक परिवेश ने उनकी आलोचना दृष्टि के निर्माण में महत्त्वपूर्ण भूमिका निभायी है।

मीरां के प्रकाशित काव्य संग्रहों को दो भागों में विभाजित किया जा सकता है। प्रथम वे जिनका आधार लिखित परम्परा है एवं द्वितीय वे जिनका आधार मौखिक परम्परा है। लिखित परम्परा में मीरां के उन काव्य संग्रहों को सम्मिलित किया जायेगा जिसमें संग्रहकर्त्ता ने मीरां के उन पदों का प्रकाशन करवाया है, जो उसे अनेक हस्तलिखित पाण्डुलिपियों के रूप में प्राप्त हुए थे। मौखिक परम्परा में मीरां के वे काव्य संग्रह सम्मिलित किये जाएँगे जिनमें आधार सामग्री के रूप में प्रचलित लोकगीतों एवं लोकसंग्रह से प्राप्त मीरां के पदों का उपयोग किया गया है। मीरां के अधिकांश प्रकाशित काव्य-संग्रह लिखित एवं मौखिक परम्परा का मिश्रित रूप प्रस्तुत करते हैं। 'गुरुग्रन्थ साहिब' के तीन संस्करण मिलते हैं। पहला संस्करण गुरु अर्जन देव ने संकलित किया था और भाई गुरुदास ने इसकी प्रति तैयार की थी दूसरा संस्करण भाई बानों ने उस समय तैयार किया था जब वो गुरु अर्जन देव की प्रति की एक प्रतिलिपि को जिल्द बनवाने के लिए लाहौर ले गये थे उस समय उसने स्वयं एक प्रति तैयार की थी एवं उसमें मीरां व सूरदास के भजन जोड़ दिये

थे।[45] तीसरा संस्करण वह है जो वर्तमान समय में उपलब्ध है। आदिग्रन्थ के दूसरे संस्करण अर्थात् भाई बानों द्वारा संकलित संस्करण में 'राग मारू' के अन्तर्गत मीरां का एक पद मिलता है। इस पद में मूलतः कृष्ण के प्रति मीरां की विरह वेदना को अभिव्यक्ति मिली है। यह पद मीरां के सर्वप्राचीन पदों में से एक हैं तथा इसका महत्त्व इसी से सिद्ध है कि इसे आदिग्रन्थ के भाई बानों संस्करण में स्थान मिला। प्रसंगवश उल्लेखनीय है कि मैकॉलिफ ने अपने ग्रन्थ 'सिख रिलीजन' में गुरुग्रन्थसाहब में संकलित मीरां के एक प्राचीन पद का अनुवाद किया है जिसमें अकबर का उल्लेख है।[46] मीरां के कुल छह पदों का संग्रह नागरीदास कृत श्रृंगार सागर के अन्तर्गत 'पद प्रसंग माला' में देखने को मिलता है।[47] नागरीदास द्वारा किये गये छह पदों का यह संग्रह इसलिए महत्त्वपूर्ण है कि नागरीदास का यह ग्रन्थ मीरां की मृत्यु से लगभग दो सौ वर्ष पश्चात् ही रच लिया गया था। नागरीदास मेड़ता के राजा राव दूदा के सगे भाई राव सूजा का वंशज था। इस प्रकार नागरीदास उसी राठौड़ वंश का था जिस वंश की मीरां थी। नागरीदास द्वारा संगृहीत मीरां के ये छह पद विश्वसनीय कहे जा सकते हैं। नागरीदास के इन छह पदों में से तीन पदों में मीरां के जीवन की तीन प्रमुख घटनाओं—सती न होना, विषपान एवं द्वारिकावास तथा शेष तीन पदों में कृष्ण के प्रति उसके आत्मा निवेदन एवं विरह वेदना का वर्णन है। नागरीदास की दृष्टि में मीरां द्वारा सती होने से इनकार किये जाने की घटना मीरां के जीवन की सर्वप्रमुख घटनाओं में से एक थी। यही वजह है कि नागरीदास द्वारा 'पद प्रसंग माला' में इस घटना से सम्बन्धित दिया गया पद न केवल अन्य पदों से अपेक्षाकृत अधिक लम्बा है वरन् प्राथमिकता के साथ उद्धृत है। नागरीदास अनेक वर्षों तक मुगलों की शाही चाकरी में था,[48] अतः सतीप्रथा से उसका वैचारिक विरोध स्वाभाविक था। मुगलों के संसर्ग ने नागरीदास में ब्राह्मणीय आस्थाओं के प्रति आलोचनात्मक दृष्टि उत्पन्न कर दी थी। यह अत्यन्त आश्चर्य का विषय है कि जहाँ भक्तमाल के रचयिताओं तथा वार्ताकारों ने मीरां को सती किये जाने की घटना का उल्लेख तक नहीं किया वहीं नागरीदास ने इस घटना का उल्लेख प्राथमिकता के साथ करना उचित समझा। नागरीदास ही वह प्रथम कृतिकार था जिसने अपने ग्रन्थ 'श्रृंगार सागर' में मीरां द्वारा सती होने से इनकार किये जाने की घटना का उल्लेख किया था। मीरां द्वारा सती होने से इनकार किये जाने की घटना के पश्चात् नागरीदास ने मीरां द्वारा विषपान की घटना को द्वितीयक महत्त्व दिया है। यहाँ नागरीदास द्वारा संकलित पदों में मीरां की दो चरित्रगत विशेषताएँ उभर कर सामने आती हैं—प्रथम मीरां के संघर्षशील व्यक्तित्व का साक्षात्कार होता है एवं द्वितीय मीरां एक भावुक कृष्णार्पित विरहिणी लगती है। संकलित पदों की भाषा पर मेवाड़ी, मारवाड़ी एवं खड़ी बोली का प्रभाव देखा जा सकता है। पदों में अनेक मेवाड़ी शब्दों का प्रयोग किया गया है। नागरीदास द्वारा उद्धृत इन छह पदों का महत्त्व इसी से स्थापित

मेड़ता स्थित मीरां महल का आन्तरिक दृश्य

हो जाता है कि आधुनिक युग में मीरां-काव्य के अनेक संकलनकर्त्ताओं ने अपने संकलित काव्य-संग्रहों में नागरीदास के इन छह पदों को महत्त्वपूर्ण स्थान दिया है।

मीरां के पदों का प्रथम मुद्रित रूप 1842 में देखने को मिला जब संगीत कला से सम्बन्धित ग्रन्थ 'संगीत-राग-कल्पद्रुम' का प्रकाशन हुआ था। इस ग्रन्थ के प्रणेता उदयपुर नगर के कृष्णानन्द व्यास देव रागसागर थे। इन्होंने विभिन्न रागों के उदाहरण स्वरूप मीरां के पदों का उल्लेख किया था। इस ग्रन्थ में मीरां के 43 पद दिये गये थे जिनका उपयोग परवर्ती साहित्य के इतिहासकारों एवं मीरां के अध्येताओं द्वारा किया गया। संगीत-राग-कल्पद्रुम में संगृहीत मीरां के पदों को मौखिक परम्परा के अन्तर्गत वर्गीकृत किया जा सकता है।

संगीत-राग-कल्पद्रुम के प्रकाशन के कुछ दशकों पश्चात् प्रकाशित 'वृहत्-काव्य-दोहन' नामक गुजराती भाषा के ग्रन्थ के प्रणेता इच्छाराम सूर्यराम देसाई थे। इनके व्यक्तिगत संग्रह में अन्य मध्यकालीन भक्त-कवियों के काव्य की हस्तलिखित पाण्डुलिपियों के साथ मीरां-काव्य की भी हस्तलिखित पाण्डुलिपियाँ उपलब्ध थीं। इन हस्तलिखित पाण्डुलिपियों का प्रकाशन उक्त ग्रन्थ में हुआ था। जिनमें मीरां के 159 पद सम्मिलित थे। 'वृहत्-काव्य-दोहन' में प्रकाशित मीरां के पदों का आधार गुजरात क्षेत्र से प्राप्त मीरां-काव्य की हस्तलिखित पाण्डुलिपियाँ थीं, अतः इस ग्रन्थ को लिखित परम्परा के अन्तर्गत वर्गीकृत किया जायेगा।

1897 में 'मीरांबाई के भजन' नामक पुस्तिका का प्रकाशन मेरठ नगर से हुआ था जिसका प्रणयन पं. ईश्वरी प्रसाद रामचन्द्र ने किया था। इसमें मीरां के 20 भजन प्रकाशित थे जिनका संग्रहण मौखिक परम्परा से हुआ था। इसके पश्चात् 1901 में 'मीरांबाई ऑव उदेपूर' नामक पुस्तक का बंगाली भाषा में प्रकाशन हुआ। इसके लेखक उपेन्द्रनाथ मुखोपाध्याय थे। उक्त पुस्तक में मीरांबाई के भजनों का बंगाली अनुवाद प्रस्तुत किया गया था। यह भी सूचना मिलती है कि कार्तिक प्रसाद खत्री ने 'मीरांबाई का जीवन चरित्र' नामक पुस्तक का प्रणयन किया था जिसका प्रकाशन काशी से हुआ था। इस पुस्तक में मीरां के 21 पद दिये गये थे। दुर्भाग्यवश पुस्तक का प्रकाशन समय एवं मीरां के प्रकाशित पदों की स्रोत सामग्री दोनों के सम्बन्ध में कोई विशेष सूचना उपलब्ध नहीं हुई।[49]

'महिला-मृदुवाणी' का प्रकाशन नागरी प्रचारिणी सभा, काशी द्वारा सन् 1905 में हुआ था। इस पुस्तक के लेखक मुंशी देवीप्रसाद थे जिन्होंने काव्य कुशला कवियाकान्ताओं की काव्य रचना और जीवन चरित्रों का अत्यन्त सुरुचिपूर्ण वर्णन पुस्तक में किया है। महिला-मृदुवाणी में कुल 35 महिला भक्त कवयित्रियों का अत्यन्त संक्षिप्त जीवन परिचय एवं उनकी कविता के नमूने प्रस्तुत किये गये हैं। इन भक्त कवयित्रियों में मीरां भी सम्मिलित है जिसका कुल 12 पृष्ठों में वर्णन किया है।[50] आरम्भ के दो पृष्ठों में मीरां के जीवन से सम्बन्धित जानकारी दी गयी है जब कि शेष दस पृष्ठों में मीरां की कविता के नमूने प्रस्तुत किये गये हैं। उक्त पुस्तक में दिये गये मीरां के पदों का आधार लिखित स्रोत सामग्री बताया जाता है।[51] इससे पूर्व 1897 में देवीप्रसाद ने 'मीरांबाई का जीवन चरित्र' नामक स्वतन्त्र पुस्तक का प्रणयन भी किया था। इस पुस्तक के अन्त में मीरांबाई की कविता के तीन नमूने प्रस्तुत किये गये है।[52] इसका परवर्ती संस्करण बंगीय हिन्दी परिषद, कलकत्ता द्वारा प्रकाशित हुआ था।

विश्वेश्वर प्रेस बनारस से 1905 में 'श्री भक्ति शिरोमणि मीरांबाई के भजन' नामक पुस्तिका का प्रकाशन हुआ था। इस पुस्तिका में मीरां के 34 भजन संकलित थे जिनका आधार लोक संग्रह में व्याप्त मीरां के भजन थे। भजनों की भाषा पर खड़ी बोली का प्रभाव दृष्टिगत है। उक्त पुस्तिका को हम मौखिक परम्परा के अन्तर्गत रख सकते हैं। नवलकिशोर प्रेस लखनऊ से भी 1905 में एक ऐसी ही पुस्तिका का प्रकाशन हुआ था। पुस्तिका जिसे 'मीरांबाई के भजन' नाम से प्रकाशित किया था, में संकलित मीरां के पदों का आधार भी मौखिक परम्परा से संगृहीत पद ही थे। इसके कुछ वर्षों पश्चात् 1908 में त्र्यंबक हरी आप्टे द्वारा मराठी भाषा में 'गाथा पंचक' नामक पुस्तक का प्रणयन हुआ। पुस्तक में अन्य भक्त-कवियों के समान मीरां के भी 153 पद संकलित थे। ये पद सम्भवतः महाराष्ट्र में उपलब्ध मीरां-काव्य की

हस्तलिखित पाण्डुलिपियों से प्राप्त किये गये थे। बाद में 1909 में बेलवेडियर प्रेस, प्रयाग से 'सन्तवाणी-पुस्तक-माला' का प्रकाशन हुआ जिसके अन्तर्गत 'मीरांबाई की शब्दावली' नामक पुस्तक का भी प्रकाशन हुआ। उक्त पुस्तक में मीरां के 38 पद संकलित हैं जिन्हें 'शबद' कहा गया है। पुस्तक में आधार सामग्री के रूप में, उपलब्ध हस्तलिखित पाण्डुलिपियों का उपयोग किया गया था। 'मीरांबाई की शब्दावली' में संगृहीत मीरां के पदों की विषयवस्तु का अध्ययन करने पर ये पद सन्तमत से प्रभावित जान पड़ते हैं। यह पुस्तक उस समय काफी चर्चा में रही थी तथा मीरां के अध्येताओं के लिए आकर्षण का केन्द्र थी।

गोविराव मोरावा कार्लेकर ने जगदीश छापाखाना, गिरगाँव, बम्बई से 1922 में 'मीरांबाई-भजन-भांडार अर्थात् मीरांबाई कृत पद-रत्न संग्रह' नामक ग्रन्थ का प्रकाशन करवाया था। इस ग्रन्थ में मीरां के 352 पद संग्रहीत हैं। संकलनकर्ता का दावा है कि मीरां के ये पद उसे कठिन शोध के पश्चात् प्राप्त हुए थे। ग्रन्थ में संगृहीत पदों की भाषा को संकलनकर्ता द्वारा हिन्दुस्तानी व गुजराती बताया गया है। इस ग्रन्थ की विशेष बात यह है कि इस ग्रन्थ के प्रकाशन से पूर्व इतनी बड़ी संख्या में मीरां के पद एक जगह उपलब्ध नहीं थे। ऐसा लगता है कि संकलनकर्ता को जहाँ कहीं से मीरां के पद उपलब्ध हुए उन्हें उसने ग्रन्थ में शामिल कर लिया था जिनमें से अधिकांश पद मीरां-काव्य के पूर्व प्रकाशित ग्रन्थों से प्राप्त किये गये थे और प्रसंगवश यहाँ यह स्पष्ट कर देना उचित होगा कि उक्त ग्रन्थ के प्रकाशन के पश्चात् परवर्ती समय में प्रकाशित होने वाले मीरां-काव्य के अधिकांश ग्रन्थों में पूर्व-प्रकाशित ग्रन्थों की सामग्री का ही उपयोग किया गया। यह सिलसिला अब भी जारी है परिणामस्वरूप मीरां-काव्य के ऐसे संग्रह कम ही देखने को मिलते हैं जिनमें मीरां के अप्रकाशित पदों को प्रकाश में लाया गया हो, फिर चाहे वे पद लिखित अथवा मौखिक किसी भी परम्परा से प्राप्त किये गये हों।

'प्राचीन काव्य सुधा' नामक ग्रन्थ 1922 के लगभग पाँच खंडों में प्रकाशित हुआ था, जिसके संकलनकर्ता छगनलाल विद्याराम रावल थे। उक्त ग्रन्थ में मीरां के कुल 33 पद संकलित थे। मीरां-काव्य के सन्दर्भ में यह ग्रन्थ इसलिए उल्लेखनीय है कि इस ग्रन्थ में मीरां-काव्य की कुछ अप्रकाशित हस्तलिखित पाण्डुलिपियों का प्रथम बार प्रकाशन हुआ था, यद्यपि मीरां के शेष पद पूर्वोक्त 'वृहत् काव्य-दोहन' से ही प्राप्त किये गये थे। उक्त ग्रन्थ के प्रकाशन के कुछ समय पश्चात् 'सिलेक्शंस फ्रॉम क्लैसिकल गुजराती लिटरेचर' नामक ग्रन्थ का प्रकाशन हुआ जिसके संकलनकर्ता एच. जे. जे. तारा पोरवाला थे। इस ग्रन्थ में मीरां के 106 पद संकलित हैं जिन्हें पूर्वोक्त 'वृहत्-काव्य-दोहन' से उतारा गया था। ऐसा प्रतीत होता है कि 'वृहत्-काव्य-दोहन' में संकलित पदों का विद्वत् समाज में काफी सम्मान था, यही वजह थी कि परवर्ती संकलनकर्ताओं ने 'वृहत्-काव्य-दोहन' की सामग्री का भरपूर उपयोग किया।

वियोगी हरि द्वारा प्रणीत पुस्तक 'मीरांबाई सहजोबाई दयाबाई का पद संग्रह' में मीरां के 36 पद संकलित हैं। यह पुस्तक 1930 में गाँधी हिन्दी पुस्तक भंडार प्रयाग से प्रकाशित हुई थी। उक्त पुस्तक में मीरां के उन पदों को सम्मिलित किया गया था जो काव्य-रसिकों द्वारा सहज स्वीकार्य एवं चर्चित थे। आधार सामग्री के रूप में पूर्व प्रकाशित काव्य-संग्रहों का ही उपयोग किया गया था। बाद में उन्होंने 'मीराबाई के सुबोध पद' नामक मीरां काव्य की स्वतन्त्र पुस्तिका का भी प्रणयन किया, जिसका प्रकाशन सस्ता साहित्य मण्डल, नयी दिल्ली द्वारा किया गया। इस पुस्तिका में मीरां के पदों का संकलन करने एवं पदों के शब्दार्थ हेतु आचार्य परशुराम चतुर्वेदी द्वारा सम्पादित 'मीरांबाई की पदावली' नामक पुस्तक से सहायता ली गयी थी। वियोगी हरि के अनुसार मीरां के संकलित पदों की भाषा 'मेवाड़ी-राजस्थानी' है जिसमें गुजराती, ब्रजभाषा, खड़ी बोली व उर्दू-फारसी के भी शब्द मिल जाते हैं।[53] सस्ती एवं सुलभ होने के कारण वियोगी हरि की पुस्तक 'मीरांबाई के सुबोध पद' लोकप्रिय रही एवं पुस्तक के अनेक संस्करण मुद्रित हुए। जहाँ तक वियोगी हरि की आलोचना दृष्टि का प्रश्न है उन्होंने मीरां को कृष्णासक्त भक्त ही माना है न कि विद्रोहिणी स्त्री।

मीरां सम्बन्धी उपर्युक्त काव्य संग्रहों के पश्चात् जिस काव्य संग्रह ने मीरां के अध्येताओं का ध्यान खींचा, वह था नरोत्तमदास स्वामी द्वारा संकलित 'मीरां मन्दाकिनी' जिसका आगरा से 1930 में प्रकाशन हुआ था। यह संग्रह विद्वत समाज में अत्यन्त लोकप्रिय रहा एवं मीरां-काव्य के परवर्ती संग्रहकर्ताओं ने नरोत्तमदास स्वामी की इस पुस्तक को सन्दर्भ ग्रन्थ के रूप में ग्रहण किया। इस पुस्तक में मीरां के कुल 161 पद संकलित थे जिनकी आधार सामग्री राजस्थान के विभिन्न भागों से प्राप्त मीरां-काव्य की हस्तलिखित पाण्डुलिपियाँ थीं। ये हस्तलिखित पाण्डुलिपियाँ नरोत्तमदास स्वामी के व्यक्तिगत संग्रह में संगृहीत थीं। इन हस्तलिखित पाण्डुलिपियों के लिपि समय के बारे में निश्चित रूप से कुछ नहीं कहा जा सकता किन्तु इतना तय है कि इनका लिपि स्थान अवश्य ही कोई 'रामद्वारा' रहा होगा। उस समय के मीरां-काव्य के अन्य संग्रहकर्ताओं की तरह नरोत्तमदास स्वामी ने भी मीरां को कृष्णासक्त भक्त ही माना। उनके अनुसार मीरां की भक्ति कांता भाव की थी जिसमें विरह, प्रेम, ज्ञान एवं वैराग्य के भाव निहित थे। नरोत्तमदास स्वामी का मानना था कि मीरां के पद सगुण एवं निर्गुण का सुन्दर मेल है जिनकी भाषा ब्रजभाषा से मिश्रित राजस्थानी है।[54] 'मीरां मन्दाकिनी' का प्रकाशन 1930 में हुआ था इसके अनेक वर्षों पश्चात् 1973 में 'मीरां मुक्तावली' का आगरा से प्रकाशन हुआ जिसमें मीरां के 101 पद संगृहीत थे। यह वस्तुतः नरोत्तमदास स्वामी द्वारा प्रणीत 'मीरां मुक्तावली' का ही संक्षिप्त रूप था अतः पदों की संख्या के अलावा दोनों पुस्तकों में सम्पादन सम्बन्धी कोई विशेष भेद देखने को नहीं मिलता।

हिन्दी साहित्य सम्मेलन, प्रयाग से 1932 में आचार्य परशुराम चतुर्वेदी द्वारा

सम्पादित 'मीरांबाई की पदावली' का प्रकाशन हुआ जिसमें मीरां के कुल 201 पद संकलित थे। संकलन का आधार मीरां-काव्य के पूर्व प्रकाशित संग्रहों के अलावा लेखक द्वारा संगृहीत किये गये कुछ अन्य पद भी थे।[55] ऐसा प्रतीत होता है कि 'मीरांबाई की पदावली' में आये हुए अधिकांश पद नरोत्तमदास स्वामी द्वारा प्रणीत 'मीरां-मन्दाकिनी' तथा बेलवेडियर प्रेस से प्रकाशित मीरांबाई की शब्दावली से लिए गये हैं। यह पुस्तक मीरां के अध्येताओं एवं काव्य-रसिकों के मध्य अत्यन्त लोकप्रिय रही जिसकी मुख्य वजह चतुर्वेदीजी की सम्पादन कुशलता के साथ-साथ इस पुस्तक का हिन्दी साहित्य सम्मेलन, प्रयाग से प्रकाशित होना था। 'मीरांबाई की पदावली' मीरां-काव्य के अन्य संग्रहों की तुलना में सर्वाधिक लोकप्रिय रही जिसका अन्दाज इसी बात से लगाया जा सकता है कि अब तक इसके इक्कीस से भी अधिक संस्करण प्रकाशित हो चुके हैं। यहाँ यह उल्लेख करना उचित होगा कि 'मीरांबाई की पदावली' के परवर्ती संस्करणों का रूप ठीक-ठीक वही नहीं रह गया था, जो इसके प्रथम संस्करण का रूप था। परवर्ती संस्करणों में सम्पादक ने जहाँ अनेक नवीन पदों को पुस्तक में स्थान दिया वहीं अनेक पूर्व प्रकाशित पदों को निकाल बाहर किया। सम्पादक द्वारा ऐसा किये जाने की मूल वजह उनके मीरां काव्य सम्बन्धी विचारों में होने वाला परिवर्तन था। चतुर्वेदीजी यह विश्वास करने लगे थे कि मीरां के वे पद जो विभिन्न संवादों के रूप में हैं तथा जहाँ मीरां की गर्वोक्ति प्रकट होती है प्रामाणिक नहीं हैं।[56] मीरां के वे पद, जिन पर सन्तमत एवं नाथ सम्प्रदाय का प्रभाव दृष्टिगोचर होता है, को भी चतुर्वेदीजी ने अप्रामाणिक माना एवं ऐसे पदों को 'मीरांबाई की पदावली' से निकाल बाहर किया।[57] उनके द्वारा अन्तिम रूप से सम्पादित संग्रह में मीरां के कुल 202 पद संकलित थे जिनमें मीरां के वे पद अनुपस्थित थे जिनका सम्बन्ध सन्तमत, नाथपन्थ अथवा लौकिक परम्परा से था।

नरोत्तमदास स्वामी का काव्य संग्रह 'मीरां-मन्दाकिनी' एवं परशुराम चतुर्वेदी का काव्य संग्रह 'मीरांबाई की पदावली' जैसे मीरां-काव्य के महत्त्वपूर्ण काव्य-संग्रहों के पश्चात् साहित्य भवन लिमिटेड, प्रयाग से 1934 में प्रकाशित मुरलीधर श्रीवास्तव का काव्य संग्रह 'मीरांबाई का काव्य' एवं ग्रन्थवाणी मन्दिर प्रेस, छपरा से 1934 में ही प्रकाशित भुवनेश्वरनाथ मिश्र माधव का काव्य संग्रह 'मीरां की प्रेम साधना' में प्रकाशित मीरां के पद चर्चा का विषय रहे। उक्त दोनों ही मीरां सम्बन्धी काव्य-संग्रहों में प्रकाशित मीरां के पदों की आधार सामग्री मीरां-काव्य के पूर्व प्रकाशित वे काव्य संग्रह ही थे जिनकी चर्चा इस अध्याय के आरम्भ में की जा चुकी है, अतः संगृहीत पदों पर और अधिक चर्चा करना अनुपयोगी होगा। यहाँ यह जानकारी देना प्रासंगिक होगा कि भुवनेश्वरनाथ मिश्र 'माधव' के काव्य संग्रह 'मीरां की प्रेम साधना' के आरम्भ में आचार्य रामचन्द्र शुक्ल ने एक संक्षिप्त प्रस्तावना लिखी थी जिससे यह आभास मिलता है कि उस समय के आलोचक मीरां को एक भावुक भक्त स्त्री कवयित्री

से अधिक कुछ और मानने के लिए तैयार नहीं थे।[58] प्रसंगवश उल्लेखनीय है कि 1956 में मुरलीधर श्रीवास्तव ने 'मीरां दर्शन' नामक पुस्तक का प्रणयन किया था जिसके अन्त में मीरां के 103 पद दिये गये हैं। मीरां के ये पद 'मीरां स्मृति ग्रन्थ' में प्रकाशित 'मीरां पदावली' से लिए गये थे।[59] 1938 में सत्संग मंडल नरनारायण मन्दिर, बम्बई से 'मीरांबाई' नामक मीरां-काव्य का संग्रह प्रकाशित हुआ जिसमें मीरां के हिन्दी व गुजराती पद संकलित थे। उपर्युक्त दोनों काव्य-संग्रहों के समान मीरां-काव्य के इस संग्रह की आधार सामग्री भी पूर्व प्रकाशित काव्य-संग्रहों से ही ग्रहण की गयी थी जिनमें 'वृहत् काव्य-दोहन' एवं 'प्राचीन काव्य सुधा' का नाम विशेष रूप से उल्लेखनीय है। इन दोनों ही काव्य-संग्रहों की चर्चा प्रस्तुत अध्याय में की जा चुकी है।

इस अध्याय में अभी तक जितने भी मीरां-काव्य के संग्रहों की चर्चा की गयी है, उन काव्य-संग्रहों के संकलनकर्ता पुरुष ही थे। श्रीमती विष्णु कुमारी श्रीवास्तव 'मंजु' मीरां-काव्य की ऐसी संकलनकर्ता थीं जो स्त्री थीं। उनका काव्य संग्रह 'मीरां-पदावली' हिन्दी भवन लाहौर से प्रकाशित हुआ था। जिसमें मीरां के कुल 201 पद संगृहीत थे। विष्णु कुमारी श्रीवास्तव 'मंजु' का यह काव्य संग्रह मीरां के पदों के उपयुक्त सम्पादन के कारण विद्वानों द्वारा पसन्द किया गया। जहाँ तक मीरां पदावली में आये मीरां के पदों की आधार सामग्री का प्रश्न है तो उन्होंने स्वयं ही यह स्पष्ट कर दिया था कि 'मीरां पदावली' में संकलित मीरां के पदों का आधार कोई हस्तलिखित पांडुलिपि नहीं है। वस्तुतः श्रीमती विष्णु कुमारी श्रीवास्तव 'मंजु' ने 'मीरा पदावली' में मीरां के पदों के संकलन हेतु मीरां-काव्य के पूर्व प्रकाशित काव्य संग्रहों का ही सहारा लिया था।

हिन्दी साहित्य कुटीर, बनारस से 1945 में 'मीरां माधुरी' नामक पुस्तक प्रकाशित हुई थी, जिसके सम्पादक ब्रजरत्नदास थे। इस पुस्तक में मीरां के जीवन एवं काव्य पर विस्तार से चर्चा की गयी है एवं साथ ही मीरां के नाम पर प्रचलित 469 पद भी दिये गये हैं। इससे पहले मीरां-काव्य के किसी भी संग्रह में मीरां के पद इतनी बड़ी संख्या में एक साथ प्रकाशित नहीं हुए थे। 'मीरां माधुरी' में प्रकाशित मीरां के पद मौखिक काव्य परम्परा में प्रचलित मीरां के पदों का उचित प्रतिनिधित्व करते हैं। ब्रजरत्नदास के उक्त काव्य संग्रह में विषयवस्तु की विविधता के साथ-साथ विभिन्न भाषाओं में प्रचलित मीरां के पदों के दर्शन होते हैं। मीरां के ब्रज, डिंगल व पिंगल साहित्य में प्रचलित पदों को ही नहीं वरन् गुजराती एवं जन मीरां छाप के तथा पंजाबी-बिहारी भाषा मिश्रित 'संदिग्ध' पदों को भी सम्मिलित किया गया है।[60] ब्रजरत्नदास के उक्त संग्रह की विशेषता मीरां के पदों के साथ-साथ सम्बन्धित पदों की राग-रागिनियों का उल्लेख कर देना है, जो मीरां के पदों को लोकगीतों की परम्परा से गहरे रूप में सम्पृक्त कर देता है। प्रसंगवश यहाँ इसी वर्ष बनारस से

द्वारका स्थित द्वारकाधीश मन्दिर

प्रकाशित महावीर सिंह गहलोत की पुस्तक 'मीरां : जीवनी और काव्य' का उल्लेख करना उचित होगा जिसमें मीरां के 108 पद संगृहीत है। संगृहीत पदों का आधार अज्ञात है तथापि कहा गया है कि पुस्तक में संगृहीत 108 में से 40 पद पूर्व में अप्रकाशित थे।[61]

1946 में बंगीय हिन्दी परिषद, कलकत्ता द्वारा मीरां-स्मृति-ग्रन्थ प्रकाशित किया गया था जिसके अन्त में ललिताप्रसाद सुकुल द्वारा संकलित व सम्पादित मीरां के 103 पद 'मीरां पदावली' शीर्षक के अन्तर्गत प्रकाशित थे। मीरां के ये संकलित पद शुद्ध रूप से लिखित काव्य परम्परा का प्रतिनिधित्व करते हैं। 1934 के अन्त में सुकुल जी जब पश्चिमी भारत के भ्रमण के दौरान गुजरात के डाकोर नगर गये हुए थे तब वहाँ उनकी भेंट गोवर्द्धन दास भट्ट एवं उनकी पत्नी से हुई थी। भट्ट दम्पति के संग्रह से उन्हें दो पोथियाँ मीरांबाई के पदों की देखने को मिलीं जो कि देवनागरी मिश्रित गुजराती लिपि में थीं। 'मीरां स्मृति ग्रन्थ' के अन्तर्गत 'मीरां पदावली' में प्रकाशित आरम्भिक 69 पद इन्हीं भट्ट दम्पति की पोथियों से थे जब कि अन्य पद काशी के सेठ लाला गोपालदास के संग्रहालय से प्राप्त किये गये थे। डाकोर से प्राप्त मीरां के पद 'मीरां पदावली' में संगृहीत अन्य पदों से अधिक प्राचीन हैं।[62] यहाँ डॉ. जगदीश

गुप्त के मीरां सम्बन्धी उन 8 पदों का उल्लेख करना उपयुक्त होगा जिन्हें 'मीरां स्मृति ग्रन्थ' में प्रथम बार प्रकाशित किया गया था। मीरां के ये पद भोलाभाई जयसिंह भाई विद्यासभा अहमदाबाद से प्राप्त हस्तलिखित पाण्डुलिपियों पर आधारित थे।[63]

मीरां की स्त्री अध्येता पद्मावती शबनम का 'मीरां वृहत् पद संग्रह' 1952 में लोक सेवक प्रकाशन, बनारस से प्रकाशित हुआ था। जिसमें मीरां के 490 पद संकलित हैं। मीरां वृहत् पद संग्रह में संकलित मीरां के पदों को भाषा एवं विषयवस्तु के आधार पर वर्गीकृत किया गया है, जो एक सराहनीय प्रयास था। मीरां के पदों का ऐसा वर्गीकरण मीरां-काव्य के अध्ययन को सुगम बना देता है। पद्मावती शबनम के उक्त काव्य संग्रह के प्रकाशन से पूर्व वे मीरां की एक गम्भीर अध्येता के रूप में स्थापित हो चुकी थीं अतः 'मीरां वृहत् पद संग्रह' का विद्वानों एवं मीरां के अध्येताओं द्वारा व्यापक स्वागत हुआ। उनके उक्त पद संग्रह का आधार मौखिक परम्परा से प्राप्त मीरां के पदों के अलावा पूर्व में प्रकाशित व अप्रकाशित मीरां के विभिन्न काव्य संग्रह थे। जिनमें परशुराम चतुर्वेदी, ब्रजरत्नदास, सूर्यनारायण चतुर्वेदी व मुरलीधर श्रीवास्तव के मीरां-काव्य से सम्बन्धित संग्रह विशेष उल्लेखनीय हैं।[64]

आज तक मीरां के पदों के जितने भी प्रकाशित काव्य संग्रह उपलब्ध हैं उनमें परिमाण की दृष्टि से सर्वाधिक विशाल काव्य संग्रह स्वामी आनन्द स्वरूप द्वारा प्रणीत 'मीरां सुधा सिन्धु' ही है। स्वामी जी का यह ग्रन्थ 1957 में श्री मीरां प्रकाशन समिति भीलवाड़ा (राजस्थान) द्वारा प्रकाशित हुआ था जिसमें मीरां के नाम पर प्रचलित 1312 पदों का विशद संग्रह है। इस ग्रन्थ के साथ ही 'मीरां सुधा लहरी' नामक एक छोटी पुस्तक भी प्रकाशित की गयी थी जो वस्तुतः 'मीरां सुधा सिन्धु' का ही संक्षिप्त रूप है। मीरां एवं मीरां-काव्य के अध्ययन के लिए स्वामी जी ने देश के विभिन्न भागों का भ्रमण किया था। भ्रमण के दौरान स्वामी जी को जहाँ कहीं भी मीरां-काव्य से सम्बन्धित पद प्राप्त हुए उन्हें उन्होंने 'मीरां सुधा सिन्धु' में संगृहीत कर लिया था।[65] इस प्रकार स्वामी जी द्वारा संगृहीत पद लिखित एवं मौखिक दोनों ही परम्पराओं का प्रतिनिधित्व करते हैं। उल्लेखनीय है कि 'मीरां सुधा सिन्धु' में संगृहीत अधिकांश पद राजस्थान, गुजरात, ब्रजमंडल एवं महाराष्ट्र से संगृहीत किये गये थे।

अन्त में हरिनारायण पुरोहित द्वारा सम्पादित 'मीरां बृहत्पदावली', पहला भाग का उल्लेख करना उचित होगा जिसका प्रकाशन राजस्थान प्राच्यविद्या प्रतिष्ठान, जोधपुर द्वारा 1968 में किया गया था। इस समय तक पुरोहित जी का स्वर्गवास हो चुका था। वैसे यह ग्रन्थ 1958-59 में ही प्रेस को दे दिया गया था जिसका मुद्रण 1962 तक हो चुका था।[66] पुरोहित जी के संग्रह में मीरां के कुल 662 पद संगृहीत हैं जिसमें पद के साथ-साथ उसकी राग, ताल एवं वर्ण्य विषय का उल्लेख किया गया है। साथ ही पाद-टिप्पणियाँ जोड़ी गयी हैं जिससे पद की आधार सामग्री एवं उसके पाये जाने वाले अन्य पाठान्तर का ज्ञान होता है। पुरोहित जी के संग्रह

में प्राप्त मीरां के पदों को लिखित एवं मौखिक दोनों ही परम्पराओं से जोड़ा जा सकता है जिसकी आधार सामग्री पूर्व में प्रकाशित मीरां-काव्य के ग्रन्थों के अलावा कुछ अप्रकाशित हस्तलिखित पाण्डुलिपियाँ भी थीं, जो उन्हें विभिन्न विद्वतजनों से प्राप्त हुई थीं। पुरोहित जी ने ब्रज, डिंगल, पिंगल, गुजराती व बंगाली साहित्य में उपलब्ध मीरां के पदों का ही नहीं वरन् अन्य भाषाओं में उपलब्ध मीरां के पदों का भी अध्ययन किया था अतः स्रोत सामग्री की उपलब्धता की दृष्टि से हरिनारायण पुरोहित की मीरां बृहत्पदावली, पहला भाग समृद्ध मानी जायेगी।

संगीत-राग-कल्पद्रुम से लेकर अब तक मीरां काव्य के सैकड़ों संग्रह हिन्दी एवं अन्य भाषाओं में प्रकाशित हो चुके हैं किन्तु इस अध्याय में मुख्यतः हिन्दी भाषा में प्रकाशित मीरां के केवल उन्हीं काव्य संग्रहों की चर्चा की गयी है जो किसी न किसी रूप में मीरां काव्य के अध्ययन में महत्त्वपूर्ण रहे हैं अथवा चर्चा के केन्द्र में आये थे। स्थानाभाव के कारण मीरां के अब तक प्रकाशित सभी काव्य ग्रन्थों की चर्चा असम्भव है तथापि मीरां-काव्य के मुंख्य-मुख्य काव्य-संग्रहों का संक्षिप्त विवरण इस अध्याय में दिया जा चुका है। इसके बावजूद मीरां-काव्य के कुछ और संग्रहों का नामोल्लेख करना उपयुक्त रहेगा जिनमें मीरां के कुछ अप्रकाशित पद सम्मिलित थे अथवा सम्पादन कुशलता व संग्राहक की भिन्न काव्य दृष्टि के कारण विशिष्ट बन पड़े हैं। मीरां-काव्य के ऐसे संग्रहों में कृष्णलाल, चुन्नीलाल 'शेष', लाल सिंह शक्तावत, कृष्णदेव शर्मा, कृष्णदेव झारी, नारायण सिंह, शम्भु सिंह मनोहर, कल्याण सिंह शेखावत, राजेन्द्र मोहन भटनागर, विश्वनाथ त्रिपाठी, नन्दकिशोर आचार्य, नन्द चतुर्वेदी एवं मीरां स्मृति संस्थान के मीरां सम्बन्धी काव्य संग्रह विशेष रूप से उल्लेखनीय हैं। यह बता देना आवश्यक है कि हरिनारायण पुरोहित के 'मीरां बृहत्पदावली' पहला भाग के प्रकाशन के पश्चात् प्रकाशित होने वाले मीरां काव्य के अधिकांश संग्रह पूर्व प्रकाशित काव्य-संग्रहों की ही अनुकृति थे एवं विश्लेषण-शक्ति से हीन थे अतः मीरां सम्बन्धी ऐसे काव्य-संग्रह मीरां के अध्येताओं के मन में उनके प्रति विशेष आकर्षण उत्पन्न करने में सर्वथा असफल रहे।

सन्दर्भ

1. नैणसी री ख्यात, बदरीप्रसाद साकरिया (सं.), पृ. 21
2. वही, पृ. 21
3. राजस्थान प्राच्यविद्या प्रतिष्ठान, उदयपुर, ग्रन्थांक-2685
4. श्यामलदास, वीर विनोद (भाग-2), पृ. 01
5. डॉ. जी.एन. शर्मा (उद्धृत), 'हिटोरियन्स एण्ड हिस्टोरियोग्राफी इन मॉडर्न इंडिया, पृ. 281-90
6. श्यामलदास, वीर विनोद (भाग-1), पृ. 362

7. वही, (भाग-2), पृ. 01
8. हरिनारायण पुरोहित, मीरां बृहत्पदावली (भाग-1), पृ. 05
9. श्यामलदास, वीर विनोद (भाग-2), पृ. 01
10. कर्नल टॉड, एनल्स एण्ड एण्टीक्विटीज ऑफ राजस्थान (भाग-1), पृ. 232
11. टॉड ने मीरां को महाराणा कुम्भा की पत्नी तथा राव दूदा की बेटी बताया था।
12. मुंशी देवीप्रसाद, मीरांबाई का जीवन चरित्र, पृ. 02
13. मुंशी देवीप्रसाद, मीरांबाई का जीवन चरित्र, पृ. 02
14. वही, पृ. 02
15. वही, पृ. 02
16. गौरीशंकर हीराचन्द ओझा, उदयपुर राज्य का इतिहास (भाग-1), पृ. 358
17. यह पुस्तिका मीरां कला मन्दिर, उदयपुर से प्रकाशित है।
18. डॉ. गोपीनाथ शर्मा, भक्त मीरांबाई, पृ. 14
19. डॉ. सी. एल. प्रभात, मीरां जीवन व काव्य, पृ. 1 (भूमिका)
20. आचार्य रामचन्द्र शुक्ल, हिन्दी साहित्य का इतिहास, पृ. 80
21. चौरासी वैष्णवन की वार्ता (वेंकटेश्वर प्रेस), पृ. 163, 207, 342
22. दो सौ बावन वैष्णवन की वार्ता (भाग-2), (पूजा प्रकाशन), पृ. 62
23. नागरीदास नागर समुच्चय, पृ. 193
24. राजस्थान प्राच्य विद्या प्रतिष्ठान, जोधपुर में उपलब्ध मीरांबाई री परची की हस्तलिखित प्रति में मीरां को सती करने का उल्लेख है। (ग्रन्थांक-12585, पृ.-342)
25. सुखसारण, मीराबांई री परची (परम्परा), पृ.-40
26. जॉर्ज ग्रियर्सन, 'द मॉडर्न वर्नाक्यूलर लिटरेचर ऑफ हिन्दुस्तान, पृ. 13
27. के. एम. झवेरी, माइल स्टोन इन गुजराती लिटरेचर, पृ. 30-33
28. मिश्रबन्धु , मिश्रबन्धु विनोद, पृ. 237
29. आचार्य रामचन्द्र शुक्ल, हिन्दी साहित्य का इतिहास, पृ. 101
30. आचार्य रामचन्द्र शुक्ल, उद्धृत 'मीरां की प्रेम साधना' (भुवनेश्वरनाथ मिश्र माधव) पृ. 02 (प्रस्तावना)।
31. यह ग्रन्थ गाँधी हिन्दी पुस्तक भंडार से 1930 में छपा था।
32. नरोत्तमदास स्वामी, मीरां मुक्तावली, भूमिका
33. परशुराम चतुर्वेदी, मीरांबाई की पदावली, पृ. 13-87 (भूमिका)
34. मुरलीधर श्रीवास्तव, मीरां दर्शन, पृ. 11-26
35. ब्रजरत्लदास, मीरां माधुरी, भूमिका
36. वही, पृ. 186
37. वही, पृ. 126
38. मीरां महोत्सव-96 (पत्रिका), पृ. 11
39. ब्रजरत्लदास, मीरां माधुरी, पृ. 86
40. पद्मावती शबनम, मीरां : व्यक्तित्व और कृत्रित्व, पृ. 10-77
41. स्वामी आनन्द स्वरूप, मीरां सुधा सिन्धु, पृ. च
42. हरिनारायण पुरोहित, मीरां बृहत्पदावली, पृ. 01

43. हरिनारायण पुरोहित का यह संग्रह अब राजस्थान प्राच्य विद्या प्रतिष्ठान, जयपुर में सुरक्षित है।
44. कुमकुम संगारी, उद्धृत 'जेण्डर एण्ड नेशन', पृ. 26
45. डॉ. सुरिन्दर सिंह कोहली, 'द क्रिटिकल स्टडी ऑफ आदि ग्रन्थ', पृ. 16
46. डॉ. सी. एल. प्रभात, मीरां : जीवन और काव्य (भाग-2), पृ. 223
47. नागरीदास, नागर समुच्चय, पृ. 193-197
48. ब्रजरत्नदास, मीरां माधुरी, पृ. 33
49. डॉ. सी. एल. प्रभात, मीरां : जीवन और काव्य, पृ. 217
50. मुंशी देवीप्रसाद, महिला मृदुवाणी, पृ. 59
51. वही, पृ. 63
52. मुंशी देवीप्रसाद, मीरांबाई का जीवन चरित्र, पृ. 30
53. वियोगी हरि, मीरांबाई के सुबोध पद, पृ. 06
54. नरोत्तमदास स्वामी, मीरां मुक्तावली, भूमिका
55. परशुराम चतुर्वेदी, मीरांबाई की पदावली, पृ. 04
56. वही, पृ. 06
57. वही, पृ. 07
58. भुवनेश्वरनाथ मिश्र 'माधव', 'मीरां की प्रेम साधना', प्रस्तावना
59. प्रो. मुरलीधर श्रीवास्तव, मीरां दर्शन, पृ. 100-108
60. ब्रजरत्नदास, मीरां माधुरी, भूमिका
61. महावीर सिंह गेहलोत, मीरां : जीवनी और काव्य, भूमिका
62. ललिताप्रसाद सुकुल, उद्धृत 'मीरां स्मृति ग्रन्थ', पृ. क-झ
63. जगदीश गुप्त, उद्धृत 'मीरां स्मृति ग्रन्थ, पृ. 141
64. पद्मावती 'शबनम', मीरां बृहत् पद संग्रह, पृ. 01
65. स्वामी आनन्द स्वरूप, मीरां सुधा सिन्धु, पृ. ट-ण
66. हरिनारायण पुरोहित, मीरां बृहत्पदावली, पृ. 02

मीरां के जीवन से सम्बन्धित स्रोत सामग्री

मीरां जैसे महत्त्वपूर्ण व्यक्तित्व के जीवन से सम्बन्धित स्रोत सामग्री का लगभग अभाव पाया जाता है तथापि हमारे पास जो स्रोत सामग्री उपलब्ध है उसकी चर्चा कर लेना प्रासंगिक होगा। मीरां के जीवन से सम्बन्धित स्रोत सामग्री का बेहद संक्षिप्त परिचय यहाँ दिया जा रहा है–

नाभादास एवं अन्य भक्त कवियों के भक्तमाल

भक्तमाल युगीन भक्तों के परिचयात्मक विवरण होते थे। लोक ने मीरां को कृष्णभक्त के रूप में स्वीकार किया अतः इन भक्तमालों में मीरां का विवरण इसी रूप में मिलता है। जयपुर के निकट गलता नामक रमणीय स्थान पर नाभादास रहते थे। वे संवत् 1657 के लगभग वर्तमान थे और गोस्वामी तुलसीदास जी की मृत्यु के बहुत पीछे तक जीवित रहे। इनका प्रसिद्ध ग्रन्थ भक्तमाल संवत् 1642 के पीछे बना और सं. 1769 में प्रियादास ने उसकी टीका लिखी। इस ग्रन्थ में 200 भक्तों के चमत्कारपूर्ण चरित्र 316 छप्पयों में लिख गये हैं। इन चरित्रों में पूर्ण जीवनवृत्त नहीं है, केवल भक्ति की महिमासूचक बातें लिख गये हैं। इनका उद्देश्य भक्तों के प्रति जनता में पूज्यबुद्धि का प्रचार जान पड़ता है। नाभादास के भक्तमाल में मीरां से सम्बन्धित छप्पय इस प्रकार है–

मूल लोकलाजकुलश्रृंखलातजिमीरागिरिधरभजी।
सदृश गोपिकीप्रेमप्रगट कलियुगहिदिखायो।
नरअंकुशअतिनिडररसिक यशरसनागायो
दुष्टनदोषविचारमृत्युकोउद्यमकीयो।
बारनबां कोभयोगरलअमृतज्योंपीयो।
भक्तनिशानबजायकेकाहूतेनाहिंनलजी।
लोकलाजकुलश्रंगखलातजिमीरागिरिधरीजो।।215।।[1]

नाभादास के छप्पय में मीरां का विद्रोही चरित्र उभर कर सामने आता है। छप्पय से मीरां एवं महाराणा परिवार के आपसी संघर्ष का भी ज्ञान होता है।

नाभादास कृत भक्तमाल पर प्रियादास द्वारा लिखी गयी टीका में विषपान की घटना, सम्राट अकबर एवं मीरां के भेंट का प्रसंग एवं द्वारिका में रणछोड़जी की मूर्ति में मीरां के विलीनीकरण का जिक्र है।[2] इस समय तक मीरां के साथ अनेक किंवदन्तियाँ जुड़ चुकी थीं एवं मीरां के इर्द-गिर्द अनेक चमत्कारिक घटनाओं का ताना बाना बुना जाने लगा था। वैष्णवदासजी प्रियादासजी के पौत्र थे जिन्होंने प्रियादास की टीका का भावार्थ किया अतः मीरां के सम्बन्ध में वे घटनाएँ जिनका उल्लेख प्रियादास की कृति में मिलता है। एक बार पुनः वैष्णवदास की कृति में मिल जाता है। संवत् 1717 में राघौदास ने भक्तमाल की रचना की जो मूलतः नाभादासजी की भक्तमाल पर आधारित है। तत्पश्चात् राघौदास की भक्तमाल पर छत्रदास ने टीका लिखी। इन दोनों ही ग्रन्थों में मीरां का उल्लेख है।

वल्लभ सम्प्रदाय के वैष्णव भक्तों का वार्ता-साहित्य

वार्ता साहित्य में 'चौरासी वैष्णवन की वार्ता' एवं 'दो सौ बावन वैष्णवन की वार्ता' में मीरां का उल्लेख मिलता है। वार्ता साहित्य मूलतः गद्य ग्रन्थ है एवं इनके रचनाकार भक्तमालों के रचनाकारों के समान भक्त थे। वार्ताकारों की चिन्ता का विषय भक्त के रूप में मीरां की भक्ति एवं उसका स्वरूप था। इन वार्ता ग्रन्थों का सम्बन्ध वल्लभ सम्प्रदाय से है। ऐसा अनुमान होता है कि वल्लभ सम्प्रदाय मीरां एवं उसकी भक्ति के स्वरूप को नापसन्द करता था। 'चौरासी वैष्णवन की वार्ता' में मीरां से सम्बन्धित तीन प्रसंग पाये जाते हैं।—गोविन्द दुबे साचोरा ब्राह्मण तिनकी वार्ता, पुरोहित रामदास तिनकी वार्ता एवं कृष्णदास अधिकारी तिनकी वार्ता।[3] दो सौ बावन वैष्णवन की वार्ता में मीरां का उल्लेख 'बाल विधवा अजब कुंवरि तिनकी वार्ता' के प्रसंग में है। यह वार्ता ग्रन्थ अपने पूर्ववर्ती वार्ताग्रन्थों की अपेक्षा मीरां के प्रति कम कटु हैं।[4] ऐसा अनुमान होता है कि इस समय तक मीरां को पर्याप्त लोक स्वीकृति मिल चुकी थी अतः वल्लभ सम्प्रदाय ने लोकमत का सम्मान करना ही उचित समझा।

मध्यकालीन मेवाड़ एवं मारवाड़ में लिखे गये ख्यात ग्रन्थ

मध्यकालीन राजपूताने में ख्यात ग्रन्थ लिखने की परम्परा थी। ख्यात ग्रन्थ राजा अथवा राजपरिवार की प्रशंसा में लिखे जाने वाले ग्रन्थ थे। ख्यात ग्रन्थों में मीरां के जीवन से सम्बन्धित सीधे-सीधे जानकारी नहीं मिलती है तथापि मीरां कालीन समाज, राजनीति एवं संस्कृति को समझने में ये ग्रन्थ अत्यन्त सहायक सिद्ध हुए हैं। इन ग्रन्थों से मेवाड़ एवं मेड़ता के राजपरिवारों के सम्बन्ध में विस्तृत जानकारियाँ प्राप्त होती हैं जिनका निकट सम्बन्ध मीरां से था। 'मुंहता नैणसीरी ख्यात' में चित्तौड़ राजघराने का उल्लेख 'सीसोदियाँरी ख्यात' के अन्तर्गत मिलता है।[5] 'बांकीदासरी ख्यात' में दो प्रकीर्णन 'राठौड़ारी वातां' एवं 'गहलोतारी वातां' दिये गये हैं। 'राठौड़ारी वातां'

का सम्बन्ध मारवाड़[6] एवं 'गहलोतांरी वातां' का सम्बन्ध मेवाड़ के इतिहास[7] से है जिसका देश व काल मीरां का युग है।

नागरीदास का नागर समुच्चय एवं सुखराण द्वारा रचित मीरांबाई री परची

नागरीदास के नागर समुच्चय एवं सुखसारण द्वारा रचित मीरांबाई री परची में मीरां का विस्तृत विवरण दिया गया है। नागरीदास का वास्तविक नाम सावंत सिंह था, जो किशनगढ़ नरेश राजसिंह का ज्येष्ठ पुत्र एवं राजस्थानी व ब्रज भाषा का अच्छा ज्ञाता था। सुखसारण का सम्बन्ध रामस्नेही सम्प्रदाय से था। इसने 215 पदों में मीरां का जीवन चरित्र इंगित किया है। इन दोनों ही कृतिकारों के ग्रन्थों में मीरां से सम्बन्धित उन अनेक घटनाओं का वर्णन मिलता है जो वर्तमान में किंवदन्तियाँ बन चुकी हैं। 18वीं सदी के उत्तरार्द्ध की रचनाएँ होकर भी मीरां के अध्ययन में ये कृतियाँ विशेष भूमिका अदा करती हैं।

किंवदन्तियाँ, प्रचलित परम्पराएँ एवं रीति-रिवाज

भक्त कवियों के साथ किंवदन्तियाँ अनेक रूपों में जुड़ी होती हैं। मीरां का जीवन भी इसका अपवाद नहीं है। मीरां के जीवन के अध्ययन में किंवदन्तियों की महत्त्वपूर्ण भूमिका है। यद्यपि किंवदन्तियों, प्रचलित परम्पराओं और रीति-रिवाजों के आधार पर इतिहास का उद्‌घाटन कठिन कर्म है तथापि इतिहास निर्माण में इनकी महत्त्वपूर्ण भूमिका है।[8] किंवदन्तियों के आधार पर किसी ऐतिहासिक व्यक्तित्व का चरित्र निर्माण करते समय इतिहास बुद्धि का होना आवश्यक है। मीरां के जीवन के सम्बन्ध में प्रचलित किंवदन्तियाँ हमें मीरां के सन्दर्भ में महत्त्वपूर्ण जानकारियाँ उपलब्ध कराती हैं अतः मीरां एवं तत्कालीन समाज के अध्ययन में किंवदन्तियों का महत्त्व स्वतःसिद्ध है।

पुरातात्विक स्रोत सामग्री :

लिखित स्रोत सामग्री एवं किंवदन्तियाँ व्यक्तिनिष्ठता के कारण प्रायः सन्देह के घेरे में रहती हैं, वहीं पुरातात्विक स्रोत सामग्री अधिक विश्वसनीय एवं प्रामाणिक होती है। मीरां के आलोचकों ने पुरातात्विक स्रोत सामग्री का बेहद सीमित उपयोग किया है, परन्तु प्रस्तुत शोध प्रबन्ध के निष्कर्ष पुरातात्विक स्रोत सामग्री के गहन अध्ययन का समन्वित नतीजा हैं। मीरां युगीन एवं मीरां के जीवन से जुड़े हुए मन्दिर, महल, दुर्ग, मूर्तियाँ सभी मीरां एवं उसके युग के सम्बन्ध में महत्त्वपूर्ण जानकारियाँ प्रदान करते हैं।[9] चित्तौड़गढ़ के अनेक मन्दिर एवं महल मीरांयुग के साक्षी रहे हैं। दुर्ग स्थित ये मन्दिर, महल, तालाब मीरांयुगीन समाज एवं आस्थाओं की कहानी कहते प्रतीत होते हैं। पुरातात्विक स्रोत सामग्री के रूप में चित्तौड़ दुर्ग स्थित मीरांमहल एवं

नाभादास की भक्तमाल का रचना-स्थल गलता

महाराणा महल जिसे वर्तमान में कुम्भामहल कहा जाता है, की मीरां के अध्ययन में विशिष्ट भूमिका है। वृन्दावन एवं द्वारिका स्थित मीरांयुगीन मन्दिर खंडित एवं जर्जर हो चुके हैं तथापि ये मन्दिर युगीन साक्ष्य तो है ही! द्वारिका स्थित रुक्मणी मन्दिर एवं चित्तौड़गढ़ स्थित मन्दिरों की स्थापत्य कला में आश्चर्यजनक सभ्यता नज़र आती है। मीरां एवं मीरांयुग के अध्ययन में मीरां से जुड़े हुए इन समस्त स्मारकों का विशिष्ट महत्त्व है।

मीरां के नाम पर प्रचलित पद एवं पाण्डुलिपियाँ

उत्तर से लेकर दक्षिण एवं पूर्व से लेकर पश्चिम तक पूरे देश में मीरां के नाम पर प्रचलित पदों की लगभग तीन हजार पाण्डुलिपियाँ बिखरी पड़ी हैं। ये समस्त हस्तलिखित पाण्डुलिपियाँ एवं गुटके मीरां से सम्बन्धित महत्त्वपूर्ण स्रोत सामग्री है परन्तु इनका संग्रहण एवं प्रकाशन चुनौतीपूर्ण है।

फुटकल उल्लेख एवं जीवन चरित्र

युगीन भक्त-कवियों के काव्य में मीरां का अनेक स्थान पर उल्लेख पाया जाता है जिसमें से ज्यादातर अप्रामाणिक है। जिन-जिन भक्त कवियों के काव्य में मीरां का उल्लेख पाया जाता है उनमें प्रमुख है—कबीर, सेना, सूरदास, नरसिंह मेहता, हरिराम व्यास, कवि विष्णुदास एवं संगीतकार तानसेन। तुकाराम, एकनाथ, निरावा महाराज, नेशीमाधवदास के काव्य में मीरां का उल्लेख है परन्तु यहाँ इन समस्त मीरां सम्बन्धी उल्लेखों का विस्तार से वर्णन करना सम्भव नहीं है। गुजराती एवं मराठी साहित्य में मीरां के अलग-अलग जीवन चरित्र पाये गये हैं। गुजराती में लिखित मीरां चरित्र के लेखक दयाराम हैं जो मध्यकालीन गुजराती साहित्य के, 'अन्तिम रसमेघ' कहे जाते हैं।[10] सीपीनामा कृत चरित्र मीरांबाई मराठी भाषा में है।[11]

परवर्ती इतिहास ग्रन्थ :

कर्नल टॉड विरचित Annals and Antiquities of Rajasthan, फॉर्ब्स की रासमाला, श्यामदास के 'वीरविनोद' में मीरां का उल्लेख पाया जाता है परन्तु ये सभी इतिहास ग्रन्थ आधुनिक काल से सम्बन्धित हैं। इसी प्रकार हिन्दी साहित्य के प्रारम्भिक इतिहासकारों, गार्सा द तासी, शिवसिंह सेंगर एवं जॉर्ज ग्रियर्सन ने मीरां के सम्बन्ध में लिखा है अतः इन इतिहासकारों का जिक्र करना प्रासंगिक है।

लोकगीत एवं भजन

मीरां सम्बन्धी उपलब्ध पाण्डुलिपियों एवं लिखित स्रोत सामग्री से कहीं ज्यादा मीरां लोकगीतों एवं लोकभजनों के रग-रग में समायी हुई है परन्तु दुर्भाग्यवश मीरां के इन लोकगीतों एवं लोकभजनों का एक भी व्यवस्थित संग्रह उपलब्ध नहीं है। मेवाड़ एवं मारवाड़ प्रदेश के मन्दिरों एवं देवालयों में गाये जाने वाले भजनों में मीरां के भजनों का महत्त्वपूर्ण स्थान है। इसी प्रकार मेवाड़ प्रदेश के आदिवासी भीलों ने मीरां के भजनों एवं गीतों को अनेक वर्षों से सँजोकर रखा है एवं उन्हें अपने दिलों में बसाया है। भील लोकगीतों एवं भजनों में मीरां का जो चारित्रिक रूप मिलता है वह मन्दिरों एवं देवालयों के भजनों व गीतों में मिलने वाले मीरां के चारित्रिक रूप से कहीं अधिक प्रगतिशील है। कभी-कभी ऐसा महसूस होता है कि भील लोकगीतों एवं लोकभजनों में मिलने वाली मीरां ही वास्तविक मीरां है न कि ब्राह्मण भक्त कवियों द्वारा निर्मित की गयी मीरां। जिसे मीरां का आलोचक भ्रमवश वास्तविक समझता है।

अन्य स्फुट उल्लेख

राधाबाई नामक मराठी महिला के 'मीरामाहात्म्य' के सन्त हरिदास के पद में मीरां का

उल्लेख पाया गया है। रामदान लालस ने 'भीम प्रकाश' की रचना की थी। रामदान ने सांगा के अन्य पुत्रों के साथ इस ग्रन्थ में मीरां का उल्लेख किया है। कुँवरी दासी नामक कवयित्री के दोहों में मीरां से सम्बन्धित कुछ दोहे मिलते हैं। गरीबदास की बानी, जसवंत की प्रभाती, एक कविता मीरां-जंभाजी संवाद, संस्कृत ग्रन्थ 'भक्ति माहात्म्य-चरित्र' एवं नन्ददास ने मीरां से सम्बन्धित 'बारहमासा' की रचना की है। जिन अन्य कवियों ने यहाँ वहाँ मीरा का उल्लेख किया है उनमें चरणदास, दयादास, जनलिछमन, सुन्दरदास कायस्थ, छोटमदास, प्रीणधन, हरिदास दर्जी, एवं बख्तावर कवि का नाम लिया जा सकता है। जेतराम ने मीरां सम्बन्धी भजन लिखे हैं।[12]

सन्दर्भ

1. नाभादास, भक्तमाल सटीक (श्री वेंकटेश्वर प्रेस), पृ. 227
2. प्रियादास, श्रीभक्तमाल, पृ. 714
3. चौरासी वैष्णवन की वार्ता (वेंकटेश्वर प्रेस), पृ. 163
4. चौरासी वैष्णवन की वार्ता, भाग 2, पृ. 61
5. मुंहता नैणसीरी ख्यात, बदरीप्रसाद साकरिया (सं.), पृ. 1-97
6. बांकीदासरी ख्यात, पं. नरोत्तमदास स्वामी (सं.), पृ. 1-86
7. वही, पृ. 87-108
8. मीरां के जीवन से सम्बन्धित शोध सामग्री का अध्ययन (लघु शोध-प्रबन्ध), पृ. 87-144
9. मीरां के जीवन से सम्बन्धित शोध सामग्री का अध्ययन (लघु शोध-प्रबन्ध), पृ. 1-154
10. सी.एल. प्रभात, मीरां : जीवन और काव्य, पृ. 67
11. वही, पृ. 62
12. वही, पृ. 69-81

मीरां के इतिहास सम्मत जीवन का संक्षिप्त परिचय

इतिहासकारों द्वारा मीरां के जीवन से सम्बन्धित की गयी व्याख्याओं को समझने एवं उनके कारणों को जानने के पश्चात् अब नवीन तथ्यों एवं खोज रिपोर्टों के आधार पर मीरां के जीवन को पुनर्परिभाषित करना चाहिए। यह मानना कि मीरां का जीवन भावुक कविताओं, धर्म, साधुसन्तों एवं विराग के गीतों तक सीमित था तो यह मीरां के जीवन की एक संकीर्ण व्याख्या होगी। हमें यह समझना चाहिए कि मीरां अपने पर ददियाश्वसुर के समान भक्त-कवयित्री होने के साथ-साथ मेवाड़ कुँवर की विधवा, मेड़तिया राठौड़ों की बेटी, झालाओं की भांजी एवं सोलंकियों की बहू भी थी। वह पुर एवं माँडल जैसे विस्तृत परगनों के राजस्व का उपभोग करती थी एवं निर्माण कार्यों में भी उसकी रुचि विद्यमान थी। चित्तौड़ दुर्ग में रानियों, कुँवरानियों, बहूरानियों एवं युवरानियों के बीच उसका वर्चस्व कायम था एवं दुर्ग के कुम्भामहल के महत्त्वपूर्ण भाग कुँवरपदा के महल उसके निवास स्थल के रूप में नियत थे। धीरे-धीरे मीरां मन्दिर को उसने अपनी सार्वजनिक गतिविधियों का केन्द्र बनाना आरम्भ कर दिया था, जहाँ वह दुर्ग के अन्य प्रभावशाली व्यक्तियों एवं आम जनता से अपना सम्पर्क स्थापित करती थी। अकाल एवं अन्य विभिषिकाओं के समय मीरां ने न केवल दुर्ग की सीमाओं का अतिक्रमण किया था वरन् प्रजा की यथासम्भव मदद भी की थी। मेवाड़ क्षेत्र में प्रचलित किंवदन्तियाँ बताती हैं कि उसने अपने समस्त कीमती वस्त्राभूषण प्रजाजनों में बाँट दिये थे। इस प्रकार मीरां के इन कार्यों ने उसे अत्यन्त लोकप्रिय बना दिया था एवं लोगों के मन में राजघराने के प्रति एक सकारात्मक सोच उत्पन्न कर दी थी।

चित्तौड़ दुर्ग के भीतर मीरां एवं महाराणा विक्रमादित्य का आपसी संघर्ष केवल देवर-भावज के निजि झगड़ों तक सीमित नहीं था वरन् इसकी जड़ें और भी अधिक गहरी थीं। मीरां व महाराणा में व्याप्त वैमनस्य का मूल कारण मेड़तिया-हाड़ा संघर्ष में निहित था। मेड़तिया राठौड़ मीरां को एक मंच की तरह उपयोग कर रहे थे ताकि वे मेवाड़ की राजनीति में सफलतापूर्वक हस्तक्षेप कर सके। महाराणा विक्रमादित्य की दुर्बलता का लाभ उठाकर राठौड़ एक बार पुनः मेवाड़ की राजनीति पर अपना

पद्मिनी महल एवं इतिहासकार कर्नल जेम्स टॉड का निवास-स्थल

प्रभाव स्थापित करना चाहते थे। महाराणा विक्रमादित्य एवं राजमाता करमेती के लिए यह एक नयी समस्या थी। राजमाता एवं महाराणा ही नहीं वरन् हाड़ा चौहान भी यह चाहते थे कि मीरां किसी भी प्रकार किसी भी उपाय से दुर्ग स्थित कुँवरपदा का महल खाली कर दे।

आज तक मेवाड़ के जितने भी इतिहास लिखे गये उनमें मीरां सम्बन्धी उक्त घटनाओं एवं तथ्यों का विवरण नहीं दिया गया जिसके अनेक कारण थे। अलग-अलग इतिहासकारों ने अलग-अलग कारणों से सत्य का अलग-अलग अंश प्रस्तुत किया परन्तु किसी भी इतिहासकार ने सत्य को पूर्णता के साथ प्रस्तुत करना उपयुक्त नहीं समझा। धीरे-धीरे मेवाड़ के आरम्भिक इतिहासकारों द्वारा मीरां के सम्बन्ध में प्रस्तुत की गयी बातें ही रूढ़ होती गयीं एवं वही इतिहास बनता गया। इस प्रकार इतिहासकारों की नजर में मीरां एक भावुक कवयित्री थी, जो साधु-सन्तों का सम्मान करती थी एवं विराग के गीत गाती थी, बनकर रह गयी। ऐसे 'सीमित व्यक्तित्व वाली' मीरां के लिए मेवाड़ का 'राजनीतिक इतिहास' रचने वाले इतिहासकारों के पास कोई विशेष अवकाश नहीं था जिसके व्यक्तित्व पर वे श्रमपूर्वक शोध करते एवं विवरण प्रस्तुत करने का प्रयास करते। परिणामस्वरूप मेवाड़ के राजनीतिक इतिहास में जहाँ मीरां एवं मीरां से सम्बन्धित राजनीतिक घटनाओं की विस्तृत चर्चा

की जानी चाहिए थी वहीं मीरां एवं मीरां सम्बन्धी विवरण केवल कुछ पृष्ठों तक सीमित बनकर रह गया।

अब हमें मीरां के अध्येताओं द्वारा प्रस्तुत उन 'खोज-रिपोर्टों' पर चर्चा कर लेनी चाहिए जिनका सम्बन्ध मीरां से है। डॉ. गोपीनाथ शर्मा को मीरांयुगीन चित्तौड़ दुर्ग के वातावरण का अध्ययन करते हुए मेड़तिया-हाड़ा संघर्ष का आभास हुआ था। ऐतिहासिक विश्लेषण से डॉ. शर्मा का अनुमान सत्य प्रमाणित होता है एवं दुर्ग में मेड़तिया-हाड़ा संघर्ष के पुष्ट प्रमाण मिलते हैं। ऐसी स्थिति में महाराणा के लिए मेड़तणी मीरां का कुम्भा महल परिसर में स्थित कुँवरपदा के महलों में रुकना खतरे से खाली नहीं था। राठौड़ कभी भी कुँवरपदा के महलों से सूरजगोखड़ा के मर्दाना महलों में घुसकर बालक महाराणा की हत्या कर सकते थे। बाद में घटित घटनाओं ने इस आशंका को सत्य सिद्ध कर दिया था, जब पासवान बनबीर ने महाराणा विक्रमादित्य की हत्या कर दी थी।

मीरां की गतिविधियाँ यथा मेवाड़ की प्रजा से सम्पर्क स्थापित करना एवं उन्हें आर्थिक सहायता देना, साधु-सन्तों से मिलना एवं उन्हें महाराणा के अत्याचारों की जानकारी देना तथा मेड़तिया राठौड़ों से निकट सम्पर्क, ये सभी महाराणा के विरुद्ध विद्रोह का संकेत था। 'कुल की मर्यादा' तो एक प्रश्न था ही जिसके आधार पर महाराणा एवं राजमाता का दल मीरां को दोषी ठहराकर उसे दंडित कर सकता था। यही था—मीरां, महाराणा एवं राजमाता के बीच परस्पर रिश्तों का सच।

महाराणा सांगा यदि जीवित होता तो मीरां को उसके कृत्यों के लिए दण्ड देने हेतु उसे एक क्षण भी नहीं लगता। ऐसी क्या वजह थी कि महाराणा विक्रमादित्य चाहते हुए भी मीरां की हत्या न कर सका। हरिनारायण पुरोहित एवं मीरां के वंशधर डॉ. गोपालसिंह द्वारा प्रदत्त 'खोज रिर्पोर्ट' से पता चलता है कि मीरां पुर एवं माँडल इन दो परगनों के राजस्व का उपभोग करती थी। महाराणा सांगा जैसा शक्तिशाली शासक जब चाहता तब वह मीरां से उसकी जागीर छीन सकता था परन्तु महाराणा विक्रमादित्य जैसे दुर्बल शासक में वह शक्ति नहीं थी कि वह चुंडावतों, झालाओं, सोलंकियों एवं राठौड़ों की नाराजगी मोल लेकर मीरां से उसकी जागीर छीन लेता। वैसे भी मेड़तिया राठौड़ों का प्रबल समर्थन तो मीरां को प्राप्त था ही। मेवाड़ के इन शक्तिशाली सामन्तों की सहमति के अभाव में महाराणा विक्रमादित्य एवं राजमाता करमेती में वह साहस नहीं था कि वे मीरां के विरुद्ध कोई कड़ा कदम उठाते। जो वे कर सकते थे, वह था षड्यन्त्र द्वारा मीरां की हत्या, जिसमें वे कभी भी सफल नहीं हुए। प्रसंगवश उल्लेखनीय है कि मीरां जब द्वारिका चली गयी थी तब भी वह पुर एवं माँडल से प्राप्त राजस्व का उपभोग कर रही थी। उसकी मृत्यु के

पश्चात् यह जागीर उसके पति भोजराज के सम्बन्धियों को प्रदान कर दी गयी जिसके हमारे पास पुष्ट ऐतिहासिक प्रमाण उपलब्ध हैं।

चित्तौड़ छोड़ने के पश्चात् मीरां पहले मेड़ता, फिर वृन्दावन एवं अन्त में द्वारिका गयी तो इसके मूल में गहरे राजनीतिक कारण विद्यमान थे। चित्तौड़ से मेड़ता एवं वृन्दावन से होते हुए द्वारिका तक की यात्रा मीरां की कृष्ण प्रेमवश की गयी यात्राएँ न होकर मीरां की व्यक्तिगत ज़रूरत का हिस्सा थी। मेड़तियाँ-हाड़ा संघर्ष एवं धीरे-धीरे इस संघर्ष की बढ़ती हुई तीव्रता ने मीरां के लिए अधिक समय तक चित्तौड़ दुर्ग में रुके रहना मुश्किल बना दिया था। ऐसी स्थिति में वह दो कार्य कर सकती थी। प्रथम वह माँडल के दुर्ग में स्वनिर्वासन ले सकती थी, जहाँ उसकी जागीर भी थी एवं जहाँ वह शान्तिपूर्वक भगवद् भजन कर सकती थी। मीरां द्वारा ऐसा किया जाना एक तरह से महाराणा के अत्याचारों का प्रतिकार न होकर उनसे पलायन करने जैसा होता जो मीरां जैसे व्यक्तित्व के लिए सम्भव न था। दूसरे वह मेड़ता चली जाती जहाँ वह अपने ताऊ राव वीरमदेव की सहायता प्राप्त कर सकती थी। मीरां को दूसरा रास्ता अधिक उपयुक्त लगा एवं वह मेड़ता चली गयी। दुर्भाग्यवश मेड़ता पहुँचने से पहले ही मारवाड़ के शासक राव मालदेव द्वारा मेड़तानगर को ध्वंसित किया जा चुका था एवं वहाँ के महलों को धूल-धूसरित करके उन पर हल चलवा दिया गया था। वीरमदेव स्वयं दर-दर की ठोकरें खाने के लिए मज़बूर हो गया था ऐसी स्थिति में मीरां का मेड़ता रुकना सम्भव नहीं था अतः वह वृन्दावन चली गयी। महाराणा रायमल के समय से ही मेड़तिया मेवाड़ के सामन्त थे ऐसी स्थिति में वीरमदेव के लिए यह सहज था कि वह मेवाड़ में शरण लेता परन्तु मीरां के समय चित्तौड़ दुर्ग में व्याप्त मेड़तिया-हाड़ा संघर्ष एवं प्रतिद्वन्द्विता ने वीरमदेव के लिए यह सम्भावना समाप्त कर दी थी अतः उसे पहले डीडवाना एवं फिर फतैपुर-झूंझनू की तरफ भागना पड़ा जहाँ रास्ते में ही उसकी भेंट कछवाहा रायमल शेखावत से हुई।

मेड़ता से लौटकर मीरां के लिए पुनः मेवाड़ अथवा माँडल लौट जाना उचित नहीं था क्योंकि वहाँ उसे षड्यंत्र एवं मारे जाने की आशंका थी। मेवाड़ का कोई सामन्त भी मीरां को शरण देने के लिए तैयार न होता क्योंकि ऐसा करना महाराणा के विरुद्ध सीधे-सीधे विद्रोह की घोषणा करने जैसा था। अन्त में मीरां ने वृन्दावन जाने का निर्णय लिया। वृन्दावन भी मीरां के लिए सुरक्षित न था एवं सम्भवतः वहाँ पर भी महाराणा द्वारा भेजे गये लोगों ने उसे मारने का प्रयास किया। इस प्रकार राणा की मलिन मति देखकर मीरां द्वारिका चली गयी जहाँ वह अधिक सुरक्षित थी।

द्वारिका पहुँचने से पूर्व ही मीरां की ख्याति गुजरात तक फैल चुकी थी। शीघ्र ही द्वारिका में मीरां लोकप्रिय हो गयी। अनेक वर्षों पश्चात् जब मेवाड़ में भयंकर अकाल पड़ा तो मेवाड़ के प्रजाजनों को पूर्ववर्ती अकाल के समय मीरां द्वारा की गयी सहायता याद आयी एवं यह माना जाने लगा कि मेवाड़ में अकाल की वजह मीरां द्वारा मेवाड़ वालों को दिया गया श्राप है। इस समय तक मेड़तिया राठौड़ों ने महाराणा से सुलह कर ली थी एवं मीरां का चचेरा भाई जयमल महाराणा उदयसिंह का आश्रित सामन्त बन चुका था, अतः मेड़तिया मेवाड़ राज्य के लिए किसी प्रकार का खतरा नहीं थे। जयमल एवं उदयसिंह ने आपसी सहमति से यह तय किया कि मीरां को द्वारिका से पुनः मेवाड़ बुलाया जाये ताकि प्रजाजनों में शासन के प्रति व्याप्त असन्तोष को कम किया जा सके।

महाराणा द्वारा भेजे गये सामन्त व पुरोहित जब द्वारिका पहुँचे तो मीरां को महाराणा के इस कृत्य में षड्यंत्र की बू आयी एवं वह समुद्र के रास्ते सम्भवतः दक्षिण भारत चली गयी। यदि इस समय मीरां की मृत्यु मान ली जाती है तो अनेक प्रश्न अनुत्तरित रह जाते हैं, जिसमें मीरां, अकबर व तानसेन की भेंट का प्रसंग भी सम्मिलित है परन्तु यदि मीरां इस समय के बाद भी जीवित रहती है तो भक्तमाल, पद प्रसंग-माला जैसे साहित्यिक ग्रन्थों में दिये गये मीरां-अकबर व तानसेन भेंट सम्बन्धी विवरणों की पुष्टि हो जाती है। प्रसंगवश यह बताना उचित होगा कि गुजरात में प्रचलित एक परम्परागत मान्यता के अनुसार मीरां इस घटना के पश्चात् भी अनेक वर्षों तक जीवित रही थी एवं उसने दक्षिण भारत के अनेक स्थलों की यात्रा की थी एवं अन्त में वह उत्तर भारत लौट आयी थी। यहाँ यह बता देना उचित होगा कि उक्त मान्यता के पक्ष में भले ही हमारे पास कोई पुष्ट ऐतिहासिक प्रमाण उपलब्ध नहीं हो परन्तु यह बात उतनी ही सही है कि उक्त मान्यता के विरुद्ध भी कोई स्पष्ट ऐतिहासिक साक्ष्य भी नहीं मिलता जबकि मीरां को लम्बे समय तक जीवित मानने में कोई ऐतिहासिक अवरोध नहीं है। मीरां के अनेक पद इस बात की पुष्टि करते हैं।

❑❑